Springer-Lehrbuch

Manfred Broy

Informatik

Eine grundlegende Einführung
Teil I. Problemnahe Programmierung

Springer-Verlag
Berlin Heidelberg New York
London Paris Tokyo
Hong Kong Barcelona
Budapest

Professor Dr. Manfred Broy

Institut für Informatik
Technische Universität München
Postfach 20 24 20
W-8000 München 2

Mit 40 Abbildungen und 1 Tabelle

CR-Klassifikation (1991): A.1, D.1.0, F.1.1, E.1

ISBN-13:978-3-540-55191-1

CIP-Titelaufnahme der Deutschen Bibliothek
Broy, Manfred: Informatik. Eine grundlegende Einführung / Manfred Broy. -
Berlin ; Heidelberg ; New York ; London ; Paris ; Tokyo ; Hong Kong ; Barcelona ;
Budapest: Springer.
(Springer-Lehrbuch)
Teil 1. Problemnahe Programmierung. - 1992
ISBN-13:978-3-540-55191-1   e-ISBN-13:978-3-642-77321-1
DOI: 10.1007/978-3-642-77321-1

Satz: Datenkonvertierung durch Springer-Verlag
45/3140 - 5 4 3 2 1 0 – Gedruckt auf säurefreiem Papier

*Zur Erinnerung
an meinen Vater Günter Broy*

Vorwort

Die Informatik ist die Wissenschaft, Technik und Anwendung der maschinellen Verarbeitung, Speicherung und Übertragung von Information. Dementsprechend befaßt sich der Informatiker mit allen Aspekten der maschinellen Informationsverarbeitung.

Die Informatik ist eine junge Wissenschaft und trotzdem schon vielfach in Anwendung. Dies ist Gunst und Last zugleich. Gunst, weil sonst kaum solch vielfältige Impulse aus den Anwendungen auf die Informatik einwirken könnten, Last, weil sich unausgereifte Konzepte zu schnell ausbreiten, vom Denken der Betroffenen Besitz ergreifen und schließlich kaum überwunden werden können. Deshalb gilt in der Informatik mehr noch als in anderen Wissenschaften das Prinzip der ständigen kritischen Hinterfragung der Inhalte und das Bewußtsein der Beschränktheit und Relativität der erlangten Erkenntnisse.

Das tiefere Verständnis und die systematische Durchdringung des Gebietes der Informatik stellt eine intellektuelle Herausforderung dar, die sich nicht auf bloße mathematische oder ingenieurmäßige Aspekte beschränken kann. Vielmehr ist eine Synthese aus verschiedenen Ansätzen und Aspekten nötig. Es wäre verhängnisvoll, die Informatik als reines Programmierhandwerk, als Hilfswissenschaft für die Datenverarbeitung oder als die Lehre von den Rechenanlagen mißzuverstehen. Sie ist über diese Aufgaben hinaus eine Grundlagenwissenschaft, die sich mit der allgemeinen Frage der Darstellung und Verarbeitung von Information befaßt.

Beim Einsatz von informationsverarbeitenden Systemen ist eine Vielzahl von Problemen zu bewältigen, die nur durch den qualifiziert ausgebildeten Informatiker mit breitem Grundlagenwissen und soliden Kenntnissen im ingenieurmäßigen methodischen Vorgehen adäquat gelöst werden können. Insbesondere ergeben sich für den Informatiker enge Bezüge zu einer Reihe anderer Disziplinen, wie der Mathematik und der Elektrotechnik, aber auch zu typischen Anwendungsgebieten, wie den Wirtschaftswissenschaften, der Medizin, dem Maschinenbau und vielen anderen Bereichen.

Neben technischen Aspekten muß sich der Informatiker primär mit Fragen der Modellbildung auseinandersetzen. Dies umfaßt die Modellierung und Beschreibung komplizierter Zusammenhänge oder Vorgänge unserer Anschauung durch Methoden der Informatik, aber auch eigenständige Entwürfe informationsverarbeitender Systeme. Naturgemäß ist eine Modellierung immer unvollständig, reduziert den modellierten Gegenstand auf gewisse Aspekte und vernachlässigt andere. Die Kunst des Informatikers besteht darin, Vereinfachungen so vorzunehmen, daß die wesentlichen

Aspekte erhalten bleiben und die unwesentlichen Aspekte nicht mehr in Erscheinung treten.

Ein Ziel der Informatik ist es, eine angemessene Modellierung in einer formalen Weise zu vollziehen und schließlich auf einen Formalismus zu übertragen, der mechanisch durch Rechenanlagen verarbeitet werden kann. Dies schließt insbesondere eine Modellierung der Verarbeitungsvorgänge ein.

Die vorliegende Einführung in die Informatik stellt die Fragen der Modellierung von Informationsverarbeitungsvorgängen in den Mittelpunkt. Sie gibt das Material einer viersemestrigen Vorlesung wieder, die der Verfasser erstmals vom Wintersemester 1983/84 bis zum Sommersemester 1985 an der Universität Passau und später an der TU München gehalten hat. Sie gibt einen einführenden Überblick über die wesentlichen Bestandteile der Informatik und setzt diese zueinander in Beziehung. Dabei sind Stoffauswahl und Darstellung konzentriert auf grundlegende Inhalte und das Verständnis für Grundprinzipien und Zusammenhänge. Auf mehr oder weniger zufällige technische Details wird soweit möglich ebenso verzichtet wie auf die Wahl einer konkreten gebräuchlichen Programmiersprache. Vielmehr werden die wichtigsten Sprachkonstrukte, wie sie in gebräuchlichen Programmiersprachen vorkommen, mit Hilfe einer einfachen abstrakten Notation systematisch behandelt. Als Programmiersprache, die in begleitenden Übungen zum Einsatz kommen könnte, empfiehlt sich ML, Pascal oder Modula-2.

Das Buch hat in vielfältiger Weise durch kritische Bemerkungen, Vorschläge und Diskussionen mit Mitarbeitern, Kollegen und nicht zuletzt Studenten gewonnen. Ihnen gilt mein Dank.

München, im März 1992   Manfred Broy

Inhaltsverzeichnis

1. Information und ihre Repräsentation

Die Informatik ist die Wissenschaft, Technik und Anwendung der maschinellen Verarbeitung, Speicherung und Übertragung von Information. Sie befaßt sich mit der schematischen, „formalisierten" Darstellung (Repräsentation) von Information, deren Verarbeitung sowie Verarbeitungsvorschriften und informationsverarbeitenden Maschinen. Dies schließt Fragen der Analyse und Modellierung von Zusammenhängen und Strukturen in den unterschiedlichsten Anwendungsgebieten ein. Ziel ist die Erarbeitung von Lösungen für Informationsverarbeitungsaufgaben auf Rechenanlagen sowie die Gestaltung, die Organisation und den Betrieb von Rechensystemen.

Die Modellbildung der Informatik zielt auf die Darstellung gewisser Strukturen, Zusammenhänge und Vorgänge eines Anwendungsgebiets durch formale Mittel wie etwa Datenstrukturen, Programmiersprachen oder logische Formeln. Es ist Aufgabe der Informatik, Eigenschaften der formalen Modelle zu untersuchen und diese weiterzuentwickeln und nicht zuletzt eine Verbindung zwischen formalen Modellen und der realen Welt des Anwendungsgebietes im Sinne der Aufgabenstellung herzustellen.

Der Begriff der Information ist dabei zentral für die Informatik. Eine genaue Klärung des Begriffs „Information" ist für ein tieferes Verständnis informationsverarbeitender Systeme grundlegend erforderlich. Der Begriff „Information" wird mit unterschiedlichen Bedeutungen gebraucht. So spricht man von Informationen im Sinne von zutreffenden Aussagen über gewisse Zusammenhänge, Ereignisse oder Zustände unserer realen Welt. In der Informatik wollen wir den Informationsbegriff im Gegensatz dazu abstrakter, d.h. unabhängig von der realen Welt, fassen. Wir verstehen Information im folgenden immer als die abstrakte Bedeutung von Ausdrücken, Graphiken, Darstellungen, Anweisungen und Aussagen.

Im weiteren wird im Zusammenhang mit Informationsverarbeitung dementsprechend streng zwischen Information, d.h. dem abstrakten Bedeutungsgehalt, und ihrer Repräsentation, ihrer Darstellung (äußeren Form), unterschieden. Im Zusammenhang mit einer Klärung des Begriffs der Information tritt eine Eigentümlichkeit der Repräsentation von Information besonders zutage: Ohne eine entsprechende Deutungsfestlegung sind alle Repräsentationen (von Informationen) bedeutungsleer. Erst die Zuordnung gewisser Bedeutungen macht die reine Repräsentation zur Information. Dies wird bei der Betrachtung von Schriften und Zeichen erkennbar, deren Deutung nicht (mehr) bekannt ist. Zweifellos tragen solche Schriften und Zeichen (verborgene) Information. Jedoch ist es im ersten Moment unmöglich, diese Information verfügbar zu machen. Allerdings erlauben Regelmäßigkeiten in den Darstellungsformen und zusätzliche Kenntnisse und Vermutungen über die Art der erhaltenen Information des öfteren die Rekonstruktion der Deutung.

Viele Darstellungsformen von Information erlauben unterschiedliche Deutungen. So ist das Wort „Rot", einmal als Zeichenfolge interpretiert, die Folge der drei Zeichen „R", „o" und „t". Die Zeichen können wir akustisch deuten und so in ein gesprochenes Wort umsetzen. Dies ist möglich, wenn wir die phonetische Bedeutung der Buchstaben kennen, auch wenn uns die Bedeutung des Wortes selbst verborgen sein sollte. Man verbindet mit dem Wort „Rot" als Bedeutung im Deutschen in erster Linie die entsprechende Farbe. Wer die deutsche Sprache beherrscht, weiß um die weiteren vielfältigen Bedeutungen des Wortes „Rot". Wird „Rot" in Verbindung mit einer Verkehrsampel gebracht, so erhält man sofort eine neue Deutung, im Zusammenhang mit politischen Standpunkten eine weitere und in anderen Zusammenhängen wieder völlig andere.

Wie das Beispiel zeigt, verbinden Menschen mit der gleichen konkreten Zeichenfolge abhängig von der Umgebung unterschiedliche Bedeutungen. Umgekehrt können identische Bedeutungsinhalte sehr unterschiedlich dargestellt werden. Die Festlegung von geeigneten Repräsentationssystemen („Sprachen") für bestimmte Klassen von Informationen ist eine der Aufgaben der Informatik. Es ist dabei typisch, daß in unterschiedlichen Anwendungen gleiche Repräsentationssysteme für die Darstellung ganz unterschiedlicher Informationen genutzt werden. Es ist demnach wichtig, jeweils genau festzulegen, welche Interpretation für ein betrachtetes Repräsentationssystem gültig ist. Dazu werden in der Informatik Techniken entwickelt, die es erlauben, die Interpretation von Repräsentationssystemen exakt festzulegen.

Die begriffliche Trennung zwischen der äußeren Form und dem abstrakten Informationsgehalt einer Aussage oder einer Nachricht ist grundlegend für die Informatik. Unabhängig von der Unterscheidung zwischen Repräsentation und Information muß die Frage des Realitätsbezugs gesehen werden, d.h., ob eine Information im philosophischen Sinne wahr ist, d.h. auf eine vorgegebene, reale Situation zutrifft. Der Satz „Die Ampel ist rot" repräsentiert durch eine Zeichenfolge üblicherweise eine entsprechende Information. Ob diese Information zutrifft, d.h. mit gewissen Gegebenheiten der Realität in einer bestimmten Situation übereinstimmt, ist eine ganz andere Frage. Die Beantwortung dieser Frage ist abhängig von der subjektiven Wahrnehmung und kann mit Mitteln der Informatik nicht unmittelbar behandelt werden. Wir unterscheiden also im Zusammenhang mit Information

- deren Repräsentation oder Darstellung (äußere Form),
- deren Bedeutung (die eigentliche „abstrakte" Information),
- deren Bezug zur realen Welt (Zusammenhang abstrakte Information und Realität).

Diese drei Aspekte des Begriffs „Information" müssen sorgfältig unterschieden werden. Man beachte, daß das *Verstehen* einer Nachricht sowohl das Erkennen der Bedeutung (die „abstrakte" Information), wie das Herstellen des Bezugs zur realen Welt einschließt.

1.1 Der Begriff „Information"

Wie bereits gesagt schließt die Informatik die Wissenschaft von der *maschinellen Informationsverarbeitung* ein. Dies umfaßt die Fragen der

- schematisierten Darstellung (Repräsentation) von Information: *Daten- und Objektstrukturen* sowie deren Bezüge untereinander,
- *Regeln* und *Vorschriften* zur Verarbeitung von Informationen (*Algorithmen, Rechenvorschriften*) und deren Darstellung einschließlich der Beschreibung von Arbeitsabläufen (*Prozesse, kooperierende Systeme*).

Die beiden genannten Punkte sind eng verzahnt. Ein Programm beispielsweise besitzt als äußere Form eine textuelle (oder graphische) Struktur. Eine textuelle Struktur stellt selbst wiederum ein Objekt für die Informationsverarbeitung dar. Ein Programm repräsentiert aber auch eine Verarbeitungsvorschrift. Bei seiner Ausführung läuft in einer Rechenanlage ein *Prozeß von Aktionen* ab. Der Prozeß bildet gewisse Eingaben auf gewisse Ausgaben ab. Auf diese Weise beschreibt und realisiert ein Programm eine Funktion.

Die Informatik hat bei der Erstellung von Programmsystemen die Repräsentation, Modellierung und Aufbereitung von sehr unterschiedlichen Arten von Informationen zur Aufgabe. Da eine maschinelle „schematische" Verarbeitung von Information bzw. deren Repräsentation exakt festgelegter Formen der Darstellung und Umformung bedarf, bedient sich die Informatik formaler Methoden. Damit weist sie Bezüge zur Mathematik, insbesondere zur mathematischen Logik, auf. Da die Methoden der Informatik zu anwendbaren Produkten („Programmen", „Systemen") führen müssen, die auf gegebenen Rechenanlagen, also auf physikalischen Objekten, gestellte Aufgaben unter ökonomischen Nebenbedingungen lösen, trägt die Informatik stark ingenieurwissenschaftliche Züge.

Definition (Information und Repräsentation). *Information* nennt man den abstrakten Gehalt („Bedeutungsinhalt", „Semantik") einer Aussage, Beschreibung, Anweisung, Nachricht oder Mitteilung. Die äußere Form der Darstellung nennt man *Repräsentation* (konkrete Form der Nachricht).   □

Durch den ständigen Umgang mit bestimmten Repräsentationssystemen wird häufig nicht mehr bewußt zwischen Repräsentation und Information unterschieden. Die Ziffern 0, 1, 2, 3, ... beispielsweise sind strenggenommen nur Zeichen. Die abstrakte mathematische Zahl „Null" ist die Information, die wir gelernt haben mit der Ziffer 0 zu verbinden. Dieses einfache Beispiel zeigt bereits, welcher weitreichende Abstraktionsprozeß hinter vielen, vornehmlich hinter mathematischen Symbolen und Begriffen, steht. Dieser Abstraktionsprozeß war die entscheidende Voraussetzung für die Entwicklung der modernen Mathematik.

Für die maschinelle Verarbeitung von Information werden stets Repräsentationsformen benötigt. Repräsentation kann vielfältige Formen annehmen. Vom verabredeten Zeichen („Signal"), vom gesprochenen Wort („akustische Darstellung") bis zur Zeichnung (graphische Darstellung, „Piktogramm", „Ikone") oder auch Zeichenfolge (geschriebenes „Wort", „Text") findet sich eine Vielzahl von Möglichkeiten, Repräsentationen zu wählen. Wichtig ist stets die Festlegung bzw. die Ermittlung der

Bedeutung der Repräsentation. Die Repräsentation wird interpretiert, um die Information zu gewinnen.

Definition (Interpretation). Den (häufig nur gedanklichen) Übergang von der Repräsentation zur abstrakten Information, d.h. die Deutung der Repräsentation, nennt man *Interpretation*.   □

Menschen erlernen in der Regel eine Vielzahl von Repräsentationssystemen und die dazugehörigen Interpretationen. Nur wenn einheitliche, vereinbarte Interpretationen existieren, können Repräsentationssysteme zur Übermittlung von Informationen zwischen Menschen dienen. So sind beispielsweise Verkehrszeichen nur Tafeln aus Blech und Farbe. Die Verkehrsteilnehmer haben gelernt, sie einheitlich zu interpretieren, d.h. gewisse Informationen für das Verhalten im Verkehr damit zu verbinden.

Durch dieses Beispiel der Verkehrszeichen wird noch ein anderer Aspekt der Informationsverarbeitung deutlich: Begrifflich muß man zwischen der abstrakten Information und deren Bezug zur realen Welt unterscheiden. Der abstrakte Informationsgehalt des Satzes

„Die Ampel zeigt Rot.“

kann unabhängig von einer konkreten Verkehrssituation gesehen werden. Diesen Satz mit einer konkreten Situation (einer bestimmten Ampel zu einem bestimmten Zeitpunkt) in Beziehung zu setzen, ist ein weiterer Aspekt der Behandlung von Information, die umgangssprachlich auch mit dem Begriff „Interpretation“ verbunden wird. Das Herstellen von Beziehungen zwischen der in Repräsentationen enthaltenen Information zur erlebten Welt nennen wir *Verstehen*. Da dieses Verstehen ein individueller, subjektiver Vorgang ist, der schwer allgemein zugänglich gemacht werden kann, begnügen wir uns in der Informatik damit, die Interpretation von Repräsentationen als Informationsträger dadurch festzulegen, indem wir die Information mit geeigneten mathematischen Strukturen gleichsetzen. Die Bedeutung der Repräsentation wird dann durch Abbildung auf diese mathematischen Strukturen festgelegt.

Es ergibt sich folgendes Bild: Die in einem Informationssystem auftretenden Informationen werden als eine mathematische Struktur aufgefaßt. Der Übergang von der Repräsentation zu den Elementen dieser mathematischen Struktur heißt Interpretation. Die Herstellung des Bezugs zur realen Welt, d.h. die Deutung einer Information im Sinne der uns umgebenden Wirklichkeit nennen wir Verstehen. Man beachte den subtilen Unterschied zwischen Interpretation und Verstehen. Getrennt davon stellt sich die Frage, ob eine Information zutrifft, also die realen Gelegenheiten wiedergibt. Dies läßt sich höchstens subjektiv beurteilen.

Verschiedenartige Repräsentationssysteme für Informationen sind unterschiedlich leistungsfähig. Sollen komplexe Informationen repräsentiert werden, so muß das Repräsentationssystem entsprechend angepaßt gewählt werden.

In den Anwendungen der Informatik wird typischerweise eine genau beschriebene Menge R von Repräsentationen mit einer Interpretation I in einer Menge A von Elementen (den Informationen) betrachtet. Die Interpretation I ordnet der gegebenen

Repräsentation r (einer Nachricht) einen abstrakten Informationsgehalt I[r] zu. Eine Interpretation entspricht also einer Abbildung

$$I: R \rightarrow A .$$

(A, R, I) wollen wir als ein *Informationssystem* bezeichnen. Damit entspricht ein Informationssystem dem Begriff der Abbildung aus der Mathematik. Allerdings stellt man in der Regel an das Repräsentationssystem R gewisse pragmatische Forderungen, wie etwa, daß alle Repräsentationen endlich sind. R heißt auch *Repräsentationssystem*, A auch *semantisches Modell*.

Beispiel (Repräsentationssysteme für natürliche Zahlen). Sei $\mathbb{N}$ die Menge der natürlichen Zahlen (unter Einschluß der Null), dargestellt durch Strichzahlen, d.h. durch Sequenzen von Strichen:

$$\varepsilon, \ |, \ ||, \ |||, \ \ldots \ .$$

Dabei bezeichne ε die leere Sequenz. Die übliche Repräsentation von natürlichen Zahlen sind Dezimalzahlen, d.h. Zeichenreihen mit Zeichen aus der Menge der Ziffern $\{0,1, \ldots, 9\}$. Die Interpretation I ist hier eine Abbildung von der Dezimalzahldarstellung in Strichsequenzen (hier bezeichnet $\{0, 1, \ldots, 9\}^+$ die Menge der nichtleeren endlichen Sequenzen von Dezimalziffern)

$$I: \{0,1, \ldots, 9\}^+ \rightarrow \mathbb{N}$$

mit

$$I[0] = \varepsilon, \qquad I[1] = |, \quad I[2] = ||, \qquad \ldots \ . \qquad \qquad \square$$

Das Beispiel macht ein fundamentales Problem der Informationsverarbeitung deutlich: Information in ihrer Abstraktion läßt sich nicht direkt aufschreiben und deshalb immer nur repräsentieren. Auch die Strichzahldarstellung der natürlichen Zahlen ist wieder nur eine Repräsentation. Der Begriff der Zahl, wie er sich in der Mathematik herausgebildet hat, ist eine Abstraktion, die völlig unabhängig von der konkreten Repräsentation verstanden wird. Die Sätze der Mathematik gelten für Zahlen in römischer Schreibweise ebenso wie für eine Darstellung durch Strichzahlen, Binärzahlen oder Dezimalzahlen. Allerdings sind die verschiedenen Zahldarstellungen unterschiedlich gut für bestimmte Verarbeitungsvorgänge geeignet. Man versuche nur, in der römischen Zahldarstellung zu addieren oder gar zu multiplizieren.

Häufig gibt es viele verschiedene Repräsentationen für die gleiche Information in einem Repräsentationssystem. Diese Repräsentationen heißen dann äquivalent. Genauer gesagt gilt in einem Informationssystem (A, R, I): Zwei Repräsentationen r1, r2 $\in$ R heißen *semantisch äquivalent*, falls sie die gleiche Information tragen, d.h. falls gilt:

$$I[r1] = I[r2].$$

Zur Verdeutlichung der bis hierher diskutierten Begriffe wird im folgenden Abschnitt ein besonders einfaches, für die Mathematik und Informatik allerdings fundamentales Informationssystem behandelt.

1.2 Ein Beispiel für Information und Repräsentation: Aussageformen

Eine der grundlegendsten Arten von Informationsträgern sind Aussagen. Beispiele für Aussagen in natürlicher Sprache sind „Heute regnet es" oder „Der Wald stirbt". Für einen festgelegten Gegenstand (wie etwa das Wetter oder die Umwelt) charakterisieren elementare Aussagen bestimmte Eigenschaften oder Zustände. Durch ein Bezugssystem wird geregelt, welche Aussagen sich auf welche Objekte und Eigenschaften beziehen. Das Bezugssystem gibt somit an, wie eine Aussage im Sinne des betrachteten Gegenstands zu verstehen ist.

Für ein festgelegtes Bezugssystem lassen sich durch die Angabe der Menge von zutreffenden, „wahren" Aussagen bestimmte Eigenschaften oder Zustände beschreiben. Dann trägt jede elementare Aussage entweder den Wert „wahr" oder „falsch". Dies führt auf einen ersten Versuch, den Begriff „Aussage" genauer zu fassen:

> *Eine Aussage ist ein sprachliches Gebilde, von dem es sinnvoll ist zu sagen, es sei wahr oder falsch.* (Aristoteles, 384–322 v. Chr.)

Diese umgangssprachliche, nicht mathematisch exakte Definition erscheint nur auf den ersten Blick zufriedenstellend. Sie führt das Problem der Definition des Begriffs „Aussage" auf die Frage zurück, ob es sinnvoll ist, von einem gegebenen sprachlichen Gebilde zu sagen, es sei wahr oder falsch. Eine präzise Fassung des Begriffs „Aussage" ist insbesondere notwendig, um grundlegende Schwierigkeiten zu vermeiden. Betrachtet man beliebige umgangssprachliche Sätze als Aussagen, so führt dies schnell zu Paradoxien und Widersprüchen. Dem Satz

> *„Die Aussage dieses Satzes ist falsch."*

läßt sich kein Wahrheitswert zuordnen, ohne auf elementare Widersprüche zu stoßen, obwohl der Satz wie eine Aussage wirkt. Nimmt man an, daß der Satz wahr ist, so widerspricht dies seiner eigenen Aussage. Nimmt man an, der Satz ist falsch, so folgt daraus, daß der Satz wahr ist. Es ist offensichtlich nicht sinnvoll, diesem Satz einen Wahrheitswert zuzuordnen. Demnach wäre der Satz keine Aussage. Der Grund für diese Paradoxie liegt in der Struktur des Aufbaus der Aussage: Die Aussage nimmt auf ihre eigene Bedeutung Bezug. Durch Beschränkungen der zugelassenen Aussageformen können solche Eigenbezüge und sich daraus ergebende Paradoxien vermieden werden.

Für eine präzise Definition des Begriffs Aussage wird dementsprechend ein eingeschränktes System (eine formale Sprache") von Aussageformen angegeben: Nur ganz bestimmte sprachliche Formen („Formeln") werden als Aussagen zugelassen. Ein solches System von Aussageformen bildet die Aussagenlogik.

Das Beispiel der Aussagenlogik im Zusammenhang mit Informationssystemen ist bewußt gewählt: Aussagen, ihre notationelle (sprachliche) Repräsentation, ihre Interpretation und Regeln zu ihrer Umformung stellen ein elementares Beispiel für Strukturen dar, wie sie in der Informatik häufig auftreten. In der Aussagenlogik werden Aussageformen behandelt, die gestatten, über die Zusammensetzung von gegebenen elementaren Aussagen wiederum Aussagen zu bilden. Sind den elementaren Aussagen Wahrheitswerte zugeordnet, so liegen die Wahrheitswerte für die aus ihnen zusammengesetzten Aussageformen ebenfalls fest.

Es folgt nun die Einführung eines einfachen „formalen" Systems zur Repräsentation von Aussagen. Eine Aussage wird repräsentiert durch einen *Booleschen Term.* Ein Boolescher Term ist eine nach gewissen Regeln aufgebaute Sequenz aus Zeichen.

1.2.1 Boolesche Terme

Die einfachsten elementaren Aussagen sind „true" (die Aussage, die in jedem Bezugssystem wahr ist) und „false" (die Aussage, die in jedem Bezugssystem falsch ist). Von jeder „elementaren" („konstanten") Aussage läßt sich – abhängig vom Bezugssystem – ebenfalls sagen, daß sie entweder wahr oder falsch ist. Auch die Verknüpfung von elementaren Aussagen durch die klassischen logischen Operationen („und", „oder", „nicht") liefert wieder elementare Aussagen. Im folgenden wird allerdings eine etwas weitere Klasse von Aussagen (Aussagenschemata) behandelt, die freie Identifikatoren enthalten können. Identifikatoren können dabei als Namen („Platzhalter") für später dafür einsetzbare Aussagen aufgefaßt werden.

Sei E eine Menge von Bezeichnungen für atomare elementare Aussagen und sei ID eine (unendliche, abzählbare) Menge von Identifikatoren („Bezeichnungen", „Namen", „Variablen"). Im Augenblick braucht nicht näher festgelegt zu werden, von welcher speziellen äußeren Form Identifikatoren sein sollen. Es seien insbesondere x, y, z Identifikatoren. Die Menge der *Booleschen Terme* mit (freien) Bezeichnungen aus ID definiert sich induktiv wie folgt:

(0) true, false sind Boolesche Terme,
(1) alle atomaren elementaren Aussagen in E und alle Identifikatoren in ID sind Boolesche Terme,
(2) ist t ein Boolescher Term, so ist $(\neg t)$, gesprochen „nicht t", ein Boolescher Term,
(3) sind t1 und t2 Boolesche Terme, so ist $(t1 \vee t2)$, gesprochen „t1 oder t2", ein Boolescher Term; ebenso sind $(t1 \wedge t2)$, gesprochen „t1 und t2", $(t1 \Rightarrow t2)$, gesprochen „t1 impliziert t2", $(t1 \Leftrightarrow t2)$, gesprochen „t1 ist äquivalent t2" Boolesche Terme.

Man beachte, daß in einer induktiven Definition einer Menge von Elementen (wie hier der Menge der Booleschen Terme) eine Minimalitätseigenschaft unterstellt wird. Die so definierte Menge hat die Eigenschaft, daß sie durch die angegebenen Bildungsgesetze aufgebaut ist und darüber hinaus die im Sinne der Mengeninklusion kleinste Menge darstellt, die diesen Aufbau besitzt.

Die Zeichen $\neg$, $\vee$, $\wedge$, $\Rightarrow$ und $\Leftrightarrow$ heißen *Boolesche (logische) Operatoren.* Treten Identifikatoren in Booleschen Termen auf, so spricht man von Booleschen Termen *mit freien Bezeichnungen,* da die Belegung der Identifikatoren mit den Wahrheitswerten wahr oder falsch frei wählbar ist. Boolesche Terme mit freien Identifikatoren repräsentieren *Aussageformen* oder *Aussageschemata.* Für jede Belegung der Identifikatoren mit bestimmten Wahrheitswerten erhalten wir einen Wahrheitswert.

Beispiele (Boolesche Terme). Boolesche Terme sind beispielsweise gegeben durch folgende Zeichenfolgen:

$$(x \lor y),$$
$$(x \land y),$$
$$(\text{true} \lor x),$$
$$(((\neg x) \land y) \lor z).$$

□

Aus Gründen der besseren Lesbarkeit wird häufig auf eine voll geklammerte Schreibweise verzichtet. Folgende Vorrangregeln für die Klammerersparnis werden vorausgesetzt:

(1) Der einstellige Operator $\neg$ bindet stärker als die zweistelligen Operatoren $\lor$, $\Rightarrow$, $\Leftrightarrow$ und $\land$,

(2) der Operator $\land$ bindet stärker als $\lor$ (vgl. bei arithmetischen Ausdrücken die Regel für die Multiplikation und Addition „Punkt vor Strich"), am schwächsten binden $\Rightarrow$ und $\Leftrightarrow$,

(3) ungeklammerte Aggregate von Booleschen Termen, die jeweils durch Operatoren mit gleicher Bindungsstärke getrennt sind, werden von links nach rechts geklammert.

Statt des voll geklammerten Terms

$$((x \land y) \lor (\neg z))$$

läßt sich ebenso

$$x \land y \lor \neg z$$

schreiben und statt

$$((x \lor y) \lor z)$$

schreiben wir auch

$$x \lor y \lor z \,.$$

In dem Term

$$x \land (y \lor z)$$

dürfen die Klammern allerdings nicht weggelassen werden, ohne daß sich die Struktur und auch die Bedeutung des Terms ändert, da $\land$ stärker bindet als $\lor$. Durch die Vorrangregeln können unvollständig geklammerte Terme stets in eindeutiger Weise in vollständig geklammerte Terme umgeschrieben werden.

Die Symbole $\land$ („und"), $\Rightarrow$ („impliziert"), $\Leftrightarrow$ („ist äquivalent") werden nur aus Gründen der Abkürzung verwendet. Sie können insbesondere als Kurzschreibweise für Terme verstanden werden, die ausschließlich mit den Operatoren $\neg$ und $\lor$ gebildet sind. Für gegebene Boolesche Terme t1, t2 definieren wir folgende semantische Äquivalenzen (d.h. die entsprechende Aussageformen werden als gleichwertig angesehen):

$$(t1 \land t2) \quad =_{\text{def}} (\neg((\neg t1) \lor (\neg t2))),$$

$$(t1 \Rightarrow t2) \quad =_{\text{def}} ((\neg t1) \lor t2),$$

$$(t1 \Leftrightarrow t2) \quad =_{\text{def}} ((t1 \land t2) \lor ((\neg t1) \land (\neg t2))).$$

Man kann die Operatoren $\wedge$, $\Rightarrow$ und $\Leftrightarrow$ somit auch als reine Abkürzungen für umfangreichere Terme ansehen. Aufgrund dieser Definitionen werden im folgenden häufig lediglich Boolesche Terme betrachtet, die nur aus Identifikatoren, true, false, $\neg$ und $\vee$ aufgebaut sind.

Boolesche Terme enthalten atomare Aussagen und Identifikatoren. Atomare Aussagen stehen für bestimmte konstante Aussagen und Identifikatoren stehen für frei wählbare Aussagen. Es wird gesagt „in dem Booleschen Term t kommt der Identifikator x frei vor", falls

(1) t genau aus dem Identifikator x besteht oder

(2) t von der Form $(\neg t1)$ ist und in t1 der Identifikator x frei vorkommt oder

(3) t von der Form $(t1 \vee t2)$ ist und in t1 oder t2 der Identifikator x frei vorkommt.

Ein Term, in dem keine Identifikatoren frei vorkommen, heißt *geschlossen*. Ein geschlossener Boolescher Term heißt auch eine *elementare Aussage*. Ein Boolescher Term mit freien Identifikatoren $x_1, ..., x_n$ heißt eine *Aussage in* $x_1, ..., x_n$.

Soweit sind Boolesche Terme nur Folgen von Zeichen („sprachliche Gebilde"). Sie können zur Repräsentation von Informationen herangezogen werden. Um eine präzise Deutung für Boolesche Terme herzustellen, wird im folgenden eine Interpretation für Boolesche Terme angegeben. Anschließend werden eine Reihe von Regeln für das Rechnen mit Booleschen Termen definiert.

1.2.2 Die Boolesche Algebra der Wahrheitswerte

Die einfachste und fundamentalste Art von Informationen sind Wahrheitswerte. Die Menge $\mathbb{B}$ der Wahrheitswerte besteht aus genau zwei (wohlunterscheidbaren) Elementen. Üblicherweise werden die Wahrheitswerte durch die Elemente einer der folgenden Mengen repräsentiert:

{wahr, falsch},

{true, false},

{L , O},   („Bits")

{1, 0},

{{Ø}, Ø}.

Grundsätzlich kann jede zweielementige Menge zur Repräsentation der Wahrheitswerte verwendet werden. Ein Wahrheitswert bildet gewissermaßen die „kleinste" Informationseinheit, da er gerade eine Antwort auf eine ja/nein-Frage gibt. Im vergangenen Abschnitt wurden true und false als Terme eingeführt. Im folgenden wird stets die Menge $\mathbb{B}$ mit

$$\mathbb{B} =_{\text{def}} \{L, O\}$$

zur Repräsentation der Wahrheitswerte verwendet.

Nun wird eine Anzahl von einfachen *Abbildungen (Operationen) auf Wahrheitswerten* eingeführt. Neben der Identität (die Funktion von $\mathbb{B}$ nach $\mathbb{B}$, die L auf L und O auf O abbildet) und den einstelligen konstanten Abbildungen (z.B. die

Funktion, die sowohl L als auch O auf L abbildet) ist die *Negation* not die einzige einstellige Abbildung zwischen Wahrheitswerten:

not: $\mathbb{B} \to \mathbb{B}$.

Abbildungen zwischen Wahrheitswerten lassen sich einfach und übersichtlich durch Wertetafeln darstellen. Die Wertetafel für die einstellige Abbildung not lautet wie folgt:

b	not(b)
L	O
O	L

Als grundlegende zweistellige Abbildungen auf Wahrheitswerten betrachtet man die *Disjunktion* or und die *Konjunktion* and:

or, and: $\mathbb{B} \times \mathbb{B} \to \mathbb{B}$.

mit den folgenden Wertetafeln:

or	L	O
L	L	L
O	L	O

and	L	O
L	L	O
O	O	O

Wertetafeln für zweistellige Abbildungen lassen sich einfach schreiben, indem man in der linken Spalte die möglichen Werte für den linken Parameter auflistet und in der obersten Zeile die möglichen Werte des rechten Parameters. In die Tafel selbst werden die jeweiligen Werte der Abbildung eingetragen.

Als weitere zweistellige Operation auf den Wahrheitswerten $\mathbb{B}$ wird die *Implikation* eingeführt:

impl: $\mathbb{B} \times \mathbb{B} \to \mathbb{B}$.

Die Abbildung impl ist durch die folgende Wertetafel definiert:

impl	L	O
L	L	O
O	L	L

Es gilt für alle Wahrheitswerte $b1, b2 \in \mathbb{B}$:

impl(b1, b2) = or(not(b1), b2),

wie sich leicht durch Einsetzen der Werte aus den Wertetabellen nachweisen läßt.
Die *Äquivalenz*

equiv: $\mathbb{B} \times \mathbb{B} \to \mathbb{B}$

ist ebenfalls eine zweistellige Abbildung zwischen Wahrheitswerten. Sie ist definiert durch die Wertetafel:

equiv	L	O
L	L	O
O	O	L

Es gilt für alle Wahrheitswerte b1, b2 $\in$ $\mathbb{B}$:

equiv(b1, b2) = and(impl(b1, b2), impl(b2, b1)),

equiv(b1, b2) = or(and(b1, b2), and(not(b1), not(b2))).

Dies läßt sich einfach durch Einsetzen der unterschiedlichen möglichen Belegungen von b1 und b2 durch Wahrheitswerte zeigen.

Neben den aufgeführten gibt es noch eine Anzahl weiterer zweistelliger Abbildungen auf Wahrheitswerten. Die Menge der Wahrheitswerte bildet mit den angegebenen Operationen eine mathematische Struktur, die in der Mathematik *Algebra*, in der Informatik auch *Rechenstruktur* heißt.

Bei der geschachtelten Anwendung von Abbildungen auf Wahrheitswerte kann mit Hilfe der Wertetafeln gerechnet werden. Dazu werden die Werte aus den Wertetafeln für die entsprechenden Funktionsanwendungen eingesetzt.

Beispiel (Rechnen mit Wahrheitswerten). Durch schrittweise Auswertung, d.h. durch schrittweises Einsetzen der jeweiligen Werte aus den Wertetafeln, erhält man beispielsweise folgende Rechnung:

or(not(or(**L**, **O**)), **L**) =

or(not(**L**), **L**) =

or(**O**, **L**) =

L . $\qquad\qquad\qquad\qquad\qquad\qquad\qquad\qquad\qquad\qquad\qquad\qquad$ $\square$

Abgestützt auf die hier eingeführte Rechenstruktur der Wahrheitswerte und die Abbildungen not, and, or, impl und equiv können Interpretationen für Boolesche Terme angegeben werden.

1.2.3 Interpretation von Booleschen Termen

Um Boolesche Terme in bezug auf ihren Wahrheitsgehalt interpretieren zu können, setzen wir eine Interpretation der atomaren elementaren Aussagen voraus, d.h. wir nehmen an, daß für jede atomare elementare Aussage festgelegt ist, ob sie für den Wahrheitswert **L** oder **O** steht. Geschlossene Boolesche Terme können dann interpretiert werden, indem ihnen ein Wahrheitswert zugeordnet wird. Boolesche Terme mit Identifikatoren können interpretiert werden, indem ihnen nach Belegung jedes freien Identifikators mit einem Wahrheitswert ein Wahrheitswert zugeordnet wird. Diese Interpretation von Booleschen Termen mit freien Identifikatoren wird im folgenden definiert.

Eine Abbildung

β: ID $\to$ $\mathbb{B}$,

die jedem Identifikator aus der Menge ID einen Wahrheitswert zuordnet, heißt *Boolesche Belegung* (engl. environment) von ID. Die Menge der Belegungen wird mit ENV (für engl. environment) bezeichnet.

Für eine gegebene Boolesche Belegung β läßt sich jedem Booleschen Term vermöge der Interpretation I_β ein Wahrheitswert zuordnen (für atomare elementare Aussagen a sei $I_\beta[a]$ ein unabhängig von β festgeschriebener Wert):

$$I_\beta[\text{true}] =_{\text{def}} L,$$

$$I_\beta[\text{false}] =_{\text{def}} O,$$

$$I_\beta[x] =_{\text{def}} \beta(x), \qquad \text{für } x \in ID,$$

$$I_\beta[\neg t] =_{\text{def}} \text{not}(I_\beta[t]),$$

$$I_\beta[t1 \lor t2] =_{\text{def}} \text{or}(I_\beta[t1], I_\beta[t2]),$$

$$I_\beta[t1 \land t2] =_{\text{def}} \text{and}(I_\beta[t1], I_\beta[t2]),$$

$$I_\beta[t1 \Rightarrow t2] =_{\text{def}} \text{impl}(I_\beta[t1], I_\beta[t2]),$$

$$I_\beta[t1 \Leftrightarrow t2] =_{\text{def}} \text{equiv}(I_\beta[t1], I_\beta[t2]).$$

Damit wird eine Interpretation auch für Boolesche Terme mit freien Identifikatoren definiert. Mit W_{Bool} wird im folgenden die Menge der geschlossenen Booleschen Terme und $W_{\text{Bool}}(ID)$ die Menge der Booleschen Terme mit Identifikatoren aus ID bezeichnet.

Ein Boolescher Term mit freien Identifikatoren kann somit über die Interpretation als Abbildung aufgefaßt werden, die jeder Belegung einen Wahrheitswert zuordnet:

$$I: W_{\text{Bool}}(ID) \rightarrow (ENV \rightarrow \mathbb{B})$$

mit

$$I[t](\beta) = I_\beta[t] .$$

Sowohl $(\mathbb{B}, W_{\text{Bool}}, I_\beta)$ als auch $(\mathbb{B}, W_{\text{Bool}}(ID), I_\beta)$ bilden (für beliebige Belegungen β) Informationssysteme, ebenso

$$((ENV \rightarrow \mathbb{B}), W_{\text{Bool}}(ID), I).$$

Auch für Boolesche Terme ohne freie Identifikatoren ist durch I_β eine Interpretation gegeben. Für einen geschlossenen Booleschen Term t ist der Wert $I_\beta[t]$ der Interpretation unabhängig von β, d.h. ein Boolescher Term ohne freie Identifikatoren repräsentiert die Information L (d.h. „wahr") oder O (d.h. „falsch"). Ein Boolescher Term mit freien Identifikatoren repräsentiert eine Abbildung von Belegungen in die Wahrheitswerte, bzw. für eine vorgegebene Belegung wieder einen Wahrheitswert.

Man beachte, daß wir zwischen einem Verknüpfungs- oder Funktionssymbol beziehungsweise einem Operator (wie $\lor$), und einer Abbildung oder Operation (bezeichnet durch or) unterscheiden. Diese strenge Unterscheidung findet sich nicht überall. In der Literatur wird durch $\land$ auch die Abbildung „and" bezeichnet. Neben den eingeführten Symbolen findet man auch $\rightarrow$ und $\supset$ statt $\Rightarrow$ und $\equiv$ bzw. $\leftrightarrow$ statt $\Leftrightarrow$. Man beachte, daß die logischen Verknüpfungen in der Regel in Infixnotation verwendet werden, da dies die Lesbarkeit von Booleschen Termen beträchtlich erhöht.

Ein Boolescher Term t mit den (freien) Identifikatoren $x_1, ..., x_n$ kann zur Definition einer n-stelligen Booleschen Abbildung

$$f: \mathbb{B}^n \to \mathbb{B}$$

verwendet werden. Die Abbildung ist (für $b_1, ..., b_n \in \mathbb{B}$) durch:

$$f(b_1, ..., b_n) = I_\beta[t],$$

gegeben, wobei für die Belegung β gelte: $\beta(x_i) = b_i$ für alle i, $1 \le i \le n$.

Mit der Interpretation von Booleschen Termen ist auch die semantische Äquivalenz Boolescher Terme festgelegt. Zwei Boolesche Terme t1, t2 heißen entsprechend der allgemeinen Definition *semantisch äquivalent*, wenn gilt:

$$I[t1] = I[t2] \ ,$$

d.h. wenn für alle Belegungen $\beta \in ENV$ folgende Gleichung gilt:

$$I_\beta[t1] = I_\beta[t2] \ .$$

Insbesondere gilt (wie man durch Einsetzen der Kombinationen von möglichen Werten für $I_\beta[t1]$ und $I_\beta[t2]$ unschwer nachprüft):

$$I_\beta[t1 \wedge t2] = and(I_\beta[t1], I_\beta[t2]) = I_\beta[\neg((\neg t1) \vee (\neg t2))],$$

$$I_\beta[t1 \Rightarrow t2] = impl(I_\beta[t1], I_\beta[t2]) = I_\beta[(\neg t1) \vee t2],$$

$$I_\beta[t1 \Leftrightarrow t2] = equiv(I_\beta[t1], I_\beta[t2]) = I_\beta[(t1 \wedge t2) \vee ((\neg t1) \wedge (\neg t2))].$$

Das Durchprobieren aller Belegungen, beispielsweise durch Vergleich der Wertetafeln, bildet ein allgemeines Verfahren zum Nachweis der semantischen Äquivalenz von Booleschen Termen. Diese Technik ist jedoch sehr aufwendig. In einer Wertetafel für einen Booleschen Term mit n freien Identifikatoren sind dabei 2^n Belegungen zu betrachten. Bessere und elegantere Möglichkeiten bieten Regeln für die Umformung von Termen in äquivalente Terme. Dazu werden im folgenden Gesetze eingeführt.

1.2.4 Die Gesetze der Booleschen Algebra und der Booleschen Terme

Im folgenden wird eine Reihe von Gleichungsgesetzen für Boolesche Terme angegeben (s. Kasten S. 14). Ein Gleichungsgesetz besteht aus einem Paar (t1, t2) von Booleschen Termen. Zur besseren Lesbarkeit schreiben wir dafür stets t1 = t2. Das Symbol = steht für die semantische Gleichheit (und natürlich damit nicht für die syntaktische Termgleichheit).

Die Booleschen Terme true und false spielen eine ausgezeichnete Rolle. Sie werden als „Konstante" bezeichnet, da ihre Interpretation von einer Belegung unabhängig ist. Sie sind semantisch äquivalent zu bestimmten Termen, deren Interpretation unabhängig von der Wahl der Belegung ist. Dies wird durch folgende zwei Gesetze festgelegt (x ist Identifikator):

$$true = (x \vee (\neg x)),$$

$$false = (\neg true).$$

Neben diesen einfachen Gesetzen für Boolesche Terme werden in der angegebenen Tabelle die Gesetze der Booleschen Algebra für die verwendeten Operationssymbole

---

Gesetze der Booleschen Algebra:

$$\neg\neg x = x, \qquad\qquad\qquad\qquad\quad \textit{Involutionsgesetz}$$

$$x \wedge y = y \wedge x, \qquad\qquad\qquad\quad \textit{Kommutativgesetz}$$
$$x \vee y = y \vee x,$$

$$(x \wedge y) \wedge z = x \wedge (y \wedge z), \qquad \textit{Assoziativgesetz}$$
$$(x \vee y) \vee z = x \vee (y \vee z),$$

$$x \wedge x = x, \qquad\qquad\qquad\qquad\quad \textit{Idempotenzgesetz}$$
$$x \vee x = x,$$

$$x \wedge (x \vee y) = x, \qquad\qquad\qquad \textit{Absorptionsgesetz}$$
$$x \vee (x \wedge y) = x,$$

$$x \wedge (y \vee z) = (x \wedge y) \vee (x \wedge z), \qquad \textit{Distributivgesetz}$$
$$x \vee (y \wedge z) = (x \vee y) \wedge (x \vee z),$$

$$\neg(x \wedge y) = (\neg x) \vee (\neg y), \qquad \textit{Gesetz von de Morgan}$$
$$\neg(x \vee y) = (\neg x) \wedge (\neg y),$$

$$x \vee (y \wedge \neg y) = x, \qquad\qquad\quad \textit{Neutralitätsgesetz}$$
$$x \wedge (y \vee \neg y) = x.$$

---

zum Aufbau Boolescher Terme vorausgesetzt. Hierbei sind x, y und z Identifikatoren, die für beliebige Boolesche Werte und auch für beliebige Boolesche Terme stehen.

Daß diese Gesetze im Sinne des eingeführten Interpretationsbegriffs tatsächlich vernünftig gewählt sind, zeigt das folgende Theorem.

Theorem (Verträglichkeit der Gesetze der Booleschen Algebra mit der Interpretation). *In allen als Gesetze der Booleschen Algebra gegebenen Gleichungen sind linke und rechte Seiten semantisch äquivalent.*

Beweis. Für alle Gesetze t1 = t2 und alle Belegungen β ist zu zeigen:

$$I_\beta[t1] = I_\beta[t2].$$

Es werden zwei Beispiele für den Beweis der Gesetze gegeben. Die Gültigkeit des Involutionsgesetzes wird durch folgende Wertetafel bewiesen:

$\beta(x)$	$I_\beta[\neg x]$	$I_\beta[\neg\neg x]$	$I_\beta[x]$
O	L	O	O
L	O	L	L

„β" und „I_β" werden bei solchen Tabellen zur Schreibvereinfachung oft weggelassen. Das Absorptionsgesetz ergibt sich aus folgender Wertetafel:

x	y	x ∨ y	x ∧ (x ∨ y)
O	O	O	O
O	L	L	O
L	O	L	L
L	L	L	L

$\square$

Die Gesetze der Booleschen Algebra gestatten insbesondere die Umformung von Booleschen Termen in semantisch äquivalente Terme. Wie diese Gleichungsgesetze anzuwenden sind, wird im folgenden Abschnitt erklärt.

1.2.5 Anwendung der Gesetze für Boolesche Terme: Reduktion

Mit den Gesetzen der Booleschen Algebra kann man rein syntaktisch, d.h. mit Termen, rechnen. Dabei ersetzt man gewisse Terme durch äquivalente Terme.

Beispiel (Rechnen mit Booleschen Termen)

$$
\begin{array}{lll}
& y \wedge \neg y & \\
= & \neg y \wedge y & \text{(Kommutativgesetz)} \\
= & \neg y \wedge \neg\neg y & \text{(Involutionsgesetz)} \\
= & \neg (y \vee \neg y) & \text{(deMorgan)} \\
= & \neg\ \text{true} & \text{(Gesetz für true)} \\
= & \text{false} & \text{(Gesetz für false).}
\end{array}
$$

$\square$

Obwohl es intuitiv klar zu sein scheint, wie Gesetze in der Form von Gleichungen anzuwenden sind, ist aus Gründen der Präzision eine exakte Definition hilfreich.

Für Gleichungen zwischen (semantisch äquivalenten) Booleschen Termen gelten die klassischen Regeln der *Äquivalenzrelationen*. Es gilt allgemein für beliebige Terme t, t1, t2, t3:

$t = t$ *Reflexivität*

gilt t1 = t2, so gilt auch t2 = t1   *Symmetrie*

gilt t1 = t2 und t2 = t3, so gilt auch t1 = t3   *Transitivität*

Mit Hilfe der Regeln der Äquivalenz kann man aus gegebenen Gleichungen, bzw. Anwendungen von Gleichungen weitere Gleichungen gewinnen. Aber nicht nur durch diese Regeln lassen sich aus Gleichungen neue Gleichungen gewinnen. Auch durch das konsistente Ersetzen gewisser Identifikatoren auf der linken und rechten Seite von Gleichungsgesetzen entstehen wieder Gleichungsgesetze als Spezialfälle des gegebenen Gleichungsgesetzes. Die Gleichung

$$y \wedge \neg y = \neg y \wedge y$$

ist ein Spezialfall des Kommutativgesetzes

$$x \wedge y = y \wedge x .$$

Man erhält diesen Spezialfall durch eine simultane Ersetzung des Identifikators x durch den Term y und die Ersetzung des Identifikators y durch den Term $\neg$y. Wir sprechen von der Substitution [y/x, $\neg$y/y]. Die *Substitution* ist eine Operation auf Booleschen Termen. Sie gestattet, in Termen freie Identifikatoren durch Terme zu ersetzen.

Definition (Substitution). Seien t1, t2 Boolesche Terme mit freien Identifikatoren aus ID und x ein Identifikator; mit

 t1[t2/x]

bezeichnet man denjenigen Term, den man aus t1 erhält, indem man den Identifikator x an allen Stellen in t1 durch den Term t2 ersetzt.   □

Durch Substitution erhält man aus einem gegebenen Term einen in der Regel spezielleren Term.

Beispiel (Die Substitution in Booleschen Termen)

 $(x \wedge (\neg y))[\text{false}/x] = (\text{false} \wedge (\neg y))$

 $((x \wedge (\neg y)) \vee x)[(z \vee y)/x] = (((z \vee y) \wedge (\neg y)) \vee (z \vee y))$ □

Die *Substitution* entspricht einer dreistelligen Abbildung (in Mixfixschreibweise, d.h. statt einem Funktionssymbol werden Klammern und Querstriche verwendet, vgl. Abschnitt 2.2.3):

 $.[./.] : W_{\text{Bool}}(\text{ID}) \times W_{\text{Bool}}(\text{ID}) \times \text{ID} \to W_{\text{Bool}}(\text{ID}),$

die gegebenen Booleschen Termen t, t1 und einem gegebenen Identifikator x einen Booleschen Term t[t1/x] zuordnet. Seien x und y beliebige Identifikatoren und t, t1, t2 beliebige Boolesche Terme. Der Wertverlauf der Substitution ist formal induktiv über die Termstruktur durch folgende Regeln definiert:

 $\text{false}[t/x] =_{\text{def}} \text{false},$

 $\text{true}[t/x] =_{\text{def}} \text{true},$

 $a[t/x] =_{\text{def}} a,$ für atomare elementare Aussagen,

 $x[t/x] =_{\text{def}} t,$

 $y[t/x] =_{\text{def}} y,$ falls x und y verschiedene Identifikatoren sind,

 $(\neg t1)[t/x] =_{\text{def}} (\neg t1[t/x]),$

 $(t1 \vee t2)[t/x] =_{\text{def}} (t1[t/x] \vee t2[t/x]).$

Analoge Definitionen ergeben sich für Terme, die mit den Operatoren $\wedge$, $\Rightarrow$, $\Leftrightarrow$ gebildet sind. Man beachte, daß die Substitution keine Abbildungen zwischen Booleschen Werten sondern eine Abbildung zwischen Booleschen Termen ist.

Sind $x_1, ..., x_n$ paarweise verschiedene Identifikatoren, so schreibt man auch

 $t[t_1/x_1, ..., t_n/x_n]$

für die *simultane („gleichzeitige") Substitution* der Identifikatoren x_1, ..., x_n in t durch die Terme t_1, ..., t_n.

Analog zur Substitution, die der Ersetzung gewisser Identifikatoren in Termen durch spezielle Terme dient, können Werte für Identifikatoren in Belegungen durch andere Werte ersetzt werden. Man spricht vom punktweisen (selektivem) Ändern einer Belegung: Sei β eine gegebene Belegung, b ein Wahrheitswert und x Identifikator; mit $\beta[b/x]$ bezeichnen wir diejenige Belegung, deren Werte für alle Identifikatoren verschieden von x mit den Werten von β übereinstimmen und die für x den Wert b liefert. Formal heißt das:

$$\beta[b/x](x) = b,$$

$$\beta[b/x](y) = \beta(y), \qquad \text{falls x und y verschiedene Identifikatoren sind.}$$

Der Umstand, daß die Spezialisierung von Gesetzen durch Substitution wieder semantisch äquivalente Terme liefert ist eine Folge der Kongruenzeigenschaft der Gleichheit bzgl. der Substitution.

Allgemein heißt eine Äquivalenzrelation eine *Kongruenzrelation* bzgl. einer gegebenen Menge von Abbildungen, wenn für alle betrachteten Abbildungen f aus der Äquivalenz der Argumente die Äquivalenz der Funktionswerte folgt. Formal bedeutete das für n-stellige Abbildungen f (wir schreiben a ~ b für „a ist äquivalent b"):

$$a_1 \sim b_1 \text{ und } ... \text{ und } a_n \sim b_n \text{ impliziert } f(a_1, ..., a_n) \sim f(b_1, ..., b_n) .$$

Die enge Beziehung zwischen Interpretation und Belegungen zum einen und der Substitution zum anderen wird im folgenden Lemma deutlich.

Lemma (Verträglichkeit der Substitution mit der Interpretation). *Für beliebige Boolesche Terme t, t', jede Belegung β und jeden Identifikator x gilt: Falls $\beta(x)$ = $I_\beta[t']$, dann gilt $I_\beta[t]$ = $I_\beta[t[t'/x]]$.*

Beweis (Durch Induktion über den Termaufbau). Es genügt, Terme der Form true, false, x, y, $\neg t1$ und $t1 \vee t2$ zu betrachten. Steht t für den Term true oder für den Term false, so folgt die Behauptung sofort aus der Definition der Substitution. Steht t für x, so gilt

$$I_\beta[t] = \qquad \text{(betrachteter Spezialfall)}$$

$$I_\beta[x] = \qquad \text{(nach Voraussetzung)}$$

$$I_\beta[t'] = \qquad \text{(Def. Substitution)}$$

$$I_\beta[x[t'/x]] = \qquad \text{(betrachteter Spezialfall)}$$

$$I_\beta[t[t'/x]].$$

Steht t für y und ist y verschieden von x, so gilt

$$I_\beta[t] = \qquad \text{(betrachteter Spezialfall)}$$

$$I_\beta[y] = \qquad \text{(Def. Substitution)}$$

$$I_\beta[y[t'/x]] = \qquad \text{(betrachteter Spezialfall)}$$

$$I_\beta[t[t'/x]] .$$

Steht t für ($\neg$t1) und gilt nach Induktionsvoraussetzung das Lemma für t1, so gilt

$I_\beta[t] =$ (betrachteter Spezialfall)

$I_\beta[(\neg t1)] =$ (Def. I_β)

$\text{not}(I_\beta[t1]) =$ (Induktionsannahme)

$\text{not}(I_\beta[t1[t'/x]]) =$ (Def. I_β)

$I_\beta[\neg(t1[t'/x])] =$ (Def. Substitution)

$I_\beta[(\neg t1)[t'/x]] =$ (betrachteter Spezialfall)

$I_\beta[t[t'/x]]$.

Steht t für (t1 $\vee$ t2) und gilt die Induktionsannahme für t1 und t2, so gilt

$I_\beta[t] =$ (betrachteter Spezialfall)

$I_\beta[t1 \vee t2] =$ (Def. I_β)

$\text{or}(I_\beta[t1], I_\beta[t2]) =$ (Induktionsannahme)

$\text{or}(I_\beta[t1[t'/x]], I_\beta[t2[t'/x]]) =$ (Def. I_β)

$I_\beta[(t1[t'/x] \vee t2[t'/x])] =$ (Def. Substitution)

$I_\beta[(t1 \vee t2)[t'/x]] =$ (betrachteter Spezialfall)

$I_\beta[t[t'/x]]$. $\square$

Die Technik der Induktion über den Termaufbau ist ein Spezialfall der Induktion über natürliche Zahlen. Die Induktion läuft über die maximale Zahl der geschachtelten Operatoren in Termen. Nach dieser Methode läßt sich auch das folgende Lemma beweisen.

Lemma (Verträglichkeit der Substitution mit der Belegungsänderung). *Für Boolesche Terme* t, t', *Belegungen* β *und Identifikatoren* x *gilt mit* $\beta' = \beta[I_\beta[t']/x]$:

$I_\beta[t[t'/x]] = I_{\beta'}[t]$. $\square$

In bezug auf die Substitution besitzt die semantische Äquivalenz eine wichtige Kongruenzeigenschaft, wie im folgenden Theorem deutlich wird.

Theorem (Kongruenzeigenschaft der semantischen Äquivalenz für die Substitution). *Sind die Booleschen Terme* t1 *und* t2 *(semantisch) äquivalent, so sind für beliebige Terme* t *und Identifikatoren* x *sowohl* t1[t/x] *und* t2[t/x] *(semantisch) äquivalent, als auch* t[t1/x] *und* t[t2/x].

Beweis. Es gelte $I_\beta[t1] = I_\beta[t2]$ für beliebige Belegungen β. Nach obenstehendem Lemma gilt mit $\beta' = \beta[I_\beta[t]/x]$:

$I_\beta[t1[t/x]] = I_{\beta'}[t1] = I_{\beta'}[t2] = I_\beta[t2[t/x]]$.

Ebenso gilt mit $\beta' = \beta[I_\beta[t1]/x]$

$$I_\beta[t[t1/x]] = I_{\beta'}[t] = I_\beta[t[t2/x]],$$

da $I_\beta[t1] = I_\beta[t2]$. $\Box$

Die semantische Äquivalenz Boolescher Terme ist also mit der Substitution verträglich, d.h. sie bildet bzgl. der Substitution eine Kongruenz.

Das obige Theorem bildet die Grundlage für den Reduktionsbegriff. Eine *Reduktion* ist eine Folge von Booleschen Termen, die durch gewisse Umformungen auseinander hervorgehen. Die Umformungen entstehen allgemein durch die Anwendung festgelegter Regeln und Gesetze. Dabei wird Instantiierung und Anwendung von Gesetzen unterschieden.

Sei $t1 = t2$ eine Gleichung für Boolesche Terme. Man nennt für Boolesche Terme $t_1, ..., t_n$ und paarweise verschiedene Identifikatoren $x_1, ..., x_n$ die Gleichung

$$t1[t_1/x_1, ..., t_n/x_n] = t2[t_1/x_1, ..., t_n/x_n]$$

eine *Instanz* (oder einen *Spezialfall*) der Gleichung $t1 = t2$.

Beispiel (Instanz einer Gleichung). Die Gleichung

$$\text{true} \vee \text{false} = \text{false} \vee \text{true}$$

ist eine Instanz des Gesetzes der Kommutativität für die Disjunktion. $\Box$

Gleichungen sollen aus Gesetzen nicht nur durch Substitution gewisser Identifikatoren gewonnen werden, sondern auch durch Anwendung auf bestimmte Unterterme gegebener Terme. Sei t ein Boolescher Term, x ein Identifikator in t (der in t genau einmal auftritt) und die Gleichung $t3 = t4$ eine Instanz der Gleichung $t1 = t2$, so heißt die Gleichung

$$t[t3/x] = t[t4/x]$$

eine *Anwendung* der Gleichung $t1 = t2$. Der Term t heißt *Kontext* (bzgl. x), das Auftreten von $t3$ in $t[t3/x]$ *Redex* (*Anwendungsstelle*).

Beispiel (Anwendung eines Gesetzes). Die Gleichung

$$x \vee (\text{true} \vee \text{false}) = x \vee (\text{false} \vee \text{true})$$

ist eine Anwendung des Gesetzes der Kommutativität. $\Box$

Durch die Transitivität können über Gleichungsketten neue Gleichungen abgeleitet werden. Existieren für einen gegebenen Term t_0 Terme $t_1, ..., t_n$, so daß die Gleichungen $t_i = t_{i+1}$ für $i = 0, ..., n-1$ Anwendungen von Gesetzen sind, so heißt t_0 auf t_n *reduzierbar*. Man nennt dann die Folge von Termen

$$t_0 = t_1 = \ldots\ t_{n-1} = t_n$$

eine *Reduktion* (*Umformung*).

Beispiel (Reduktion). Durch Reduktion kann ein gegebener Term beispielsweise wie folgt umgeformt werden:

$$f \wedge (\neg f \vee g) = \qquad \text{(Distributivgesetz)}$$
$$(f \wedge \neg f) \vee (f \wedge g) = \qquad \text{(Kommutativgesetz)}$$
$$(f \wedge g) \vee (f \wedge \neg f) = \qquad \text{(Neutralitätsgesetz)}$$
$$f \wedge g. \qquad\qquad\qquad\qquad\qquad\qquad\qquad \Box$$

In einer *Reduktion* werden Terme umgeformt, indem Instanzen von Gesetzen auf Teilterme angewendet werden. Aus der Transitivität der semantischen Äquivalenz und den obigen Theoremen folgt sofort, daß alle Terme t_i, die in einer Reduktion

$$t_0 = t_1 = ... = t_n$$

auftreten, semantisch äquivalent sind. Es gilt insbesondere die Gleichung $t_0 = t_n$.

Daß die Anwendung eines Gesetzes eine Gleichung $t1 = t2$ mit semantisch äquivalenten Termen $t1$, $t2$ liefert, besagt, daß die durch die Gesetze induzierte Äquivalenz auch eine Kongruenz für sämtliche Boolesche Operatoren bildet. Dies kann bereits dem obigen Theorem entnommen werden.

1.3 Information und ihre Repräsentation in Normalform

Das Beispiel der Aussageformen zeigt deutlich, daß es nützlich ist, zwischen Repräsentation und Information zu unterscheiden: Nur die Repräsentation von Information läßt sich konkret manipulieren, die Manipulation der Information ergibt sich daraus. Der Begriff der Information entsteht durch Abstraktion von der konkreten Repräsentation.

Die Verwendung einer Repräsentation ist nur Mittel zum Zweck. Man ist in der Regel stärker an der Information und weniger an der Repräsentation interessiert. Deshalb ist es häufig bequem, mit Repräsentationen so umzugehen, als ob sie direkt die Informationen wären, mit denen man es zu tun hat. Dies wird insbesondere in der klassischen Mathematik so gehandhabt.

1.3.1 Der Übergang von der Repräsentation zur Information

Informationsverarbeitung bedeutet strenggenommen die Verarbeitung („Umformung") von Repräsentationen von Informationen. Dazu ist es erforderlich, daß alle Informationen im verwendeten Informationssystem darstellbar sind.

Sei (A, R, I) ein Informationssystem. Ist I surjektiv, d.h. existiert zu jeder Information $a \in A$ eine Repräsentation $r \in R$ mit $I[r] = a$, so läßt sich jede Information auch repräsentieren. In der Regel ist man an Informationssystemen mit dieser Eigenschaft interessiert.

Abbildungen auf der Menge der Repräsentationen induzieren unter gewissen Voraussetzungen Abbildungen für Informationen. Sei

$$\rho : R \to R$$

eine Abbildung auf der Menge von Repräsentationen R. Gilt für alle $x, y \in R$:

$$(*) \qquad I[x] = I[y] \Rightarrow I[\rho(x)] = I[\rho(y)]$$

und ist I surjektiv, dann ist vermöge der Interpretation

$$I: R \to A$$

in eindeutiger Weise eine Abbildung

$$\rho': A \to A.$$

auf Informationen durch folgende Regel eindeutig festgelegt:

$$\rho'(a) = b \qquad \text{falls für ein } r \in R \text{ gilt:} \qquad I[r] = a \text{ und } I[\rho(r)] = b.$$

Die Bedingung (∗) stellt sicher, daß die Abbildung ρ' wohldefiniert ist. Sie besagt, daß die Abbildung ρ mit der durch die Interpretationsabbildung I induzierten Äquivalenzrelation verträglich ist: Werden zwei Repräsentationen gleich interpretiert, d.h. tragen sie gleiche Information, so werden auch ihre Bilder unter ρ gleich interpretiert. Dies bedeutet, daß die semantische Äquivalenz bzgl. der Abbildung ρ eine Kongruenzrelation ist. Die Surjektivität von I stellt sicher, daß auch jede Information repräsentierbar ist.

Den Zusammenhang zwischen ρ, ρ' und der Interpretation kann man durch ein *kommutierendes Diagramm* verdeutlichen (vgl. Abb. 1.1).

$$
\begin{array}{ccc}
R & \stackrel{I}{\longrightarrow} & A \\
\rho \downarrow & & \downarrow \rho' \\
R & \stackrel{I}{\longrightarrow} & A
\end{array}
$$

Abb. 1.1. Kommutierendes Diagramm

Insbesondere gilt also:

$$I[\rho(r)] = \rho'(I[r]) .$$

Man bezeichnet ρ' auch als *Abstraktion* von ρ.

Beispiel (Quadratur von natürlichen Zahlen in Dezimalzahldarstellung). Die Quadratur einer natürlichen Zahlen in Dezimaldarstellung ist strenggenommen eine Abbildung zwischen Zeichenreihen von Ziffern („Spiel mit Symbolen"). Durch die klassische Interpretation von Zeichenreihen von Ziffern als natürliche Zahlen wird eine Abbildung auf den natürlichen Zahlen induziert. $\qquad\Box$

Im folgenden Abschnitt werden speziell Abbildungen zwischen Repräsentationen betrachtet, die die Identitätsabbildung auf der Menge der Informationen induzieren.

1.3.2 Umformungen von Repräsentationen

Für ein gegebenes Informationssystem heißt der Übergang von einer Repräsentation r1 zu einer Repräsentation r2 eine *Äquivalenztransformation*, wenn r1 und r2 die gleiche Interpretation besitzen und somit semantisch äquivalent sind, d.h. wenn

$$I[r1] = I[r2]$$

gilt.

Beispiel (Äquivalenztransformationen)

(i) Die Reduktion eines Booleschen Terms t1 auf einen Booleschen Term t2 stellt eine Äquivalenztransformation dar.

(ii) In der Sprache der arithmetischen Ausdrücke bildet das übliche Rechnen ein System von Äquivalenztransformationen.   □

Der Begriff der Äquivalenztransformation ist definitionsgemäß abhängig von der betrachteten Interpretation. Gilt für eine Abbildung

$$f: R \rightarrow R$$

für alle $r \in R$:

$$I[f(r)] = I[r]$$

so heißt die Abbildung f auch *Äquivalenztransformation*. Eine Äquivalenztransformation überführt Repräsentationen stets in semantisch äquivalente Repräsentationen.

Häufig werden Äquivalenztransformationen angewandt, um Repräsentationen von Information in eine übersichtliche Form zu bringen. Berechnungen, beispielsweise in der Form von arithmetischen Umformungen, lassen sich als eine Folge von Äquivalenztransformationen auffassen.

1.3.3 Normalformen und eindeutige Normalformen

Wie bereits mehrfach betont, kann Information im allgemeinen nicht direkt dargestellt, sondern nur repräsentiert werden. Jedoch nicht alle äquivalenten Repräsentationen gewisser Informationen sind in gleicher Weise leicht zu interpretieren oder zu verarbeiten.

Beispiel (Semantische Äquivalenz von Formeln der Mathematik). Folgende Formeln tragen in üblicher Deutung der Mathematik die gleiche Information (sind semantisch äquivalent):

$$\sum_{i=1}^{\infty} 1/2^i \qquad 0.9999... \qquad 0! \qquad 1$$

Alle diese Terme haben den Wert „eins" (in der Mathematik wird der Wert von 0.9999... mit 1 gleichgesetzt). Sie sind aber unterschiedlich schwer zu lesen, zu interpretieren und zu verstehen. Dem nicht mathematisch gebildeten Leser ist ihre Interpretation unter Umständen gänzlich fremd.   □

Die Einfachheit der konkreten Repräsentation ist aus naheliegenden Gründen von Belang. Häufig ist eine Teilmenge S (von Repräsentationen von besonders einfachen äußeren Formen) der Repräsentationen R als Menge von *Normalformen* ausgezeichnet. S heißt dann *Normalformsystem*. Existiert in einem Normalformsystem für jede Repräsentation mindestens eine semantisch äquivalente Normalform, so heißt das Normalformsystem *vollständig*.

Sei $S \subseteq R$ eine Menge von Normalformen, d.h. ein Normalformsystem. Besitzt jede Menge von Repräsentationen mit gleicher Interpretation genau eine Normalform, d.h. ist die Abbildung $I|_S$ injektiv, so heißt das Normalformsystem *eindeutig*. Hier bezeichnet

$$I|_S : S \rightarrow A$$

die Einschränkung der Abbildung I auf S mit

$$I|_S[r] = I[r]$$

für alle $r \in S$.

Beispiel (Eindeutige und vollständige Normalformsysteme)

(i) In der Menge der natürlichen Zahlen in Dezimaldarstellung bildet die Menge der nichtleeren Zeichensequenzen, die keine führenden Nullen besitzen, eine eindeutige Normalform. Binärsequenzen (allgemein in der Normalform ohne „führende Nullen") lassen sich ebenfalls bequem als Repräsentationen natürlicher Zahlen verwenden.
(ii) In der Menge der geschlossenen Booleschen Ausdrücke sind die Ausdrücke „true" und „false" eindeutige Normalformen.   □

Da auf der Menge der eindeutigen Normalformen die Interpretation eine injektive Abbildung ist, kann man die entsprechenden Informationen jeweils mit ihren Normalformen gleichsetzen („identifizieren").

Beispiel (Gleichsetzen von Information mit ihrer Repräsentation). In der Mathematik wird in der Regel die abstrakte mathematische Struktur der natürlichen Zahlen und ihre Repräsentation durch Dezimalzahlen (ohne „führende Nullen") gleichgesetzt. □

Häufig dient Schrift zur Repräsentation von Information. Dabei handelt es sich äußerlich um Sequenzen von Schriftzeichen (man beachte auch, daß auch der Zwischenraum als Zeichen verstanden werden kann). Allgemein sind Sequenzen, insbesondere Sequenzen von Zeichen, besonders wichtig als Repräsentationen von Information. Deshalb werden Zeichensequenzen nun im einzelnen behandelt.

1.3.4 Zeichensequenzen

Die Darstellung von Information durch gesprochene Sprache (durch eine Folge von Lauten) und durch Schrift (Folge von Zeichen) stellt eine der fundamentalen kulturellen Errungenschaften der Menschheit dar. Diese Form der Repräsentation von Information weist eine Reihe von charakteristischen Prinzipien und mathematischen Strukturen auf. Zur Repräsentation von Information verwendet auch die Informatik häufig Zeichenfolgen.

Für eine gegebene Menge C von Zeichen bildet eine Folge von Zeichen $x_1, \ldots, x_i \in C$ ein *Wort der Länge* i. Wir schreiben dann $\langle x_1 \ldots x_i \rangle$ für das Wort. Allgemein sprechen wir auch von einem *i-Tupel*. C^i bezeichnet die Menge der i-Tupel:

$$C^i =_{def} C \times ... \times C,$$

d.h. C^i ist das i-fache Kartesische (oder „direkte") Produkt der Menge C. Jedes Element von C^i ist eine Folge von i Zeichen aus C. Für C^0 vereinbaren wir

$$C^0 =_{def} \{\varepsilon\}.$$

ε bezeichnet dabei die *leere Sequenz* (das „leere" Wort). Man beachte, daß C^1 nicht identisch zu C angenommen ist. Vielmehr soll sorgfältig zwischen der einelementigen Sequenz ‹a› und dem Element a selbst unterschieden werden. Im mathematischen Sinn ist C^1 isomorph zu C (d.h. eine „Kopie" von C). C^2 ist die Menge der geordneten Paare ‹a b› aus C. C^3 die Menge der Tripel ‹a b c›. Es gilt für $i \in \mathbb{N}$:

$$C^i = \{\langle x_1 ... x_i \rangle : x_1, ..., x_i \in C\}.$$

Insbesondere ist

$$C^1 = \{\langle x \rangle : x \in C\}$$

die Menge der einelementigen Sequenzen. Die Menge C^* ist wie folgt definiert:

$$C^* =_{def} \bigcup_{i \in \mathbb{N}} C^i.$$

C^* bezeichnet die Menge aller endlichen Sequenzen von Zeichen aus C. C^* schließt die leere Sequenz ein, die durch ε repräsentiert wird. Die Elemente aus C^* heißen auch die *Wörter über C*, ε heißt *leeres Wort*. Für $C^* \backslash \{\varepsilon\}$ wird auch C^+ geschrieben.

Beispiel (Zeichensequenzen)

(1)   Die natürlichen Zahlen in Dezimaldarstellung sind Zeichenreihen aus der Zeichenmenge $\{0, ...,9\}^+$.

(2)   Für $\mathbb{B} = \{O, L\}$ erhält man für $\mathbb{B}^*$ die Menge der *Binärsequenzen*:

$$\mathbb{B}^* = \{\varepsilon, \langle O \rangle, \langle L \rangle, \langle O\ O \rangle, \langle O\ L \rangle, \langle L\ O \rangle, \langle L\ L \rangle, \langle O\ O\ O \rangle, ... \} \qquad \square$$

Über C^* betrachtet man als elementare Operation die zweistellige Abbildung

$$\text{conc}: C^* \times C^* \rightarrow C^* \qquad \text{(Konkatenation)}.$$

Dabei sei für $s, t \in C^*$ die Sequenz conc(s, t) als diejenige Sequenz aus C^* definiert, die durch hintereinanderstellen („*konkatenieren*") der Sequenzen s und t gebildet wird. Es gilt für $s, \langle s_1 ... s_n \rangle, \langle t_1 ... t_m \rangle \in C^*$:

$$\text{conc}(\varepsilon, s) = s = \text{conc}(s, \varepsilon),$$

$$\text{conc}(\langle s_1 ... s_n \rangle, \langle t_1 ... t_m \rangle) = \langle s_1 ... s_n\ t_1 ... t_m \rangle.$$

Mit dieser Definition gilt beispielsweise

$$\text{conc}(\langle abc \rangle, \langle de \rangle) = \langle abcde \rangle = \text{conc}(\varepsilon, \langle abcde \rangle).$$

Die Konkatenation schreibt man häufig in Infixschreibweise (seien $v, w \in C^*$):

$$v \circ w =_{def} \text{conc}(v, w).$$

Es gelten die folgenden algebraischen Gesetze für die Konkatenation von Zeichenreihen u, v, w $\in$ C*:

$$(u \circ v) \circ w = u \circ (v \circ w) \qquad \textit{Assoziativität,}$$

$$w \circ \varepsilon = w = \varepsilon \circ w \qquad \varepsilon \textit{ ist neutrales Element.}$$

C* bildet damit eine *Halbgruppe* mit neutralem Element (Einselement) ε; in der Algebra wird eine Struktur mit solchen Eigenschaften ein *Monoid* genannt. Eine Halbgruppe besteht aus einer Menge mit einer assoziativen zweistelligen Operation.

Beispiel (Binärsequenzen). Insbesondere die Menge $\mathbb{B}^*$ von Binärsequenzen wird häufig (insbesondere in Maschinen) zur Repräsentation von Informationen verwendet. Binärsequenzen aus $\mathbb{B}^8 \subseteq \mathbb{B}^*$, die aus genau 8 Zeichen bestehen, heißen *Bytes*. Die Operationen auf Wahrheitswerten lassen sich durch elementweise Anwendung sofort zu Operationen auf Binärsequenzen gleicher Länge verallgemeinern. Die folgende Gleichung gibt ein Beispiel für die elementweise Konjunktion:

$$\langle LOLL \rangle \wedge \langle OLLL \rangle = \langle OOLL \rangle. \qquad \qquad \Box$$

Jedes Element w aus C* besitzt eine Länge, auch *Wortlänge* genannt, d.h. es existiert eine Abbildung

$$\text{length: } C^* \to \mathbb{N}$$

mit

$$\text{length}(\varepsilon) = 0,$$

$$\text{length}(\langle s_1 \dots s_n \rangle) = n.$$

Häufig findet sich die Schreibweise |w| für die Länge eines Wortes w:

$$|w| =_{\text{def}} \text{length}(w).$$

Die Sequenzen über einer gegebenen Menge von Elementen bilden eine Struktur, die in der Informatik von großer Bedeutung ist. In vielen Anwendungen wird für eine gegebene Zeichenmenge C nicht die gesamte Menge C*, sondern nur eine bestimmte Teilmenge $S \subseteq C^*$ von „wohlgeformten" Wörtern zur Repräsentation zugelassen.

1.3.5 Formale Sprachen

Sei C eine Menge von Zeichen. Ist C endlich und ist auf C eine lineare Ordnung definiert, so heißt C auch *Alphabet*. Eine Teilmenge S von C* heißt *formale Sprache*.

Beispiel (Formale Sprachen)

(1) Die Menge der Booleschen Terme mit Identifikatoren aus ID ist eine Teilmenge von

$$(\text{ID} \cup \{\neg, \wedge, \vee, \Rightarrow, \Leftrightarrow, \underline{\text{true}}, \underline{\text{false}}, (,)\})^*.$$

Hier sind true und false unterstrichen, um auszudrücken, daß beide Wörter als ein Zeichen gelten. Die Menge der korrekt gebildeten Booleschen Terme entspricht einer formalen Sprache.

(2) Die Menge der arithmetischen Ausdrücke über N (in Dezimaldarstellung) ist eine Teilmenge von $\{0, 1,..., 9, +, -, *, (,)\}^*$.   □

Es gibt viele Methoden, eine formale Sprache (d.h. eine Teilmenge von C^*) auszuzeichnen. Für natürliche Sprachen existieren Wörterbücher, die definieren, welche Zeichenfolgen Wörter der Sprache bilden. Die Grammatik mit ihren Regeln gibt zusätzlich an, in welcher Weise die Wörter zu Sätzen zusammengefügt („konkateniert") werden dürfen. In der Informatik werden formale Sprachen durch spezielle Notationen, die Regeln über den Aufbau der Wörter vorgeben, beschrieben. Eine gebräuchliche Notation wird im Abschnitt über Programmiersprachen eingeführt.

Dienen formale Sprachen in einem Informationssystem zur Repräsentation von Informationen, so bezeichnet man die Sprachen, beziehungsweise die Regeln für den Aufbau der Wörter der Sprache, auch als *Syntax*. Die Interpretationsfunktion, die jedem Wort der Sprache eine Information zuordnet, heißt dann *Semantikfunktionen* (d.h. Bedeutung). Dies gilt insbesondere für Programmiersprachen.

2. Rechenstrukturen und Algorithmen

Bestimmte Aufgabenstellungen lassen sich durch schematische, mechanische Vorgehensweisen lösen. Solche schematischen Lösungsverfahren heißen *Algorithmen*. Mit informellen Beschreibungen finden sich Algorithmen in vielen Anwendungsbereichen. So sind den meisten Menschen Vorschriften, Gebrauchsanweisungen, Verfahrensbeschreibungen aus dem täglichen Leben wohlvertraut. Es handelt sich hierbei in der Regel um nur unpräzise beschriebene Algorithmen.

Sollen Vorschriften von Maschinen ausgeführt werden, so ist eine präzise „formale" Beschreibung für die entsprechenden Algorithmen nötig. Es werden dann in der Regel formale Sprachen oder auch graphische Darstellungsformen zur Repräsentation von Algorithmen verwendet. Im allgemeinen beschreiben Algorithmen Vorgehensweisen zur Lösung einer Klasse von verwandten Aufgaben. Beispielsweise kann ein Algorithmus angegeben werden, der die Addition zweier Zahlen in Dezimalzahldarstellung für beliebige natürliche Zahlen durchführt. Solch ein Algorithmus benötigt zwei natürliche Zahlen in Dezimalzahldarstellung als *Eingabe* und erzeugt eine Zahl in Dezimalzahldarstellung als *Ausgabe*. Dabei beschreibt der Algorithmus eine mechanische Umformung von Informationsrepräsentationen. Dies ist typisch für Algorithmen zur Informationsverarbeitung.

Im folgenden wird zuerst eine informelle Erklärung des Begriffs „Algorithmus" gegeben. Anschließend werden einige einfache formale Systeme zur Repräsentation von Algorithmen behandelt.

2.1 Zum Begriff „Algorithmus"

Algorithmen sind durch Verarbeitungsvorschriften beschriebene Lösungsverfahren, die gewisse Anforderungen erfüllen.

Definition (Algorithmus). Ein *Algorithmus* ist ein Verfahren mit einer *präzisen* (d.h. in einer genau festgelegten Sprache abgefaßten) *endlichen Beschreibung* unter Verwendung *effektiver* (d.h. tatsächlich ausführbarer) elementarer (Verarbeitungs-) Schritte. □

Natürlich ist diese Definition nicht exakt, d.h. sie hängt vom Verstehen der verwendeten Begriffe, insbesondere des Begriffs „effektiv", ab. Diese Ungenauigkeit soll jedoch vorerst ignoriert werden. Man beachte, daß wir – wie allgemein bei Informationssystemen – zwischen dem Algorithmus und seiner Beschreibung unterscheiden.

Typischerweise lösen Algorithmen nicht nur eine spezielle Aufgabe, sondern eine Klasse von Aufgaben. Die jeweils aus der betrachteten Klasse speziell zu bearbeitende Aufgabe wird durch Parameter bestimmt. Die Parameter dienen als Eingabe für den Algorithmus. Algorithmen liefern für die Eingaben in der Regel Resultate. Diese Resultate können im Falle von Informationsverarbeitungsaufgaben Informationen (oder genauer Repräsentationen von Informationen) sein, oder aber in einer Folge von Anweisungen („Steuersignale") bestehen, die gewisse Umformungen bewirken.

Es gibt eine Vielzahl von Möglichkeiten, einen Algorithmus zu repräsentieren. Begonnen wird in diesem Abschnitt mit informellen Beschreibungen von Algorithmen, und anschließend wird ein einfaches formales System angegeben, mit dem sich Algorithmen beschreiben lassen.

Unabhängig von ihrer Beschreibungsform ist es bei Algorithmen wichtig, folgende Aspekte zu unterscheiden:

– Die Aufgabenstellung, die durch einen Algorithmus bewältigt werden soll.
– Die spezielle Art und Weise, wie die Aufgabe bewältigt wird. Dabei unterscheidet man für einen Algorithmus:

  (a) Die elementaren Verarbeitungsschritte, die zur Verfügung stehen.
  (b) Die Beschreibung der Auswahl der einzelnen, auszuführenden Schritte.

Es gibt für eine algorithmisch lösbare Aufgabenstellung stets viele unterschiedliche Möglichkeiten, die Aufgabe zu bewältigen, also verschiedene Algorithmen. Insbesondere können Algorithmen sehr verschieden ausfallen, wenn unterschiedliche Sätze von elementaren Verarbeitungsschritten zur Verfügung stehen.

2.1.1 Informelle Algorithmenbeschreibungen

Im folgenden werden eine Reihe informeller Algorithmenbeschreibungen („Gebrauchsanweisungen") als Beispiele angegeben. Sie enthalten bereits typische Konzepte, wie sie auch in formalen Algorithmenbeschreibungen auftreten.

Beispiele (Informelle Algorithmenbeschreibungen)

Arithmetische Operationen auf Dezimalzahlen:
Die Verfahren zur schrittweisen Durchführung der Addition, Subtraktion, Multiplikation und Division, wie sie sich in Schulmathematikbüchern finden, sind Beispiele von Algorithmen über der Dezimaldarstellung der natürlichen Zahlen.

Euklids Algorithmus zur Berechnung des größten gemeinsamen Teilers (ggT):
Aufgabenstellung: Gegeben seien zwei ganze Zahlen a, b mit a > 0 und b > 0; gesucht ist der größte gemeinsame Teiler ggT(a, b) der beiden Zahlen a, b.

Der Algorithmus zur Berechnung der natürlichen Zahl ggT(a, b) nach Euklid lautet wie folgt:

(1)   falls a = b, dann gilt: ggT(a, b) = a;
(2)   falls a < b, dann wende den Algorithmus ggT auf (a, b–a) an;
(3)   falls b < a, dann wende den Algorithmus ggT auf (a–b, b) an.

Die Korrektheit der Regel (1) ist evident. Die Regel (2) basiert auf folgendem Gesetz, das für alle echt positiven natürlichen Zahlen a, b gilt:

$$a < b \Rightarrow ggT(a, b) = ggT(a, b-a).$$

Die Regel (3) basiert auf dem Gesetz:

$$b < a \Rightarrow ggT(a, b) = ggT(a-b, b).$$

Für diesen Algorithmus gilt:

- Die Ausführung der arithmetischen Operation „−" und der Vergleichsoperationen „<" und „=" werden als effektive, elementare Verarbeitungsschritte vorausgesetzt.
- Läßt man in der Aufgabenstellung die Einschränkungen a > 0 und b > 0 weg, so erhält man einen Algorithmus, der für ungleiche negative Zahlen nicht abbricht (nicht „terminiert").
- Der Algorithmus ist *deterministisch*, d.h. die Folge der einzelnen Schritte ist für jede Eingabe genau festgelegt.   □

Hier zeigt sich deutlich eine bereits erwähnte, wichtige Eigentümlichkeit von Algorithmen: Algorithmen arbeiten in der Regel auf gewissen Eingabewerten (Argumenten, Parametern) und berechnen gewisse Resultate (Ausgabewerte). Für deterministische Algorithmen bildet die Relation zwischen Eingabewerten und Ausgabewerten eine (partielle) Abbildung. Der Algorithmus heißt *korrekt*, wenn diese Abbildung der Aufgabenstellung entspricht, die durch den Algorithmus bewältigt werden soll.

Beispiel (Informelle Algorithmenbeschreibungen − Fortsetzung)

Sortieren eines Stapels von Karteikarten:
Aufgabenstellung: Ein gegebener Stapel x von Karteikarten ist zu sortieren.

Es werden vier unterschiedliche Algorithmen angegeben, die auf folgenden Ideen basieren:

- Sortieren durch Vorsortieren und Zusammenmischen,
- Sortieren durch Einsortieren,
- Sortieren durch Auswählen,
- Sortieren durch Vertauschen.

(i) *Sortieren durch Vorsortieren und Zusammenmischen*:
   Der gegebene Stapel x wird durch folgende Vorschrift sortiert:
   (1) ist x leer oder einelementig, dann ist x sortiert;
   (2) enthält x mehr als eine Karteikarte, dann spalte man x in zwei nichtleere Stapel auf, sortiere die beiden Stapel (durch Mischen) und mische die beiden sortierten Stapel zu einem sortierten Stapel.

Man beachte, daß das Mischen zweier Stapel von Karteikarten wieder einer Aufgabenstellung entspricht, wie sie typischerweise durch einen Algorithmus vorgenommen werden kann.

(ii) *Sortieren durch Einsortieren*:
Der gegebene Stapel x wird durch folgenden Algorithmus absteigend sortiert, der in einen sortierten Stapel y die Elemente eines unsortierten Stapels x einsortiert (man beginnt mit dem leeren Stapel y).

Ein Stapel x wird in einen sortierten Stapel y durch folgende Vorschrift einsortiert:

(1) ist x leer, so ist y der gesuchte sortierte Stapel;
(2) ist x nicht leer, so wird eine beliebige Karteikarte aus x ausgewählt und in y einsortiert. Der Algorithmus wird auf den verkleinerten Stapel x und den vergrößerten Stapel y angewendet.

(iii) *Sortieren durch Auswählen*:
Der gegebene Stapel x wird durch folgenden Algorithmus absteigend sortiert, der jeweils eine – im Sinn des Sortiermerkmals – „größte" Karteikarte aus x auswählt und an den Stapel y anfügt (man beginne mit dem leeren Stapel y).

Gegeben seien zwei Stapel x und y. Der Stapel y sei absteigend sortiert und alle Karteikarten in y seien größer als die Karteikarten in x. Der Stapel x (von Elementen, die kleiner sind als die Elemente in y) wird in den sortierten Stapel y nach folgender Vorschrift einsortiert:

(1) ist x leer, so ist y der gesuchte sortierte Stapel;
(2) ist x nicht leer, so wird die „größte" Karteikarte in x ausgewählt und an y angefügt. Der Algorithmus wird auf den verkleinerten Stapel (für x) und den vergrößerten Stapel (für y) angewendet.

(iv) *Sortieren durch Vertauschen*:
Der gegebene Stapel x wird durch folgenden Algorithmus sortiert:

(1) enthält x zwei aufeinanderfolgende Karten, die in falscher Reihenfolge sind, so werden die beiden Karten vertauscht und der Algorithmus wird weiter auf den so erhaltenen Stapel angewendet;
(2) enthält x keine zwei aufeinanderfolgende Karten, die in falscher Reihenfolge sind, so ist der Stapel x sortiert und somit der gesuchte Stapel.

Ermitteln einer Kugel mit Gewichtsabweichung aus zwölf gegebenen Kugeln.
Aufgabenstellung: Gegeben seien 12 (von 1 bis 12 durchnumerierte) Kugeln, davon seien 11 Kugeln gleichschwer und 1 Kugel leichter oder schwerer als die übrigen. Zu ermitteln ist die abweichende Kugel durch (höchstens) drei Wägungen mit einer Balkenwaage.

Die Angabe eines Algorithmus wird dem Leser überlassen.

Bedienung eines Fahrkartenautomaten:
Aufgabenstellung: Gegeben sei Geld und ein Zielort; eine Fahrkarte sei aus einem Automaten zu ziehen.

(1) Man wähle die gewünschte Fahrkarte.
(2) Man werfe Geld ein, bis die Anzeige auf Null steht oder kein Kleingeld mehr vorhanden ist.

(3) Falls das Kleingeld nicht ausreicht, drücke man die Rückgabetaste und entnehme das Geld; Ende des Verfahrens.

(4) Falls die Anzeige auf Null steht und eine Fahrkarte ausgegeben wird, entnehme man die Fahrkarte; Ende des Verfahrens.

(5) Falls die Anzeige auf Null steht und keine Fahrkarte ausgegeben wird, drücke man den Rückgabeknopf, entnehme das Geld; Ende des Verfahrens.   □

Im folgenden wird eine Reihe von Merkmalen zur Klassifizierung von Algorithmen angegeben. Ein Algorithmus heißt für eine Eingabe

– *terminierend*, wenn er stets (für alle zulässigen Schrittfolgen) nach endlich vielen Schritten endet,
– *deterministisch*, wenn in der Auswahl der Verarbeitungsschritte keine Freiheit besteht,
– *determiniert*, wenn das Resultat des Algorithmus eindeutig bestimmt ist,
– *sequentiell*, wenn die Verarbeitungsschritte stets hintereinander ausgeführt werden,
– *parallel*, wenn gewisse Verarbeitungsschritte nebeneinander ausgeführt werden.

Oft wird für Algorithmen grundsätzlich gefordert, daß sie (für jede Eingabe) deterministisch sind oder auch, daß sie für jede Eingabe terminieren. In der obigen Definition des Begriffs Algorithmus wird bewußt auf diese Einschränkungen verzichtet, um einen allgemeineren Algorithmusbegriff zu erhalten.

In den angegebenen Beispielen für Algorithmenbeschreibungen treten stets gewisse, sich ähnelnde Formulierungen auf. So wird häufig die Ausführung eines Schritts von bestimmten Bedingungen abhängig gemacht. Oft wird auch die gestellte Aufgabe gelöst, indem man die gleiche Aufgabe wiederum löst, allerdings mit etwas geänderten (einfacheren) Parametern. Man spricht von *Wiederholung* und von *Rekursion*.

Klassische Elemente, wie sie in Beschreibungen von Algorithmen auftreten, sind also:

– Ausführung elementarer Schritte,
– Fallunterscheidung über Bedingungen,
– Wiederholung und Rekursion.

Ähnliche Konzepte finden sich auch in den Befehlssätzen von informationsverarbeitenden Maschinen. Die Menge der elementaren Schritte in einem Algorithmus entspricht auf der Maschinenebene den auf der Maschine verfügbaren Grundoperationen. Um einen Algorithmus in einer von einer Maschine ausführbaren Form beschreiben zu können, verwendet man eine formale Sprache zur Repräsentation von Algorithmen. Eine Beschreibung eines Algorithmus in einer formal beschriebenen Sprache heißt ein *Programm*, die formale Sprache eine *Programmiersprache*.

2.1.2 Formale Algorithmenbeschreibung durch Textersetzung

Eine präzise (maschinell bearbeitbare, verarbeitbare und ausführbare) Algorithmenbeschreibung erfordert eine formale Sprache (eine Teilmenge aus V^* mit gegebenem Zeichenvorrat V) zur Algorithmenbeschreibung und eine exakte Begriffsbildung über die Effektivität (Durchführbarkeit) elementarer Verarbeitungsschritte. Im einfachsten Fall verwenden Algorithmen Wörter über einer vorgegebenen Zeichenmenge als Eingabe und als Ausgabe. Da durch Wörter in vielfältiger Weise Informationen repräsentiert werden können, lassen sich Algorithmen stets auf diese Weise darstellen.

Eines der einfachsten Konzepte elementarer Verarbeitungsschritte auf Zeichenfolgen bildet die Ersetzung (Substitution) gewisser Teilworte (Muster) in einem Wort durch andere Wörter. Dies führt zu Algorithmen in Form von *Ersetzungssystemen auf Zeichenreihen.*

Sei V ein Zeichenvorrat; ein Paar (v, w) $\in$ $V^* \times V^*$ heißt *Ersetzung über V.* Es wird häufig

$$v \rightarrow w$$

für Ersetzungen geschrieben. Eine endliche Menge R von Ersetzungen nennen wir im folgenden ein *Textersetzungssystem über V.* Die Elemente des Systems nennen wir auch Textersetzungsregeln. Textersetzungssysteme dienen zur Repräsentation von Algorithmen. Die Einzelschritte dieser Algorithmen bestehen somit in der Anwendung von Textersetzungsregeln.

Aus Gründen der besseren Lesbarkeit werden im folgenden die Klammern „‹" und „›" für Wörter aus V^* im Zusammenhang mit Ersetzungsregeln weggelassen. Wie bei den Gesetzen für Boolesche Terme sollen Ersetzungsregeln auf beliebige Teilterme („in beliebigen Kontexten") angewendet werden. Eine Ersetzung

$$s \rightarrow t$$

heißt Anwendung der Regel v $\rightarrow$ w, falls es Wörter a, v, w, z, $\in$ V^* gibt, so daß gilt:

$$s = a \circ v \circ z, \qquad t = a \circ w \circ z .$$

Durch den Begriff der Anwendung wird durch eine Menge R von Ersetzungsregeln über die Menge der Anwendungen der Regeln in R eine Relation auf den Wörtern aus V^* induziert. Diese Relation heißt auch *algebraische Hülle* von R.

Ein Wort s $\in$ V^* heißt *terminal* in R, falls es kein Wort t $\in$ V^* gibt, so daß gilt: Die Ersetzung

$$s \rightarrow t$$

ist Anwendung einer Textersetzungsregel aus R. Auf das terminale Wort s kann demnach keine Regel mehr angewendet werden.

Beispiel (Anwendung einer Regel). Die Ersetzung

$$saegen \rightarrow sägen$$

stellt eine Anwendung der Textersetzungsregel

$$ae \rightarrow ä$$

dar. Besteht das Textersetzungssystem R nur aus dieser Regel, so ist das Wort ‹sägen› terminal.   □

Durch iterierte Anwendung von Textersetzungsregeln wird ausgehend von einem Wort t_0 eine Berechnung erzeugt. Sind $t_0, t_1, ..., t_n$ aus V^* und gilt:

$$t_i \to t_{i+1}$$

ist Anwendung einer Regel r_i aus R für alle i, $0 \le i < n$, dann nennt man die Sequenz $(t_i)_{1 \le i \le n}$ eine (endliche) *Berechnung(ssequenz)* von R für t_0. Häufig wird eine Berechnung in folgender Weise geschrieben:

$$t_0 \to t_1 \to t_2 ... \to t_n$$

Das Wort t_0 heißt auch *Eingabe* für die Berechnung. Ist t_n terminal, so heißt die Berechnung *terminierend* mit Resultat t_n. Das Wort t_n heißt dann auch *Ausgabe* von R für die Eingabe t_0. Eine unendliche Berechnung(ssequenz) $(t_i)_{i \in \mathbb{N}}$ aus Wörtern $t_i \in V^*$, für die gilt: $t_i \to t_{i+1}$ ist Anwendung einer Ersetzungsregel in R für alle $i \in \mathbb{N}$, heißt *nichtterminierend(e Berechnung)*.

Beispiel (Berechnungen von Textersetzungssystemen)

(1) Für das Textersetzungssystem Q über der Zeichenmenge {L, O}, das aus folgenden Regeln besteht:

$$LL \to \varepsilon, \quad O \to \varepsilon,$$

ist durch

$$LOLL \to LO \to L$$

eine terminierende Berechnung für Eingabe ‹LOLL› mit Ausgabe ‹L› gegeben .

(2) Für das Textersetzungssystem über {L, O} , das aus folgenden Regeln besteht:

$$O \to OO, \quad O \to L$$

ist für die Eingabe ‹O› die Berechnungssequenz

$$O \to OO \to OL \to LL$$

eine terminierende Berechnung mit Ausgabe ‹LL› und

$$O \to OO \to OOO \to OOOO \to ...$$

ist eine nichtterminierende Berechnung.   □

Ein Ersetzungssystem R definiert vermöge der folgenden Vorschrift einen Algorithmus, der Wörter über V als Eingabe und als Ausgabe verwendet. Für ein Eingabewort $t \in V^*$ arbeitet der Algorithmus wie folgt:

„Ist eine der Regeln aus R auf das Wort t anwendbar (d.h. es existiert ein Wort $s \in V^*$, so daß gilt: $t \to s$ ist Anwendung einer Regel aus R), so wende man die Regel auf t an und setze dann den Textersetzungsalgorithmus mit dem Wort s fort, andernfalls bricht der Algorithmus ab."

Das Wort t dient als Eingabe für den Algorithmus; falls (nach endlich vielen Schritten) ein terminales Wort vorliegt, d.h. ein Wort, auf das keine Regel mehr anwendbar ist, dann ist dieses Wort Ausgabe (Resultat) der Berechnung. Tritt diese Situation nie ein, so terminiert der Algorithmus nicht. Durch Textersetzungssysteme in dieser Weise definierte Algorithmen sind stets sequentiell. Die Auswahl der Regeln erfolgt nichtdeterministisch.

Häufig verwendet man für Textersetzungsalgorithmen nur Wörter in ganz bestimmter Form (Normalform) als Eingabe. Gewisse Zeichen treten in diesen Wörtern (und auch in der Ausgabe) nicht auf; sie dienen lediglich als Hilfszeichen in Wörtern, die im Laufe der Berechnung auftreten.

Beispiele (Textersetzungsalgorithmen)

(1) *Addition* zweier natürlicher Zahlen in Strichzahldarstellung:
Die natürlichen Zahlen werden in Strichzahldarstellung mit Begrenzungsklammern repräsentiert, d.h. die Zahl $n \in \mathbb{N}$ wird durch das Wort ‹|| ... |› dargestellt, wobei in den Klammern n Striche auftreten. Der Algorithmus besteht nur aus einer einzigen Ersetzungsregel (ε bezeichnet das leere Wort):

$$›+‹ \rightarrow \varepsilon.$$

Für die Eingabe ‹| ... |› + ‹| ... |› liefert der Algorithmus die Summe der Striche.

(2) *Multiplikation* zweier natürlicher Zahlen in Strichzahldarstellung:
Es werden d, e, m als Hilfszeichen verwendet. Der Algorithmus besteht aus folgenden Ersetzungsregeln:

$$
\begin{array}{rcl}
|›*‹ & \rightarrow & ›*‹d \\
d| & \rightarrow & |md \\
dm & \rightarrow & md \\
d› & \rightarrow & › \\
‹›*‹ & \rightarrow & ‹e \\
e| & \rightarrow & e \\
em & \rightarrow & |e \\
e› & \rightarrow & ›
\end{array}
$$

Für das Eingabewort ‹|...|›*‹|...|› mit n1 Strichen im ersten Operanden und n2 Strichen im zweiten Operanden liefert der Algorithmus die Ausgabe ‹|...|› mit n1*n2 Strichen.

Die aus den Hilfszeichen gebildeten Sequenzen repräsentieren ganz bestimmte Situationen in der Berechnung. Die auftretenden Wörter lassen sich wiederum als (komplizierte) Zahlrepräsentationen auffassen.

Für die Eingabe ‹||›*‹|||› ergibt sich der in Abb. 2.1 angegebene Graph von möglichen Berechnungen.
Alle Berechnungen enden mit ‹||||||›. Der Textersetzungsalgorithmus ist nichtdeterministisch, aber determiniert, d.h. liefert trotz unterschiedlicher Berechnungen stets das gleiche Ergebnis.

(3) *Addition in Binärdarstellung durch Textersetzung*
Gegeben sei der Zeichenvorrat

$$V = \{L, O, ‹, ›, (,), [,], +, b, c\}.$$

Es wird folgende Eingabeform vorausgesetzt:

$$‹a_1...a_n›+‹b_1...b_m›, \text{ mit } b_i, a_i \in \{L, O\}.$$

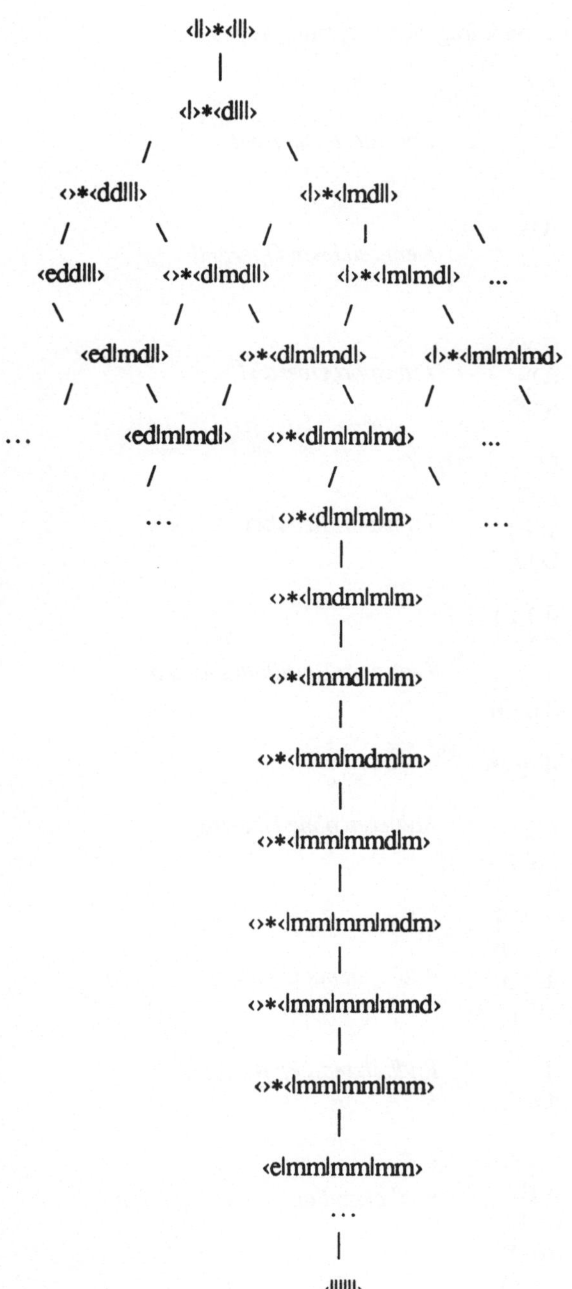

Abb. 2.1. Graph der Berechnungen

Das Textersetzungssystem umfaßt folgende Ersetzungsregeln:

›+‹	→	›‹b	
bL	→	Lb	
bO	→	Ob	Anfordern Operand
b›	→	c›	
Oc	→	(O)c	
Lc	→	(L)c	Kennzeichnen Operand
L(L)	→	(L)L	
O(L)	→	(L)O	
L(O)	→	(O)L	Transport Operand
O(O)	→	(O)O	
[L]L	→	L[L]	
[O]L	→	L[O]	
[L]O	→	O[L]	Transport Resultat
[O]O	→	O[O]	
[L](L)	→	(L)[L]	
[O](L)	→	(L)[O]	
[L](O)	→	(O)[L]	Transport Resultat/Operand
[O](O)	→	(O)[O]	
L›‹(L)	→	›L‹[O]	
O›‹(L)	→	›‹[L]	
L›‹(O)	→	›‹[L]	Addieren ohne Übertrag
O›‹(O)	→	›‹[O]	
L›L‹(L)	→	›L‹[L]	
O›L‹(L)	→	›L‹[O]	
L›L‹(O)	→	›L‹[O]	Addieren mit Übertrag
O›L‹(O)	→	›‹[L]	
[L]c	→	cL	Endbehandlung Resultat
[O]c	→	cO	
‹›L‹(L)	→	‹›L‹[O]	
‹›L‹(O)	→	‹›‹[L]	Endbehandlung linker Operand
‹›‹(L)	→	‹›‹[L]	
‹›‹(O)	→	‹›‹[O]	
L›L‹c	→	›L‹cO	
O›L‹c	→	›‹cL	Endbehandlung rechter Operand
L›‹c	→	›‹cL	
O›‹c	→	›‹cO	
‹›‹c	→	‹	
‹›L‹c	→	‹L	Endbehandlung gesamt

Wie man an dem letzten Beispiel erkennt, ist selbst für relativ einfache Aufgabenstellungen die Angabe eines Textersetzungssystems oft recht schwierig. Dazu kommt, daß auch die Korrektheit eines solchen Systems nicht ohne weiteres einsichtig ist, d.h. es ist nicht einfach – zum Beispiel im Falle des obigen Algorithmus – sich zu vergewissern, daß der Algorithmus tatsächlich die Binäraddition vornimmt und somit die geforderte Aufgabenstellung löst.

Textersetzungsalgorithmen sind im allgemeinen nichtdeterministisch und nichtdeterminiert. Für ein Wort t existieren in der Regel mehrere Berechnungen mit verschiedenen Resultaten. Es können für eine Eingabe sowohl terminierende als auch nichtterminierende Berechnungen existieren.

Beispiel (Nichtdeterministisches Textersetzungssystem mit nichtterminierenden Berechnungen). In dem Textersetzungssystem, das folgende Regeln umfaßt:

aa → b, a → aa,

ist jedes Wort t, das das Zeichen a enthält, nicht terminal. Wird die zweite Regel immer nur angewendet, wenn die erste nicht anwendbar ist, so terminiert die Berechnung stets. Bei freier Anwendung der Regel wird jedes Zeichen a im Anfangswort in eine beliebige Anzahl von Zeichen b im Resultat übergeführt oder aber die Berechnung terminiert für t nicht, wenn man etwa stets nur die zweite Regel anwendet.   □

Im folgenden Abschnitt werden Möglichkeiten betrachtet, durch Einschränkung der Wahl der Anwendungsstelle von Regeln durch Textersetzungssysteme deterministische Algorithmen zu beschreiben.

2.1.3 Deterministische Textersetzungsalgorithmen

Häufig werden bevorzugt deterministische Textersetzungsalgorithmen betrachtet, d.h. Algorithmen, die für jedes Eingabewort genau eine Berechnung besitzen und somit im Fall der Terminierung genau eine Ausgabe erzeugen. Dies kann zum Beispiel durch eine Festlegung von Prioritäten für die Anwendung von Regeln gesichert werden. Die Prioritäten lassen sich über die Reihenfolge der Aufschreibung der Regeln angeben.

Ein Beispiel für deterministische Algorithmen sind sogenannte *Markovalgorithmen* (benannt nach dem russischen Mathematiker A.A. Markov). Bei Markovalgorithmen sind die Textersetzungsregeln linear geordnet (die Ordnung wird durch die Reihenfolge der Aufschreibung der Regeln bestimmt). Die Anwendung der Regeln ist dann wie folgt festgelegt:

Definition (Markov-Anwendungsstrategie). Sind mehrere Regeln anwendbar, so wird immer diejenige Regel angewendet, die in der Aufschreibung zuerst kommt. Ist die betroffene Regel an mehreren Stellen im vorliegenden Wort anwendbar, so wird diejenige Anwendungsstelle gewählt, die am weitesten links steht.   □

Damit sind Markovalgorithmen stets determiniert und deterministisch. Insbesondere gilt:

- Jede Berechnung nach der Markovstrategie ist auch allgemein Berechnung des Textersetzungssystems.
- Für jede Eingabe existiert genau eine terminierende oder aber eine nichtterminierende Markovberechnung; Markovalgorithmen sind deterministisch (und daher ist ihr Resultat, falls es existiert, determiniert).

*Bei*spiele (Markovalgorithmen). Gegeben sei das Textersetzungssystem R über der Zeichenmenge {∨, ¬, true, false, (,)} zur Reduktion Boolescher Terme, die nur mit den Zeichen der Zeichenmenge aufgebaut sind, in eine Normalform bestehend aus folgenden Regeln:

(1)	¬¬	→	ε
(2)	¬true	→	false
(3)	¬false	→	true
(4)	(true)	→	true
(5)	(false)	→	false
(6)	false ∨	→	ε
(7)	∨ false	→	ε
(8)	true ∨ true	→	true

Der durch R definierte Textersetzungsalgorithmus arbeitet in der Markovstrategie korrekt für geschlossene Boolesche Terme (d.h. geschlossene Boolesche Terme werden in die semantisch äquivalenten eindeutigen Normalformen bestehend aus true und false überführt). Dies gilt selbst für unvollständig geklammerte, geschlossene Boolesche Terme. Als allgemeiner Textersetzungsalgorithmus betrachtet, werden jedoch bei unvollständig geklammerten Booleschen Termen Anwendungen möglich, die keine Äquivalenztransformationen sind. Für den Term

   ¬true ∨ true

erhält man in Markovstrategie die Berechnung:

¬true ∨ true	→	(Regel (2))
false ∨ true	→	(Regel (6))
true		

In der allgemeinen nichtdeterministischen Strategie erhält man zusätzlich die (im Sinne der Aufgabenstellung inkorrekte) Berechnung

¬true ∨ true	→	(Regel (8))
¬true	→	(Regel (2))
false		

□

Durch die Markov-Anwendungsstrategie kann also über die Aufschreibung die Regelauswahl eindeutig festgelegt werden, was für manche Aufgaben die Formulierung der Algorithmen erleichtert. In gewissen Fällen kann auch eine Einführung von teilweisen Vorrangregeln (partielle Ordnung auf den Ersetzungsregeln) von Vorteil sein.

2.1.4 Durch Textersetzungsalgorithmen induzierte Abbildungen

Durch die Zuordnung einer Ausgabe zu jeder Eingabe mit terminierender Berechnung berechnen deterministische Algorithmen partielle Funktionen. Die Funktionen sind partiell, da u.U. für gewisse Eingaben die Algorithmen nicht terminieren und somit kein Resultat der Berechnung definiert ist. Dies gilt auch für Textersetzungsalgorithmen. Der explizite Gebrauch von partiellen Funktionen kann vermieden werden, indem ein besonderes Zeichen $\perp$ („Bottom") eingeführt wird, das das fehlende „Resultat" einer nichtterminierenden („divergierenden") Berechnung symbolisiert.

Jeder determinierte Algorithmus R in Form eines Ersetzungssystemes auf Zeichenreihen V^* definiert eine Abbildung

$$f_R: \ V^* \to V^* \cup \{\perp\}$$

vermöge der folgenden Regeln. Es gelte:

(1) $f_R(t) = r$, falls das Wort r Ausgabe der Berechnung von R für die Eingabe t ist.

(2) $f_R(t) = \perp$, falls die Berechnung von R für die Eingabe t nicht terminiert.

Wir sagen: Der Algorithmus R berechnet die Funktion f_R.

Man beachte, daß für Wörter t, für die das Ersetzungssystem nicht terminiert, die Abbildung f_R den Wert $\perp$ ergibt. Das Symbol $\perp$ steht also für das (Pseudo-)Resultat einer nichtterminierenden Berechnung. Durch seine Einführung umgeht man das manchmal technisch wenig elegante explizite Arbeiten mit partiellen Abbildungen.

Versteht man Zeichenreihen $t \in V^*$ als Repräsentationen gewisser Informationen aus einer die Menge A, d.h. existiert eine Interpretationsfunktion, so daß (A, V^*, I) ein Informationssystem bildet, und ist die durch einen Algorithmus R induzierte Funktion f_R verträglich mit der Interpretation, so induziert R auch eine Funktion zwischen den Informationen, d.h. R induziert eine Interpretationsabbildung.

Beispiel (Multiplikation auf Strichzahlen). Sei die Interpretation der Strichzahlen definiert durch die Abbildung

$$I: \{‹, |, ›\}^* \to \mathbb{N}$$

mit $I(‹|...|›) = n$ für Strichzahlen ‹|...|› mit n Strichen. Dann induziert der Algorithmus der Multiplikation von Strichzahlen mit Eingabe

$$
\begin{array}{ccc}
‹|...|› & * \quad ‹|...|› & \to \quad ‹|...|› \\
n & m & n*m \\
I{\downarrow} & I{\downarrow} & I{\downarrow} \\
\text{mult}(n\,, & m) = & n*m
\end{array}
$$

die Abbildung von Paaren von Zahlen auf ihr Produkt, d.h. die Abbildung der Multiplikation. Allerdings ist der Nachweis, daß der Textersetzungsalgorithmus in der Tat die Multiplikation auf Strichzahlen repräsentiert, technisch aufwendig. Man muß dazu eine Interpretationsfunktion auch für die mit den Hilfszeichen gebildeten Wörter einführen, die im Laufe einer Berechnung auftreten können. $\qquad\square$

Deterministische Textersetzungsalgorithmen induzieren partielle Abbildungen auf Wörtern, und damit, soweit die Wörter zur Repräsentation von Informationen dienen und die Abbildung mit der Interpretation verträglich ist, partielle Abbildungen zwischen den entsprechenden Informationen. Nichtdeterminierte Algorithmen definieren Relationen. Mit dem Ersetzungssystem R auf V verbinden wir die Relation (den Graph, der durch den Algorithmus berechnet wird)

$$G_R \subseteq V^* \times (V^* \cup \{\bot\}),$$

die definiert ist durch

$$G_R = \{(t, r) \in V^* \times V^*: r \text{ ist Ausgabe einer Berechnung von R mit Eingabe } t\}$$

$$\cup \ \{(t, \bot) \in V^* \times \{\bot\}: \quad \text{es existiert eine nichtterminierende Berechnung von R für die Eingabe } t\} \ .$$

Man beachte, daß in der Relation G_R für jede Eingabe t eine Ausgabe $r \in V^* \cup \{\bot\}$ existiert, d.h., daß mindestens ein $r \in V^* \cup \{\bot\}$ existiert mit $(t, r) \in G_R$.

Beispiel (Ein nichtdeterministischer Algorithmus mit nichtdeterminiertem Resultat). Die Eingabe habe folgende Form ▽ ⟨|||...|⟩. Gegeben sei das Ersetzungssystem R mit den Regeln:

$$
\begin{array}{rcl}
\nabla\, \langle & \to & \langle\, \nabla \\
\nabla\, | & \to & |\, \nabla\, | \\
\nabla\, | & \to & | \\
\nabla\, \rangle & \to & |\, \rangle
\end{array}
$$

Der dadurch gegebene Algorithmus R erzeugt zu einer beliebigen natürlichen Zahl n (in Strichzahldarstellung) eine natürliche Zahl m, die größer ist als n, oder er terminiert nicht. In Abb. 2.2 wird der Baum der möglichen Berechnungen für die Eingabe ▽ ⟨|||⟩ skizziert.

```
        ▽ ⟨ ||| ⟩
           |
        ⟨ ▽ ||| ⟩
        /        \
  ⟨ |||| ⟩    ⟨ | ▽ ||| ⟩
              /        \
      ⟨ ||||| ⟩    ⟨ || ▽ ||| ⟩
                   /        \
           ⟨ |||||| ⟩      ...
```

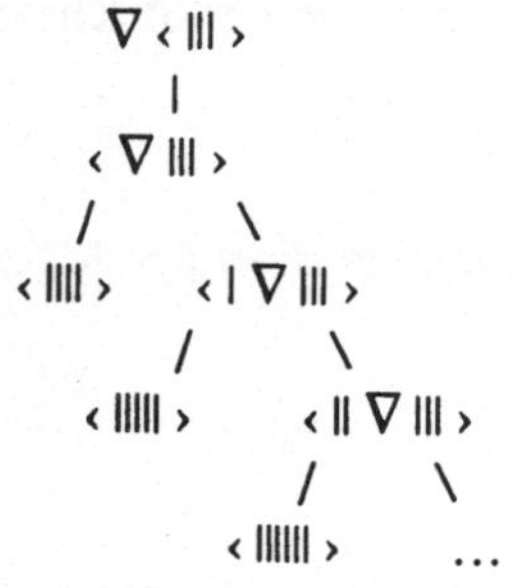

Abb. 2.2. Baum der Berechnungen

Man erhält die folgende Relation (bei Interpretation der Strichzahlen als natürliche Zahlen):

$$G_R = \{(n, m): n \in \mathbb{N} \wedge ((m \in \mathbb{N} \wedge n < m) \vee m = \bot)\} \qquad \square$$

Deterministische Algorithmen berechnen Funktionen. Dies legt die Frage nahe, ob alle mathematischen Funktionen durch Algorithmen berechnet werden können. Eines der fundamentalen Resultate der modernen mathematischen Logik geht auf den Logiker Kurt Gödel zurück und beantwortet die Frage nach den durch Algorithmen darstellbaren *berechenbaren Funktionen*. Vereinfacht ausgedrückt besagt Gödels Resultat, daß sich nicht jede Funktion durch einen Algorithmus berechnen läßt. Diejenigen Funktionen, für die sich ein Algorithmus zu ihrer Berechnung angeben läßt, nennt man *berechenbar*.

Es gibt viele verschiedene Formalisierungen des Begriffs „Algorithmus". Einige Beispiele dafür sind:

- Text- und Termersetzung (Reduktion),
- rekursive Funktionen,
- (Turing-)Maschinen (auch Registermaschinen).

Alle diese Formalisierungen führen jedoch auf den gleichen Begriff einer „berechenbaren Funktion". Eine genaue Behandlung dieser Zusammenhänge wird in der Informatik unter dem Stichwort „Berechenbarkeitstheorie" vorgenommen (vgl. HERMES 1969).

Theoretisch ist der auf Textersetzung abgestützte Algorithmusbegriff völlig ausreichend. Jede berechenbare Funktion ist durch einen Textersetzungsalgorithmus berechenbar. Allerdings ist es nicht ganz einfach, bei umfangreicheren Textersetzungssystemen die durch diese definierten Abbildungen zu verstehen, bzw. sicherzustellen, daß die gewünschte Abbildung berechnet wird. Das Verständnis von Textersetzungsalgorithmen wird insbesondere durch folgende Umstände stark erschwert:

- bei schwierigen Aufgabenstellungen werden oft sehr viele Regeln benötigt,
- die durch den Textersetzungsalgorithmus dargestellte Abbildung ist schwierig zu bestimmen,
- die Komposition und Strukturierung von Textersetzungsalgorithmen ist schwierig.

Deshalb sucht man nach strukturierteren, besser handhabbaren Darstellungsmöglichkeiten von Algorithmen, bei denen leichter nachzuweisen ist, daß der Algorithmus die gewünschte Funktion berechnet. Dies ist bereits bei den sogenannten Termersetzungssystemen einfacher, die im folgenden Abschnitt behandelt werden. Terme können hierbei in einer sehr strukturierten Form interpretiert werden. Dies liefert eine Grundlage für den strukturierten Entwurf von Algorithmen. Dazu wird der für die Informatik fundamentale Begriff der Rechenstruktur eingeführt.

2.2 Rechenstrukturen

Algorithmen arbeiten über Datenelementen, die zu Trägermengen zusammengefaßt werden können. Für die Formulierung von Algorithmen sind, neben den verwendeten Datenelementen, die für diese Datenelemente effektiv verfügbaren Funktionen entscheidend. Die in Algorithmen auftretenden Trägermengen (Daten) und Operationen können zu Rechenstrukturen zusammengefaßt werden. Eine *Rechenstruktur* umfaßt damit eine Familie von Trägermengen (Daten) und eine Familie von Abbildungen zwischen diesen Trägermengen.

Rechenstrukturen finden sich in den unterschiedlichsten Ausprägungen. Beispielsweise lassen sich Taschenrechner, aber auch große leistungsstarke Rechenanlagen mathematisch als Rechenstrukturen auffassen und beschreiben.

2.2.1 Familien von Funktionen und Mengen als Rechenstrukturen

Der Begriff der Rechenstruktur ist dem Begriff der mathematischen Struktur bzw. der Algebra verwandt. Eine Rechenstruktur besteht aus einer Familie von Mengen, genannt Trägermengen, und einer Familie von Abbildungen zwischen den Trägermengen.

Definition (Rechenstruktur). Seien S und F Mengen von Bezeichnungen; eine *Rechenstruktur* A besteht aus einer Familie $\{s^A: s \in S\}$ von Trägermengen s^A und einer Familie $\{f^A: f \in F\}$ von Abbildungen f^A zwischen diesen Trägermengen. Wir schreiben:

$$A = (\{s^A: s \in S\}, \{f^A: f \in F\}).$$

Die Elemente $s \in S$ sind Bezeichnungen für Trägermengen und heißen *Sorten*. Die Elemente $f \in F$ sind Bezeichnungen für Abbildungen und heißen *Funktionssymbole* oder *Operationssymbole*. Für jedes $f \in F$ existiert ein $n \in \mathbb{N}$, so daß gilt: f^A ist eine n-stellige Funktion und es existieren Sorten $s_1, \ldots, s_{n+1} \in S$ so daß gilt:

$$f^A: s_1^A \times \ldots \times s_n^A \to s_{n+1}^A$$

Es kann auch $n = 0$ gelten, d.h., daß auch „nullstellige" Abbildungen zugelassen sind. Dies sind Abbildungen, die (mit leerem Argumententupel) genau ein Element aus dem Wertebereich ergeben (siehe true, false, zero im folgenden Beispiel), der durch die Trägermenge zur Sorte s_1 bestimmt ist. $\square$

Zur Vermeidung partieller Abbildungen wird wieder das spezielle Element $\perp$ („Bottom") für die Repräsentation nicht definierter Funktionswerte verwendet. Sei M eine Menge, die $\perp$ nicht enthält. Die Menge $M^\perp$ ist definiert durch

$$M^\perp =_{\text{def}} M \cup \{\perp\}\,.$$

Das Element $\perp$ repräsentiert „undefinierte" Ergebnisse von Funktionen, beispielsweise im Falle von nichtterminierenden Algorithmen.

Eine Abbildung

$$f: M_1^\perp \times \ldots \times M_n^\perp \to M_{n+1}^\perp$$

heißt *strikt*, wenn gilt: Ist eines der Argumente dieser Funktionen $\perp$, so ist auch das Resultat der Funktion $\perp$. Dies entspricht der einfachen Annahme, daß das Resultat der Anwendung einer Funktion auf einen Satz Argumente nur definiert ist, wenn alle Argumente definiert sind. Die Erweiterung partieller Abbildungen auf totale Abbildungen durch Hinzufügen von $\perp$ zu den Trägermengen führt auf strikte Abbildungen.

Zur Vermeidung von partiellen Abbildungen wird im folgenden (wenn nicht ausdrücklich etwas anderes festgelegt wird) angenommmem, daß jede Trägermenge das spezielle Element $\perp$ enthält und daß alle auftretenden Abbildungen strikt sind.

Beispiele (Die Rechenstrukturen **BOOL**, **NAT**, **SEQ** und **CALC**)

(1) *Die Rechenstruktur* **BOOL** *der Booleschen Werte*
Die Menge S der Sorten der Rechenstruktur **BOOL** ist gegeben durch:

$$S = \{\textbf{bool}\} \,.$$

Die Menge F der Funktionssymbole der Rechenstruktur **BOOL** ist gegeben durch:

$$F = \{\text{true, false, } \neg, \vee, \wedge\} \,.$$

Die Trägermenge $\mathbb{B}^\perp$ ist der Sorte **bool** zugeordnet, d.h. es gelte:

$$\textbf{bool}^{\textbf{BOOL}} = \mathbb{B}^\perp.$$

Zur besseren Lesbarkeit werden zweistellige Funktionssymbole f häufig in Infix-Notation geschrieben. Wir schreiben statt f(x, y) den Ausdruck x f y. Der Gebrauch der Infixschreibweise wird durch Kommentare bei der Ausgabe der Funktionalität angezeigt. Analog schreiben wir für einstellige Funktionssymbole f manchmal lieber f x statt f(x). Den Funktionssymbolen sind folgende Funktionen zugeordnet:

$$\text{true}^{\textbf{BOOL}} : \to \mathbb{B}^\perp,$$

$$\text{false}^{\textbf{BOOL}} : \to \mathbb{B}^\perp,$$

$$\neg^{\textbf{BOOL}} : \mathbb{B}^\perp \to \mathbb{B}^\perp, \qquad \textit{klammerfreies Präfix}$$

$$\wedge^{\textbf{BOOL}} : \mathbb{B}^\perp \times \mathbb{B}^\perp \to \mathbb{B}^\perp, \qquad \textit{Infix}$$

$$\vee^{\textbf{BOOL}} : \mathbb{B}^\perp \times \mathbb{B}^\perp \to \mathbb{B}^\perp, \qquad \textit{Infix}$$

wobei für a, b $\in \mathbb{B}$ gelte:

$$\text{true}^{\textbf{BOOL}} = \textbf{L},$$

$$\text{false}^{\textbf{BOOL}} = \textbf{O},$$

$$\neg^{\textbf{BOOL}} \, b = \text{not}(b),$$

$$a \vee^{\textbf{BOOL}} b = \text{or}(a, b),$$

$$a \wedge^{\textbf{BOOL}} b = \text{and}(a, b).$$

Hier seien die Funktionen not, and, or wie im vorangegangenen Abschnitt definiert. Die Funktionen sind strikt und dadurch sind ihre Werte für den Fall, daß eines der Argumente $\perp$ ist, auch festgelegt.

(2) *Die Rechenstruktur* **NAT** *der natürlichen Zahlen*
Die Menge S der Sorten der Rechenstruktur **NAT** ist gegeben durch:

$$S = \{\textbf{bool, nat}\} \,.$$

Die Menge F der Funktionssymbole der Rechenstruktur **NAT** ist gegeben durch:

$$F = \{\text{true, false, } \neg, \vee, \wedge, \text{ zero, succ, pred, add, mult, sub, div, } \leq, \overset{?}{=}\}$$

Den Sorten der Rechenstruktur **NAT** sind wie folgt Trägermengen zugeordnet:

$$\mathbf{bool}^{\mathbf{NAT}} = \mathbb{B}^{\perp},$$

$$\mathbf{nat}^{\mathbf{NAT}} = \mathbb{N}^{\perp}.$$

Den Funktionssymbolen der Rechenstruktur **NAT** sind folgende Funktionen zuge-ordnet (für $\neg$, $\vee$, $\wedge$ werden die gleichen Festlegungen angenommen, wie eben für die Rechenstruktur **BOOL**):

$$\mathbf{zero}^{\mathbf{NAT}}: \rightarrow \mathbb{N}^{\perp},$$

$$\mathbf{succ}^{\mathbf{NAT}}: \mathbb{N}^{\perp} \rightarrow \mathbb{N}^{\perp},$$

$$\mathbf{pred}^{\mathbf{NAT}}: \mathbb{N}^{\perp} \rightarrow \mathbb{N}^{\perp},$$

$$\mathbf{add}^{\mathbf{NAT}}: \mathbb{N}^{\perp} \times \mathbb{N}^{\perp} \rightarrow \mathbb{N}^{\perp},$$

$$\mathbf{mult}^{\mathbf{NAT}}: \mathbb{N}^{\perp} \times \mathbb{N}^{\perp} \rightarrow \mathbb{N}^{\perp},$$

$$\mathbf{sub}^{\mathbf{NAT}}: \mathbb{N}^{\perp} \times \mathbb{N}^{\perp} \rightarrow \mathbb{N}^{\perp},$$

$$\mathbf{div}^{\mathbf{NAT}}: \mathbb{N}^{\perp} \times \mathbb{N}^{\perp} \rightarrow \mathbb{N}^{\perp},$$

$$\leq^{\mathbf{NAT}}: \mathbb{N}^{\perp} \times \mathbb{N}^{\perp} \rightarrow \mathbb{B}^{\perp}, \qquad \textit{Infix}$$

$$\overset{?}{=}{}^{\mathbf{NAT}}: \mathbb{N}^{\perp} \times \mathbb{N}^{\perp} \rightarrow \mathbb{B}^{\perp}. \qquad \textit{Infix}$$

Für die Funktionssymbole zero, succ, pred, add, mult, sub, div verwenden wir häu-fig die Operator- bzw. Infixschreibweise 0, +1, −1, +, *, −, ÷. Die Funktionen sind wie folgt spezifiziert:

$$\mathbf{zero}^{\mathbf{NAT}} = 0.$$

Sei $x, y \in \mathbb{N}$, dann gilt

$$\mathbf{succ}^{\mathbf{NAT}}(x) = x+1,$$

$$\mathbf{pred}^{\mathbf{NAT}}(x) = x-1 \qquad \text{falls } x \geq 1,$$

$$\mathbf{pred}^{\mathbf{NAT}}(0) = \perp,$$

$$\mathbf{add}^{\mathbf{NAT}}(x, y) = x+y,$$

$$\mathbf{mult}^{\mathbf{NAT}}(x, y) = x*y,$$

$$\mathbf{div}^{\mathbf{NAT}}(x, y) = x \div y, \qquad \text{falls } y > 0,$$

$$\mathbf{div}^{\mathbf{NAT}}(x, 0) = \perp.$$

Hier bezeichnet $x \div y$ die natürlichzahlige Division von x durch y ohne Berücksichti-gung eines Restes.

$$(0 \leq^{\mathbf{NAT}} x) = \mathbf{L},$$

$$(x+1 \leq^{\mathbf{NAT}} 0) = \mathbf{O},$$

$$(x+1 \leq^{\mathbf{NAT}} y+1) = (x \leq^{\mathbf{NAT}} y),$$

$$(x \overset{?}{=}{}^{\mathbf{NAT}} y) = \mathbf{and}^{\mathbf{NAT}}(x \leq^{\mathbf{NAT}} y, y \leq^{\mathbf{NAT}} x)$$

Durch die Striktheitsbedingung ist auch festgelegt, welche Werte die Abbildungen haben, falls eines der Argumente $\perp$ ist; der Wert der Abbildung ist dann stets $\perp$. Man beachte insbesondere, daß der Wert des Terms $(x \stackrel{?}{=} y)$ für Argumente x, y ungleich $\perp$ mit dem Wert von $(x = y)$ übereinstimmt, und für $x = \perp$ oder $y = \perp$ stets den Wert $\perp$ liefert.

(3) *Die Rechenstruktur* **SEQ** *der Sequenzen*
Sei **m** eine beliebige Sorte mit Trägermenge $M^\perp$. Die Menge S der Sorten der Rechenstruktur **SEQ** ist gegeben durch:

$$S = \{\textbf{bool}, \textbf{nat}, \textbf{m}, \textbf{seq m}\} \ .$$

Die Menge F der Funktionssymbole der Rechenstruktur **SEQ** ist gegeben durch:

$$F = \{\text{true}, \text{false}, \neg, \vee, \wedge, \text{zero}, \text{succ}, \text{pred}, \text{add}, \text{mult}, \text{sub}, \text{div}, \leq, \stackrel{?}{=}, \text{empty},$$
$$\text{make}, \text{conc}, \text{first}, \text{rest}, \text{last}, \text{lrest}\} \ .$$

Den Sorten der Rechenstruktur **SEQ** sind wie folgt Trägermengen zugeordnet:

$$\textbf{bool}^{\textbf{SEQ}} = \mathbb{B}^\perp,$$

$$\textbf{nat}^{\textbf{SEQ}} = \mathbb{N}^\perp,$$

$$\textbf{m}^{\textbf{SEQ}} = M^\perp,$$

$$\textbf{seq m}^{\textbf{SEQ}} = (M^*)^\perp.$$

Den Funktionssymbolen der Rechenstruktur **SEQ** sind folgende Funktionen zugeordnet (für true, false, $\neg$, $\vee$, $\wedge$, zero, succ, pred, add, mult, sub, div, $\leq$, $\stackrel{?}{=}$ werden die gleichen Festlegungen angenommen, wie eben für die Rechenstruktur **NAT**):

$$\text{empty}^{\textbf{SEQ}}: \ \to (M^*)^\perp,$$

$$\text{make}^{\textbf{SEQ}}: M^\perp \to (M^*)^\perp,$$

$$\text{conc}^{\textbf{SEQ}}: (M^*)^\perp \times (M^*)^\perp \to (M^*)^\perp,$$

$$\text{first}^{\textbf{SEQ}}: (M^*)^\perp \to M^\perp,$$

$$\text{rest}^{\textbf{SEQ}}: (M^*)^\perp \to (M^*)^\perp,$$

$$\text{last}^{\textbf{SEQ}} : (M^*)^\perp \to M^\perp,$$

$$\text{lrest}^{\textbf{SEQ}} : (M^*)^\perp \to (M^*)^\perp.$$

Der Vergleichsoperator $\stackrel{?}{=}$ ist sowohl für Zahlen, als auch für Sequenzen verfügbar. Zusätzlich zu seiner Anwendbarkeit auf Zahlen existiert damit $\stackrel{?}{=}$ als Abbildung auf Sequenzen:

$$\stackrel{?}{=}{}^{\textbf{SEQ}}: (M^*)^\perp \times (M^*)^\perp \to \mathbb{B}^\perp.$$

Die Funktionen sind wie folgt spezifiziert:

$$\text{empty}^{\textbf{SEQ}} = \varepsilon.$$

Sei $m \in M$, $x, y \in M^*$, dann gilt:

$$\text{make}^{\textbf{SEQ}}(m) = \langle m \rangle,$$

$$\text{conc}^{\textbf{SEQ}}(x, y) = x \circ y,$$

$$\text{first}^{\text{SEQ}}(\langle m \rangle \circ x) = m,$$

$$\text{first}^{\text{SEQ}}(\varepsilon) = \perp,$$

$$\text{rest}^{\text{SEQ}}(\langle m \rangle \circ x) = x,$$

$$\text{rest}^{\text{SEQ}}(\varepsilon) = \perp,$$

$$\text{last}^{\text{SEQ}}(x \circ \langle m \rangle) = m,$$

$$\text{last}^{\text{SEQ}}(\varepsilon) = \perp,$$

$$\text{lrest}^{\text{SEQ}}(x \circ \langle m \rangle) = x,$$

$$\text{lrest}^{\text{SEQ}}(\varepsilon) = \perp,$$

$$(x \overset{?}{=} \text{SEQ}\ y) = (x = y).$$

Durch die Striktheitsbedingung ist auch festgelegt, welche Werte die Abbildungen haben, falls eines der Argumente $\perp$ ist; der Wert der Abbildung ist dann stets $\perp$. Man beachte, daß auch dem Funktionssymbol $\overset{?}{=}$ im Gegensatz zu = eine strikte Abbildung zugeordnet ist. Zur besseren Lesbarkeit schreiben wir auch statt make(E) auch $\langle E \rangle$.

(4) *Die Rechenstruktur Taschenrechner* **CALC**:
Auch ein Taschenrechner kann als Rechenstruktur beschrieben werden. Die Menge S der Sorten der Rechenstruktur **CALC** ist gegeben durch:

$$S = \{\textbf{tasten, zustand}\},$$

Den Sorten der Rechenstruktur **CALC** sind wie folgt Trägermengen zugeordnet:

$$\textbf{taste}^{\textbf{CALC}} = T,$$

mit Menge $T = \{0, ..., 9, +, *, =\}$,

$$\textbf{zustand}^{\textbf{CALC}} = Z,$$

wobei die Menge Z der Zustände und der Wertebereich W wie folgt definiert seien:

$$Z = \{(s, p, d): s \in W \wedge p \in \{+, *, =\} \wedge d \in W\} \cup \{\text{fehler}\},$$

$$W = \{0, ..., 10^{10}-1\}\ .$$

Die Menge Z besteht also aus Tripeln (s, p, d) und dem Sonderelement „fehler". Die Komponente d steht für „Display", d.h. für die sichtbare Anzeige, p bezeichnet das momentan gespeicherte Operationssymbol und s den intern gespeicherten Wert. Die Menge W definiert den Wertebereich der Arithmetik des Taschenrechners. Die Menge F der Funktionssymbole der Rechenstruktur **CALC** ist gegeben durch:

$$F = \{\text{ein, tip}, 0, 1, 2, ..., 9, +, *, =\}\ .$$

Den Funktionssymbolen der Rechenstruktur **CALC** sind folgende Funktionen zugeordnet: $0, 1, 2, ..., 9, +, -, *$ stehen für nullstellige Funktionssymbole, die die entsprechende Taste als Resultat ergeben. Den Funktionssymbolen ein und tip werden folgende Funktionen zugeordnet:

$$\text{ein}^{\text{CALC}}: \rightarrow Z,$$

$$\text{tip}^{\text{CALC}}: T \times Z \rightarrow Z\ .$$

Sie sind spezifiziert durch:

$$ein^{CALC} = (0, =, 0).$$

Für $x \in \{0, ..., 9\}$ gelte:

$$tip^{CALC}(x, (s, p, d)) = \begin{cases} \text{fehler} & \text{falls } \neg(d*10+x \in W) \\[1ex] (s, p, d*10+x) & \text{sonst} \end{cases}$$

$$tip^{CALC}(=, (s, p, d)) = \begin{cases} (s, =, s*d) & \text{falls } s*d \in W \text{ und } p = * \\ (s, =, s+d) & \text{falls } s+d \in W \text{ und } p = + \\[1ex] (d, =, 0) & \text{falls } p = \text{„=“} \\ \text{fehler} & \text{sonst} \end{cases}$$

$$tip^{CALC}(+, (s, p, d)) = (d, +, 0),$$

$$tip^{CALC}(*, (s, p, d)) = (d, *, 0).$$

Für alle $z \in T$ gelte

$$tip^{CALC}(z, \text{fehler}) = \text{fehler} .$$

Einer Folge von Tastendrücken nach Einschalten des Rechners wie beispielsweise der Folge

$$9\ 1 + 1\ 2 = * 2 =$$

entspricht der Term

$$tip(=, tip(2, tip(*, tip(=, tip(2, tip(1, tip(+, tip(1, tip(9, ein)))))))))),$$

der zum Zustand

$$(103, =, 206)$$

führt. $\qquad\qquad\qquad\qquad\qquad\qquad\qquad\qquad\qquad\qquad\qquad\qquad\qquad\quad \square$

Ist man lediglich an den Funktionssymbolen einer Rechenstruktur interessiert, ohne deren genaue Bedeutung zu kennen, so genügt es, die Signatur der Rechenstruktur zu betrachten.

2.2.2 Signaturen

Um die Menge der Funktionssymbole und Sorten festzulegen, welche in einer Rechenstruktur auftreten, und auch in welcher Weise die Funktionssymbole miteinander sinnvoll verknüpft werden können, verwendet man Signaturen.

Definition (Signatur). Eine *Signatur* Σ ist ein Paar (S, F) von Mengen S und F, wobei

- S die Menge der *Sorten*, d.h. der Namen für Trägermengen, bezeichnet,
- F die Menge der Funktionssymbole bezeichnet;

für jedes Funktionssymbol $f \in F$ sei eine Funktionalität **fct** $f \in S^+$ gegeben. $\qquad\square$

Wir schreiben zur Angabe der Funktionalität von f im weiteren etwas lesbarer:

fct f = (s$_1$, ..., s$_n$) s$_{n+1}$

um auszudrücken, daß f^A in einer Rechenstruktur A mit der Σ entsprechenden Signatur für eine Abbildung

$$f^A: s_1^A \times ... \times s_n^A \to s_{n+1}^A$$

steht.

Beispiel (Signaturen). Die Signatur der Rechenstruktur **NAT** der Booleschen Werte und der natürlichen Zahlen aus obigem Beispiel ergibt ein Beispiel für eine Signatur.

S_{NAT} = {**bool, nat**},

F_{NAT} = {true, false, $\neg$, $\wedge$, $\vee$, zero, succ, pred, add, mult, sub, div, $\overset{?}{=}$, $\leq$},

fct true = **bool**,

fct false = **bool**,

fct $\neg$ = (**bool**) **bool**,   *klammerfreies Präfix*

fct $\vee$ = (**bool, bool**) **bool**,   *Infix*

fct $\wedge$ = (**bool, bool**) **bool**,   *Infix*

fct succ = (**nat**) **nat**, ... $\square$

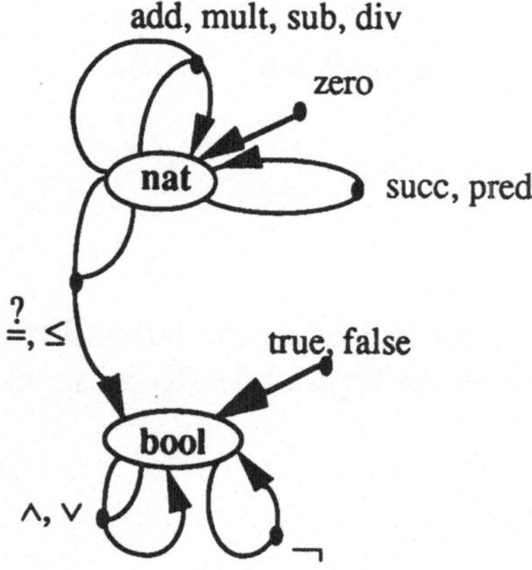

Abb. 2.3. Signaturdiagramm

Signaturen lassen sich graphisch übersichtlich in *Signaturdiagrammen* darstellen. Signaturdiagramme enthalten für jede Sorte einen Knoten und für jedes n-stellige Operatorsymbol eine Kante mit n Eingangsknoten und einem Ausgangsknoten. Für die Rechenstruktur **NAT** erhalten wir das in Abb. 2.3 angegebene Signaturdiagramm.

Die Angabe der Signatur allein genügt natürlich nicht, um eine Rechenstruktur eindeutig zu charakterisieren. Es gibt viele unterschiedliche Rechenstrukturen mit gleichen Signaturen.

Beispiel (Signaturen). Die Rechenstruktur **INT** der ganzen Zahlen hat bis auf Umbenennung von Sorten die gleiche Signatur wie die Rechenstruktur der natürlichen Zahlen:

$$S = \{\textbf{bool, int}\},$$

$$F = \{\text{succ, pred, zero, ...}\},$$

mit

$$\textbf{int}^{\textbf{INT}} = \textbf{Z} .$$

Dabei sind die mit den Elementen der Signatur verbundenen Trägermengen und Abbildungen verschieden:

$$\text{pred}^{\textbf{INT}}(z) = z{-}1. \qquad\qquad \square$$

Man kann mit der gleichen Signatur also verschiedene Rechenstrukturen verbinden.

Beispiel (Zwei Rechenstrukturen für eine Signatur). Zur Signatur

$$S = \{\textbf{bs, bit}\},$$

$$F = \{\text{null, eins, empty, ra}\},$$

mit Funktionalitäten

fct null = **bit**,

fct eins = **bit**,

fct empty = **bs**,

fct ra = (**bs**, **bit**) **bs**,

existieren als mögliche Rechenstrukturen zum Beispiel **BN, BS**, die wie folgt definiert sind:

$\textbf{bit}^{\textbf{BN}}$	$= \{0, 1\},$		$\textbf{bit}^{\textbf{BS}}$	$= \mathbb{B},$
$\textbf{bs}^{\textbf{BN}}$	$= \mathbb{N},$		$\textbf{bs}^{\textbf{BS}}$	$= \mathbb{B}^{*},$
$\text{null}^{\textbf{BN}}$	$= 0,$		$\text{null}^{\textbf{BS}}$	$= \text{O},$
$\text{eins}^{\textbf{BN}}$	$= 1,$		$\text{eins}^{\textbf{BS}}$	$= \textbf{L},$
$\text{empty}^{\textbf{BN}}$	$= 0,$		$\text{empty}^{\textbf{BS}}$	$= \varepsilon,$
$\text{ra}^{\textbf{BN}}(n, x)$	$= 2{*}n{+}x,$		$\text{ra}^{\textbf{BS}}(n, x)$	$= n \circ \langle x \rangle.$

$\square$

Rechenstrukturen weisen wieder die strukturellen Eigenschaften von Informationssystemen auf, wie sie im vorangegangenen Abschnitt am Beispiel der Booleschen Terme behandelt wurden. Insbesondere gilt:

$$(\{s^{A}\colon s \in S\}, S, T),$$

bildet wieder ein Informationssystem mit

$$T\colon S \to \{s^{A}\colon s \in S\} \quad \text{wobei} \quad T[s] = s^{A}.$$

Ebenso ist

$$(\{f^A: f \in F\}, F, I),$$

mit

$$I: F \to \{f^A: f \in F\} \quad \text{wobei} \quad I[f] = f^A,$$

ein Informationssystem.

Für eine gegebene Rechenstruktur mit einer bestimmten Signatur existiert stets eine spezielle Struktur, die Termalgebra, die sich aus der Menge der über der Signatur formulierbaren Terme zusammensetzt. Die Bildungsgesetze für Terme über einer Signatur werden im folgenden Abschnitt behandelt.

2.2.3 Grundterme

Zu einer gegebenen Signatur existiert die Menge der Grundterme, die sich durch die Funktionssymbole der Signatur bilden lassen. Sei $\Sigma = (S, F)$ eine Signatur. Die *Menge der Grundterme der Sorte* s mit $s \in S$ ist definiert durch:

(i)   jedes nullstellige Funktionssymbol $f \in F$ mit **fct** $f = s$ bildet einen Grundterm der Sorte **s**,

(ii) jede Zeichenreihe $f(t_1, ..., t_n)$ mit $f \in F$ und **fct** $f = (s_1, ..., s_n)$ **s**, ist ein Grundterm der Sorte **s**, falls für alle i, $1 \le i \le n$, t_i ein Grundterm der Sorte s_i ist.

Die Menge aller Grundterme einer Signatur Σ sei mit W_Σ bezeichnet, die Menge der Grundterme der Sorte s mit $W_\Sigma{}^s$. Existieren keine nullstelligen Funktionssymbole, so ist die Menge W_Σ leer.

Beispiel (Grundterme). Beispiele für Grundterme der Sorte **nat** über der Rechenstruktur **NAT** der natürlichen Zahlen sind:

    succ(zero),
    add(succ(succ(zero)), pred(succ(zero))). $\square$

Neben der klassischen mathematischen Schreibweise

$$\rho(a, b),$$

der Funktionsanwendung zur Bildung von Grundtermen, wobei das Funktionssymbol ρ der geklammerten Liste (a1, a2) der Argumente vorangestellt wird (*geklammerte Präfixschreibweise*), sind für spezielle Funktionssymbole ρ auch andere Schreibweisen (Operatorschreibweisen) gebräuchlich wie

– *Infixschreibweise*	a ρ b,
– *Ungeklammerte Präfixschreibweise*	ρ a b,
– *Postfixschreibweise*	a b ρ.

Beispiele für die Infixschreibweise sind durch die Operationssysmbole $+$, $*$, $\wedge$, $\vee$, $\in$ etc. gegeben. Bei einstelligen Funktionssymbolen findet sich sowohl die klammerfreie Präfix- (bei $\neg$), als auch die klammerfreie Postfixschreibweise (beispielsweise ! für die Fakultätsfunktion).

Liegt die Stelligkeit der Funktionssymbole fest, so ist bei reiner Präfix- oder reiner Postfixschreibweise die Zuordnung von Funktionssymbolen zu Argumenten eindeutig. Dies gilt für die Infixschreibweise nicht.

Beispiel (Mehrdeutigkeit der Operatorschreibweise). Sind keine Vorrangregeln über Prioritäten vereinbart, so ist unklar, ob der Term

x+y * z

für (x+y) * z oder für x+(y * z) steht. □

Um Eindeutigkeit auch für die Infixschreibweise zu erzielen, kann man, neben der Verwendung von Klammern, jedoch gewisse Vorrangregeln (Prioritäten) auf der Menge von Operatoren einführen. Existieren keine Vorrangregeln, so klammern wir stets von links nach rechts. Dies heißt, daß x+y+z für (x+y)+z steht.

Manchmal verwendet man auch eine gemischte Schreibweise (Mixfixschreibweise) um gewisse Ausdrücke übersichtlicher schreiben zu können. Darüber hinaus existieren eine Reihe von vereinfachenden abkürzenden Schreibweisen. Der Umstand, daß ein Funktionssymbol in Operatorschreibweise verwendet werden soll, kann auch in der Angabe der Funktionalität ausgedrückt werden. Beispielsweise kann man durch spezielle Symbole (wie Punkte) die Positionen der Argumente angeben.

Beispiel (Mixfixschreibweise). Für den Term $x < y \wedge y < z$ läßt sich abkürzend $x < y < x$ schreiben. Diese Schreibweise entspricht dem dreistelligen Funktionssymbol mit Funktionalität

    fct . < . < . = (nat, nat, nat) bool   *Mixfix*

Die Punkte kennzeichnen die Stellung der Argumente. □

Liegt eine Rechenstrutur A mit Signatur Σ vor, so lassen sich die Grundterme in A interpretieren. Den Übergang von einem Grundterm t (der Repräsentation) der Sorte s zum entsprechenden Element a der Menge in A nennt man *Interpretation von t in A* . Die Interpretation I^A bezeichnet demnach eine Abbildung

$$I^A: W_\Sigma \to \{a \in s^A : s \in S\}$$

Für jeden Grundterm t bezeichnet $I^A[t]$ die Interpretation von t in A. Man schreibt auch t^A für $I^A[t]$. Man erhält die Interpretation, indem man im Grundterm die Funktionssymbole durch die entsprechenden Funktionen ersetzt.

$$I^A[f(t_1, ..., t_n)] = f^A(I^A[t_1], ..., I^A[t_n]).$$

Insbesondere bildet

$$(\{a \in s^A : s \in S\}, W_\Sigma, I^A)$$

wieder ein Informationssystem.

Beispiel (Interpretation von Grundtermen über der Signatur der natürlichen Zahlen). Mit der Sorte **nat** verbinden wir vereinbarungsgemäß die Trägermenge $\mathbb{N}^\perp$. Wir erhalten folgende Interpretation für die angegebenen Terme:

$$I^{NAT}[\text{succ}(\text{zero})] = 1,$$

$$I^{NAT}[\text{pred}(\text{zero})] = \bot,$$

$$I^{NAT}[\text{pred}(\text{add}(\text{succ}(\text{succ}(\text{zero})), \text{zero}))] = 1. \qquad \square$$

In der klassischen Mathematik wird häufig die Angabe der Interpretation weggelassen und es wird einfach t statt t^A geschrieben. Der Unterschied zwischen dem Grundterm und seiner Interpretation wird dort bewußt vernachlässigt.

Für jede Rechenstruktur A der Signatur Σ können die Grundterme der Sorte $s \in S$ als Repräsentationen für Elemente aus der Menge s^A, die mit der Sorte s in A verbunden wird, verwendet werden. Gibt es für jedes Element $(\neq \bot)$ der Trägermengen von A eine Termrepräsentation, d.h. existiert für jedes s und jedes $a \in s^A$ $(\neq \bot)$ ein Grundterm der Sorte s mit $t^A = a$, so heißt A *termerzeugt*. Dies ist gleichbedeutend mit der Forderung, daß in dem entsprechenden Informationssystem die Interpretationsabbildung surjektiv ist.

Die Interpretation (der „Wert") eines Grundterms läßt sich entsprechend der Termstruktur ausrechnen. Eine einfache Art, eine solche Berechnung zu organisieren, stellen Formulare dar.

2.2.4 Rechnen mit Grundtermen: Formulare

Grundterme haben eine charakteristische innere Struktur. Ein Grundterm setzt sich aus einem Funktionssymbol und einer (unter Umständen leeren) Folge von Grundtermen („Teiltermen") zusammen, die die Argumentterme bilden.

Ein *Formular* für einen Grundterm ist eine graphische Darstellung für die Berechnung der Interpretation des Grundterms: Das Formular besteht aus einem Rechteck, in dem die Interpretation des Grundterms eingetragen wird und aus Teilformularen für die Berechnung der Werte für die Teilterme. Die Berechnung der Interpretation eines Grundterms läßt sich bequem auf einem Formular durchführen. Da sich die Interpretation eines Grundterms aus den Werten der Interpretation seiner Teilterme ergibt, ordnet man diese Interpretationen der Teilterme in einem Formular analog zur Struktur der Grundterme an.

Beispiele (Formulare)

(1) Dem Grundterm $((1+2)*3)-4$ mit Interpretation in $\mathbb{N}$ entspricht das in Abb. 2.4 angegebene Formular.

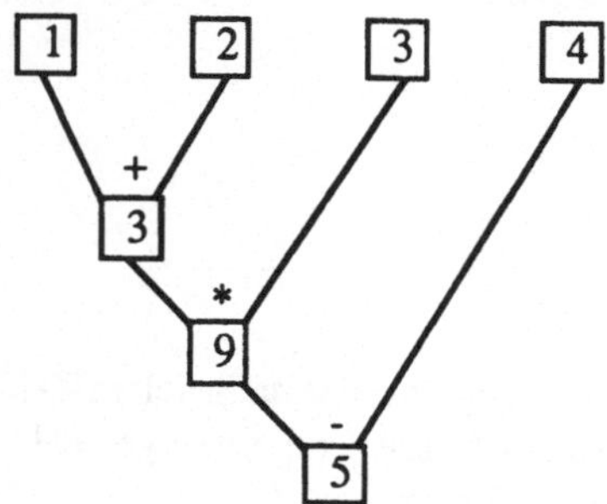

Abb. 2.4. Rechenformular

(2) Dem Grundterm

(true ∧ false) ∨ (false ∨ ((¬false) ∧ true))

mit Interpretation in $\mathbb{B}$ entspricht das in Abb. 2.5 angegebene Formular.

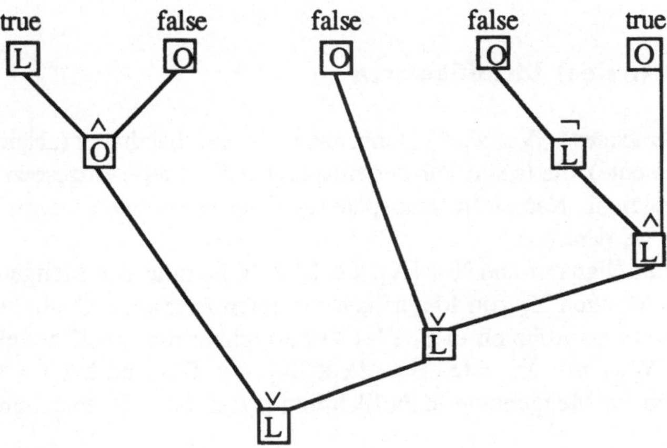

Abb. 2.5. Rechenformular

(3) *Rechnen mit dem Taschenrechner*: Dem Grundterm

tip(=, tip(3, tip(+, tip(2, ein))))

entspricht das Formular in Abb. 2.6 .

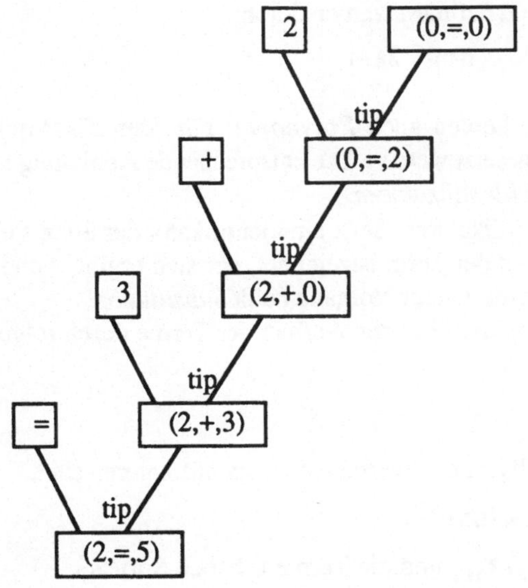

Abb. 2.6. Rechenformular

Wie bereits gesagt, lassen sich Grundterme sehr einfach zur Repräsentation von Elementen aus den Trägermengen von Rechenstrukturen verwenden. Um Abbildungen zwischen diesen Elementen definieren zu können, verwendet man Terme mit freien Identifikatoren.

2.2.5 Terme mit (freien) Identifikatoren

Identifikatoren („Bezeichner", „Variable", „Unbekannte") sind Platzhalter („Namen") für Terme (oder Elemente), die (später) an der entsprechenden Stelle eingesetzt werden können. Sie können als Namen für erst später genauer bezeichnete Terme oder Elemente verstanden werden.

Sei $\Sigma = (S, F)$ eine Signatur und $X = \{X_s: s \in S\}$ eine Familie von Mengen von Identifikatoren. Die Mengen X_s von Identifikatoren seien paarweise disjunkt und disjunkt zu den Funktionssymbolen in F. $W_\Sigma(X)$ bezeichnet die um X erweiterte Termalgebra, d.h. $W_{\Sigma 1}$ mit $\Sigma 1 = (S, F \cup \{x \in X_s: s \in S\})$ und **fct** $x = s$ für $x \in X_s$. Die X_s stehen für Mengen von Identifikatoren (Platzhalter, Bezeichnungen) der Sorte s.

Beispiele (Terme mit Identifikatoren)

(1) Gleichungen mit „Unbekannten" in der Mathematik sind Gleichungen zwischen Termen mit Identifikatoren. Ein Beispiel dafür ist:

$$ax^2 + by + c = 0.$$

(2) Häufig werden Terme mit freien Identifikatoren verwendet, um Funktionen zu definieren. Eine Funktion f kann definiert werden durch:

$$f: \mathbb{N} \to \mathbb{N} \qquad \text{mit} \qquad f(x) = 2x+1 \qquad \qquad \square$$

Terme mit freien Identifikatoren heißen auch *Polynome*. Für Identifikatoren in Termen können andere Terme eingesetzt werden. Die entsprechende Abbildung heißt *Substitution in Termen mit (freien) Identifikatoren*.

Sei t ein Term mit (freien) Identifikatoren. Sei x ein Identifikator der Sorte s und r ein Term der Sorte s; mit $t[r/x]$ wird der Term bezeichnet, der sich ergibt, wenn der Identifikator x in t durch r ersetzt wird. Dieser Vorgang heißt *Substitution*.

Die Substitution ist formal induktiv über den Aufbau der Terme durch folgende Gleichungen beschrieben:

$$x[t/x] = t,$$

$$y[t/x] = y, \qquad \qquad \text{falls y und x verschiedene Identifikatoren sind;}$$

$$f(t_1, ..., t_n)[t/x] = f(t_1[t/x], ..., t_n[t/x]),$$

Hier ist $f \in F$ mit **fct** $f = (s_1, ..., s_n) \, s_{n+1}$ und die Terme t_i haben Sorte s_i.

Mit $t[t_1/x_1, ..., t_n/x_n]$ wird der Term bezeichnet, der durch die simultane Substitution (der paarweise verschiedenen) Identifikatoren x_i durch die t_i aus t entsteht.

Sei t ein Term mit (freien) Identifikatoren. Ein Term r heißt *Instanz* von t, wenn r durch Substitution gewisser (freier) Identifikatoren aus t erhältlich ist.

Beispiel (Instanz eines Terms). Sei der Term t mit den freien Identifikatoren x, y, z definiert durch:

$\quad$ t $=_{def}$ mult(add(succ(x), y), z)

Wir erhalten eine Instanz von t durch:

$\quad$ t[zero/x, succ(zero)/y, succ(succ(zero))/z]

Die Ausführung der Substitution ergibt:

$\quad$ mult(add(succ(zero), succ(zero)), succ(succ(zero))) $\square$

Analog zu Booleschen Termen mit freien Identifikatoren lassen sich allgemein Terme mit freien Identifikatoren über die Einführung von Belegungen interpretieren.

2.2.6 Interpretation von Termen mit (freien) Identifikatoren

Sei A eine Rechenstruktur mit Signatur $\Sigma = (S, F)$ und X eine Familie von Mengen von Identifikatoren. Eine Abbildung

$\quad \beta\colon \{x \in X_s\colon s \in S\} \to \{a \in s^A\colon s \in S\}$

die jedem Identifikator x in X der Sorte s ein Element $a \in s^A$ der Trägermenge s^A zur Sorte s zuordnet, heißt *Belegung* von X (in A).

Für jede Belegung β ist die Interpretation I_β^A eines Terms t mit freien Identifikatoren aus X definiert durch folgende Gleichungen:

$\quad I_\beta^A[x] = \beta(x),$

$\quad I_\beta^A[f(t_1, ..., t_n)] = f^A(I_\beta^A[t_1], ..., I_\beta^A[t_n]),$

Für n = 0 ergibt sich $I_\beta^A[f] = f^A$.

Für die punktweise Änderung von Belegungen wird eine spezielle Notation verwendet, die der bei der Substitution benutzten Notation gleicht: Sei β eine Funktion (insbesondere eine Belegung)

$\quad \beta\colon X \to M,$

dann bezeichnet für $m \in M$

$\quad \beta[m/x]$

diejenige Funktion β'

$\quad \beta'\colon X \to M,$

für die gilt

$$\beta'(z) = \begin{cases} m & \text{falls } z = x, \\ \beta(z) & \text{falls } z \neq x . \end{cases}$$

$\beta[m/x]$ bezeichnet eine Abbildung (Belegung), die für alle Argumente außer x mit β übereinstimmt, nur für x liefert die Abbildung den Wert m.

Daß für die Substitution und die punktweise Änderung einer Belegung die gleiche Notation verwendet wird, ist durch folgende Gleichung gerechtfertigt: Seien t, r Terme, x ein Identifikator und β eine Belegung, dann gilt:

$$I_\beta[t[r/x]] = I_{\beta'}[t], \qquad \text{wo} \qquad \beta' = \beta[I_\beta[r]/x] .$$

Die Interpretation eines Terms t, in dem x durch r ersetzt wurde mit einer Belegung β, ist demnach gleichwertig mit der Interpretation des Terms t mit der Belegung β', die sich von β nur in der Belegung von x unterscheidet, und dort den Wert der Interpretation von r unter der Belegung β besitzt.

2.2.7 Terme mit (freien) Identifikatoren als Formulare

Terme mit freien Identifikatoren können als Rechenformulare gedeutet werden, in denen noch nicht alle Werte festgelegt sind.

Beispiel (Aus der Geometrie). Der Flächeninhalt S des Kreisrings s mit innerem Radius r und äußerem Radius R errechnet sich nach der Formel:

$$S = \pi \, (R^2 - r^2).$$

Dem Term auf der rechten Seite der Formel entspricht das in Abb. 2.7 angegebene Formular.

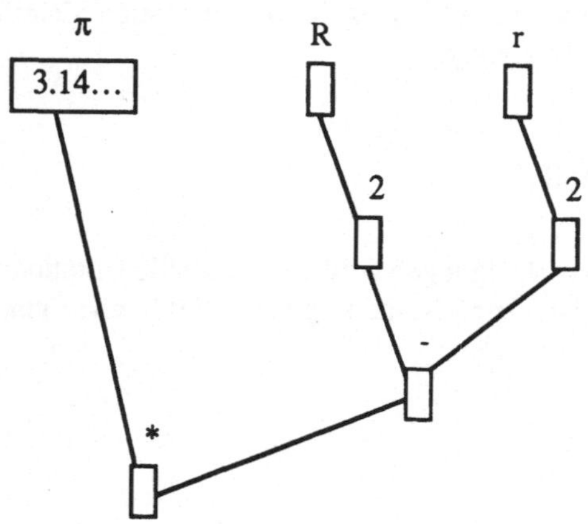

Abb. 2.7. Rechenformular

Ein Term mit freien Identifikatoren definiert ein *Berechnungsschema*. Formulare finden sich (in etwas anderer äußerer Form) an vielen Stellen in der Verwaltung. Beispiele sind Formulare für die Lohnsteuerberechnung.

Treten in einem Term gewisse Identifikatoren mehrfach auf, so erhält man statt Formularen mit der Form von Bäumen „Hasse"-Diagramme (dies sind azyklische, gerichtete Graphen).

Beispiel (Formulare mit mehrfach verwendeten Zwischenergebnissen). Der Term

   (x-y)*(x+y)

besitzt das in Abb. 2.8 angegebene Formular.

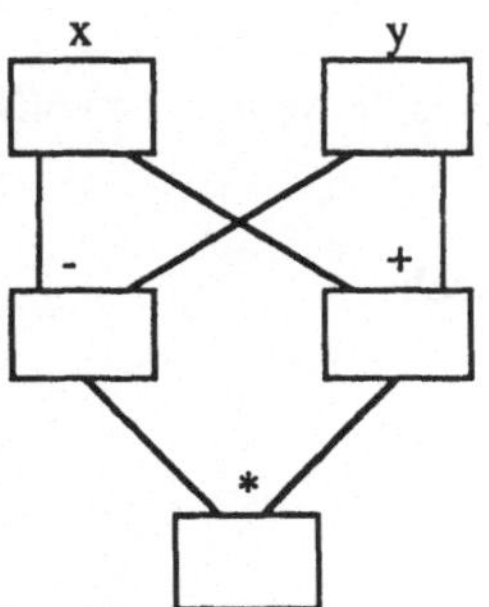

Abb. 2.8. Rechenformular

Terme lassen sich in Termersetzungssystemen für die Darstellung von Algorithmen verwenden. Im folgenden Abschnitt werden solche Algorithmen behandelt, die auf Termen arbeiten.

2.3 Algorithmen als Termersetzungssysteme

Eine übersichtlichere Methode zur Beschreibung von Algorithmen als Textersetzungssysteme bieten Termersetzungssysteme. Wie im vorausgegangenen Abschnitt gezeigt, gilt: Terme lassen sich über gegebenen Signaturen nach festen Regeln aufbauen. Zu einer gegebenen Signatur und den Termen darüber lassen sich Interpretationen über einer Rechenstruktur bzw. Algebra angeben. Wie bei Booleschen Termen entsteht ein Informationssystem, bei dem Terme als Repräsentationen auftreten. Durch diese Interpretation ist eine semantische Äquivalenz auf Termen vorgegeben. Regeln zur Umformung von Termen können dann so gestaltet werden, daß Terme stets in semantisch äquivalente Terme überführt werden.

Mengen von Regeln lassen sich zu Algorithmen in der Form von Termersetzungssystemen zusammenfassen. Die spezielle Struktur der Terme, die sich aus ihrem Aufbau ergibt, kann für die Angabe von Ersetzungsregeln und deren Anwendung ausgenutzt werden.

2.3.1 Termersetzungsregeln

Für eine gegebene Signatur Σ und eine gegebene Familie X von Mengen von Identifikatoren heißt ein Paar (t, r) von Termen t, r gleicher Sorte mit (freien) Identifikatoren aus X eine *Termersetzung(sregel)* oder auch Termersetzungsschema. Für die Regel wird

   t → r

geschrieben.

Meist wird für Termersetzungsregeln gefordert, daß alle Identifikatoren, die in r auftreten, auch in t auftreten. Ersetzt man gewisse Identifikatoren $x_1, ..., x_n$ in t und r durch Terme $t_1, ..., t_n$ passender Sorten, so erhält man eine Instanz der Regel. Entsprechend heißt

$$t[t_1/x_1, ..., t_n/x_n] \rightarrow r[t_1/x_1, ..., t_n/x_n]$$

eine Instanz der Regel t → r. Sind t und r Grundterme, so heißt die Instanz *vollständig*.

Beispiel (Instanzen einer Termersetzungsregel). Für die Regel:

$$pred(succ(x)) \rightarrow x$$

sind Beispiele für Instanzen gegeben durch

$$pred(succ(zero)) \rightarrow zero,$$

$$pred(succ(succ(y))) \rightarrow succ(y). \qquad \square$$

Aus einer Regel wird ein Termersetzungsschritt gewonnen, indem man die Regel auf einen beliebigen Teilterm eines vorliegenden Terms anwendet.

Sei t → r eine Instanz einer Regel. Gegeben sei ein Term c, in dem der Identifikator x frei vorkommt, dann heißt

$$c[t/x] \rightarrow c[r/x]$$

eine *(unbedingte) Anwendung der Regel* (auf den Term c[t/x]). Der Term t heißt *Redex* und das Auftreten von x in c die *Anwendungsstelle*.

Beispiel (Anwendung einer Termersetzungsregel). Auf den Term

$$succ(succ(pred(succ(zero))))$$

läßt sich die Regel im obigen Beispiel anwenden. Dies ergibt:

$$succ(succ(pred(succ(zero)))) \rightarrow succ(succ(zero)) \qquad \square$$

Analog zu Textersetzungssystemen bildet eine Menge von Termersetzungsregeln einen *(Termersetzungs-)Algorithmus*.

2.3.2 Termersetzungssysteme

Eine (im allgemeinen endliche) Menge R von Termersetzungsregeln über einer Signatur Σ heißt *Termersetzungssystem* über Σ. Gilt für eine Folge von Termen t_i, $0 \le i \le n$, für $i = 0, ..., n\text{-}1$:

(*) $t_i \rightarrow t_{i+1}$ ist Anwendung einer Regel aus dem Termersetzungssystem R,

so heißt die Folge von Termen *Berechnung* von R für t_0.

Ein Term t heißt *terminal* für ein Termersetzungssystem R, wenn es keinen Term r gibt, so daß gilt

$$t \rightarrow r$$

ist Anwendung einer Regel aus R.

Ist in einer Berechnung, gegeben durch die Terme t_i, $0 \leq i \leq n$, der Term t_n terminal, dann heißt die Berechnung *terminierend* und t_n *Ergebnis* (oder *Ausgabe*) *der Berechnung für Eingabe* t_0. Eine unendliche Folge $(t_i)_{i \in N}$ von Termen, die die obige Bedingung (∗) erfüllen, heißt *nichtterminierende* Berechnung von R für t_0. Ein Termersetzungssystem R heißt allgemein terminierend, wenn keine nichtterminierenden Berechnungen von R existieren.

Terminale Grundterme definieren eine Normalform. Sie werden häufig auch als *Terme in Normalform bzgl. R* bezeichnet. Über das Ersetzungssystem R können wir einem Term t einen terminalen Term r als Normalform zuordnen, falls r das Ergebnis einer Berechnung mit Eingabe t ist. In der Regel ist das durch ein Termersetzungssystem induzierte Normalformensystem weder vollständig noch eindeutig. Terme, für die nur nichtterminierende Berechnung existieren, haben keine Normalform. Für gewisse Terme können Berechnungen mit unterschiedlichen Resultaten existieren.

Beispiel (Ein Termersetzungssystem für die Rechenstruktur **BOOL**). Im folgenden werden die Funktionssymbole $\neg$, $\vee$, $\wedge$ in geklammerter Präfix- und Infixschreibweise verwendet. Die Termersetzungsregeln lauten:

$$
\begin{aligned}
(\neg true) &\rightarrow false \\
(\neg false) &\rightarrow true \\
(false \vee x) &\rightarrow x \\
(x \vee false) &\rightarrow x \\
(true \vee true) &\rightarrow true \\
(x \wedge y) &\rightarrow (\neg((\neg x) \vee (\neg y)))
\end{aligned}
$$

Dieses Termersetzungssystem reduziert jeden Grundterm der Sorte **bool** auf die Terme true oder false.   □

Wieder können wir die iterierte Anwendung von Termersetzungsregeln aus einer gegebenen Menge von Regeln als Algorithmus auffassen, der mit Termen als Ein- und Ausgabe arbeitet.

2.3.3 Der Termersetzungsalgorithmus

Sei ein Termersetzungssystem R gegeben; R definiert einen Algorithmus vermöge der folgenden Vorschrift. Der Algorithmus verwendet als Eingabe einen Grundterm t:

(1) Enthält R eine Ersetzungsregel mit Anwendung $t \rightarrow r$, dann wird der Algorithmus mit r statt t fortgesetzt;

(2) enthält R keine Ersetzungsregel mit Anwendung $t \rightarrow r$, so endet der Algorithmus mit r als Resultat.

Der Termersetzungsalgorithmus führt damit eine Berechnung von R für jeden Grundterm t aus. Häufig besteht eine Berechnung in der Lösung der Aufgabe, einen gegebenen Grundterm in eine bestimmte vorgegebene Normalform zu bringen.

Wird ein Termersetzungsalgorithmus mit einem gegebenen Grundterm t begonnen, so nennt man t auch *Eingabe für den Algorithmus*; terminiert der Algorithmus mit einem Grundterm r, so heißt r auch *Ausgabe* oder *Resultat*.

Beispiel (Ein Termersetzungssystem für die Signatur der Rechenstruktur **NAT**). Sei die Signatur mit der Sorte **nat** und den Funktionalitäten

fct zero = **nat**,
fct succ = (**nat**) **nat**,
fct pred = (**nat**) **nat**

gegeben und die Normalformen

succ(...(succ(zero))...)

für Terme der Sorte **nat**. Man beachte, daß beispielsweise der Term pred(zero) mit der üblichen Interpretation der Terme durch natürliche Zahlen den Wert $\bot$ hat, nicht in Normalform ist und auch kein semantisch äquivalenter Term in Normalform existiert.

Im folgenden werden einige einfache Termersetzungsalgorithmen für die Reduktion von Grundtermen auf die vorgegebene Normalform angegeben.

(1) *Reduktionsregeln für* pred
Zur Elimination des Funktionssymbols pred in Grundtermen, deren Wert verschieden von $\bot$ ist, verwenden wir folgende Regel:

pred(succ(x)) $\rightarrow$ x.

Grundterme wie pred(zero) oder succ(zero) sind terminal, aber nur succ(zero) ist in der vorgegebenen Normalform.

(2) *Reduktionsregeln für die Addition*
Erweitert man die Signatur um das Funktionssymbol add mit der Funktionalität

fct add = (**nat**, **nat**) **nat**,

so definieren die Termersetzungsregeln

add(succ(x), y) $\rightarrow$ succ(add(x, y)),
add(zero, y) $\rightarrow$ y.

einen Algorithmus für die Überführung von Grundtermen mit dem Funktionssymbol add in semantisch äquivalente Terme in Normalform, falls die Interpretationen aller auftretenden Teilterme und somit der Wert des Grundterms selbst verschieden von $\bot$ sind.

(3) *Reduktionsregeln für die Multiplikation*
Wird die Signatur der natürlichen Zahlen um das Funktionssymbol mult mit der Funktionalität

fct mult = (**nat**, **nat**) **nat**,

erweitert, so liefern die Termersetzungsregeln

mult(succ(x), y) $\rightarrow$ add(y, mult(x, y)),
mult(x, succ(y)) $\rightarrow$ add(x, mult(x, y)),
mult(zero, zero) $\rightarrow$ zero,

einen Algorithmus für die Berechnung der Multiplikation. Ein Vergleich mit dem Textersetzungsalgorithmus für die Multiplikation von Strichzahlen zeigt, wieviel einfacher und lesbarer der Termersetzungsalgorithmus ist.   □

Termersetzungsalgorithmen arbeiten auf den Grundtermen einer Signatur. Sie bewirken die Umformung von Grundtermen mittels Berechnungen. Inwieweit diese Umformungen bestimmten intendierten Eigenschaften der Funktionssymbole entsprechen, wird dabei nicht betrachtet. Durch das Konzept der Rechenstrukturen ist jedoch eine besonders klare, einfache Konzeption von der Korrektheit eines Termersetzungssystems möglich.

2.3.4 Korrektheit von Termersetzungssystemen

Sei R ein Termersetzungssystem für Terme über der Signatur Σ und A eine Rechenstruktur der Signatur Σ. Eine Termersetzungsregel t $\to$ r über der Signatur Σ heißt *partiell korrekt* bzgl. A, falls für jede Belegung β in A gilt:

$$I_\beta^A[t] = I_\beta^A[r],$$

wobei I_β^A die Interpretation von Termen in der Rechenstruktur A bezeichne. Eine Termersetzungsregel t $\to$ r ist demnach genau dann korrekt bzgl. A, wenn t = r eine in A gültige Gleichung ist.

Das Termersetzungssystem R heißt *partiell korrekt* bzgl. der Rechenstruktur A, falls jede Regel partiell korrekt bzgl. A ist. Partiell korrekte Termersetzungsalgorithmen überführen gegebene Terme stets in semantisch äquivalente Terme.

Beispiel (Partielle Korrektheit). Alle im vorangegangen Abschnitt angegebenen Regeln sind partiell korrekt bzgl. der klassischen Interpretationen. Zum Nachweis der partiellen Korrektheit der Regel

$$add(succ(x), y) \to succ(add(x, y))$$

ist zu zeigen, daß für alle Belegungen β gilt:

$$(\beta(x)+1)+\beta(y) = (\beta(x)+\beta(y))+1 .$$

Die Gültigkeit dieser Gleichung ergibt sich unmittelbar aus der Kommutativität und Assoziativität der Addition. Die partielle Korrektheit der anderen Regeln läßt sich ähnlich einfach zeigen. $\square$

Ist ein Termersetzungsalgorithmus partiell korrekt, so wird in einer Berechnung die in der Form eines Terms vorgegebene Information stets beibehalten.

Ein Termersetzungssystem R heißt *total korrekt (bzgl. A)*, wenn für Grundterme t, mit $t^A \neq \bot$, keine nichtterminierenden Berechnungen existieren und für bzgl. R terminale, verschiedene Grundterme t1, t2 mit $t1^A \neq \bot$, $t2^A \neq \bot$, stets gilt

$$t1^A \neq t2^A .$$

Dies heißt, daß Grundterme t mit $t^A \neq \bot$ durch R in endlich vielen Schritten auf eine eindeutige Normalform gebracht werden. Die Normalform ist durch die Menge der bzgl. R terminalen Grundterme gegeben. In einem total korrekten Termersetzungssystem wird für Grundterme t mit $t^A = \bot$ nur angenommen, daß sie durch die Regeln in R in semantisch äquivalente Terme übergeführt werden. Berechnungen für solche

Terme können sowohl terminieren (mit Resultat r mit $r^A = \perp$) oder aber nicht terminieren.

Partielle Korrektheit ist eine Eigenschaft der einzelnen Regeln, kann somit für die einzelnen Regeln unabhängig gezeigt werden. Totale Korrektheit ist eine Eigenschaft des gesamten Termersetzungssystems.

Beispiel (Totale Korrektheit). Es wird die totale Korrektheit des Termersetzungssystems für die Rechenstruktur **NAT** bewiesen. Partielle Korrektheit wird angenommen. Es werden nur Terme t der Sorte **nat** betrachtet, die „definiert" sind, d.h. für die $t^{NAT} \neq \perp$ gilt. Diese Terme besitzen insbesondere keine Teilterme der Form

$$pred(zero) \, .$$

Solche Terme haben nämlich auf Grund der Striktheit der Funktionen stets die Interpretation $\perp$.

Das Termersetzungssystem definiert für Grundterme t mit Interpretation $\neq \perp$ durch die Menge der terminalen Grundterme eine eindeutige Normalform. Diese eindeutigen Normalformen bilden die Grundterme der Form

$$succ^n(zero)$$

mit $n \in \mathbb{N}$, wobei

$$succ^0(zero) = zero,$$
$$succ^{n+1}(zero) = succ(succ^n(zero)),$$

sei. Ist ein Grundterm t nicht in dieser Normalform, so enthält er ein Funktionssymbol aus der Menge {pred, add, mult}. Dann existiert auch ein Teilterm von t der Form

$$pred(t0), \quad add(t1, t2) \quad oder \quad mult(t1, t2),$$

wobei t0, bzw. t1 und t2 Grundterme in Normalform sind. Dann ist (außer für t0 = zero) stets eine der Regeln anwendbar. Der Term t ist also nicht in der angegebenen Normalform oder es gilt $t^{NAT} = \perp$.

Nun bleibt zu zeigen, daß für das Termersetzungssystem keine nichtterminierenden Berechnungen existieren, falls für den Eingabeterm t gilt: $t^{NAT} \neq \perp$. Dazu definieren wir die Abbildung, die jedem Grundterm eine Bewertung (ein Gewicht) zuordnet

$$g \colon \{t \in W_\Sigma : t^{NAT} \neq \perp\} \to \mathbb{N}$$

mit (wir setzen im folgenden die Terme in Anführungszeichen um auszudrücken, daß g auf Termen operiert)

$$g("zero") = 0,$$
$$g("succ(t)") = g(t),$$
$$g("pred(t)") = g(t)+1,$$
$$g("add(t1, t2)") = I^{NAT}[t1] + g(t1) + g(t2) + 1,$$
$$g("mult(t1, t2)") = (I^{NAT}[t1] + 2{*}g(t1) + 2) * (I^{NAT}[t2] + 2{*}g(t2) + 2)$$

Man kann nun für jede Anwendung

$$t \to r$$

der Regeln des betrachteten Termersetzungssystems zeigen, daß

$$g(t) > g(r)$$

gilt. Daraus ergibt sich, daß auf einen Grundterm t höchstens g(t) Regelanwendungen möglich sind. $\square$

Die im obigen Beispiel beschriebene Methode zum Beweis der Terminierung von Termersetzungssystemen demonstriert ein allgemeines Beweisprinzip für die Terminierung von Termersetzungssystemen. Sei R Termersetzungssystem über der Signatur Σ und

$$g: W_\Sigma \to N$$

eine Abbildung die jedem Grundterm ein Gewicht zuordnet. Gilt für jede vollständige Regelanwendung $t \to r$ die Bedingung $g(t) > g(r)$, so terminiert jede Berechnung von R.

2.4 Aussagenlogik und Prädikatenlogik

In der Prädikatenlogik betrachtet man gewisse Terme der Sorte **bool** über allgemeinen Signaturen von Rechenstrukturen. Man verwendet diese Terme um Aussagen über die Elemente und Funktionen einer Rechenstruktur zu formulieren. Wir sprechen von *prädikatenlogischen* Termen. Prädikatenlogische Grundterme lassen sich insbesondere wieder als elementare Aussagen auffassen, falls sie nur Werte $\neq \perp$ besitzen. In der klassischen Prädikatenlogik betrachtet man nur solche elementare Aussagen, die entweder den Wert **L** oder den Wert **O**, aber niemals einen dritten Wert (in unserem Fall $\perp$) besitzen. Man spricht vom Prinzip *Tertium non datur*. Um dieses Prinzip sicherzustellen, läßt man als prädikatenlogische Terme nur solche Grundterme der Sorte **bool** zu, für die aufgrund ihrer äußeren Gestalt sichergestellt ist, daß sie als Interpretation nur die Werte **L** und **O** besitzen, nicht aber den Wert $\perp$. Dies kann man durch die Beschränkung auf solche Terme der Sorte **bool** sicherstellen, die durch spezielle Funktionssymbole mit Resultaten der Sorte **bool** aufgebaut sind, deren zugeordnete Funktionen für beliebige Argumente stets die Resultate **L** oder **O** liefern, aber niemals $\perp$ als Resultat haben. Solche Funktionen nennen wir *stark* (engl. *strong*). Ein Beispiel für solch eine starke Operation ist die (*starke*) *Gleichheit*:

Für Sorten **m** definieren wir für beliebige Rechenstrukturen A: Sind t und r Grundterme der Sorte **m**, so ist t = r ein Grundterm der Sorte **bool**, und es gilt

$$(t = r)^A = \begin{cases} \mathbf{L} & \text{falls } t^A = r^A \\ \mathbf{O} & \text{falls } t^A \neq r^A \end{cases}$$

Damit gilt: Jeder Grundterm der Form t = r besitzt eine Interpretation mit Wert **L** oder **O**, aber hat niemals $\perp$ als Wert. Ein Term, der für beliebige Belegungen stets einen Wert $\neq \perp$ hat, heißt ebenfalls *stark*.

Eine Funktion, die Resultate $\neq \perp$ liefert, solange nur $\neq \perp$ für alle Argumente gilt, nennen wir *total*. Ebenso nennen wir ein mit einer totalen Funktion verbundenes

Funktionssymbol total. Der Aufbau von Termen mit totalen Funktionssymbolen aus starken Teiltermen liefert starke Terme. Man beachte, daß alle klassischen logischen Verknüpfungen total sind.

Starke Terme der Sorte **bool**, also Terme, die für beliebige Belegungen der freien Identifikatoren als Wert **L** oder **O** besitzen, aber nicht $\perp$ als Wert haben, nennen wir *Formeln*. Grundterme, die Formeln darstellen, heißen *elementare Aussagen*. Insbesondere sind totale Terme der Sorte **bool** prädikatenlogische Formeln.

Man beachte, daß neben der zweiwertigen (starken) Gleichheit auch die dreiwertige *schwache Gleichheit* existiert, die wir mit „$\overset{?}{=}$" bezeichnen. Für alle Sorten **m** definieren wir für beliebige Rechenstrukturen A: Sind t und r Grundterme der Sorte **m**, so ist $t \overset{?}{=} r$ ein Grundterm der Sorte **bool**, und es gilt:

$$(t \overset{?}{=} r)^A = \begin{cases} \mathbf{L} & \text{falls } r^A \neq \perp \text{ und } t^A \neq \perp \text{ und } t^A = r^A, \\ \mathbf{O} & \text{falls } r^A \neq \perp \text{ und } t^A \neq \perp \text{ und } t^A \neq r^A, \\ \perp & \text{falls } r^A = \perp \text{ oder } t^A = \perp. \end{cases}$$

Für beliebige Terme t_1 und t_2 ist $t_1 = t_2$ also zweiwertig, und demnach eine Formel, jedoch $t_1 \overset{?}{=} t_2$ nicht.

In diesem Zusammenhang stellt sich die Frage, für welche Terme der Sorte **bool** in einer Rechenstruktur man schließen kann, daß sie als Interpretation den Wert **L** besitzen (d.h. im Sinne der mathematischen Logik „wahr" sind). Dabei verwendet man unter Umständen als Annahmen eine gewisse Teilmenge von Formeln, genannt Hypothesen oder Axiome. Für diese Formeln wird angenommen, daß sie in der betrachteten Rechenstruktur als Interpretation den Wert **L** besitzen.

Das Formalisieren des Schlußfolgerns stellt sich die mathematische Logik zur Aufgabe. In der Logik bezeichnet man (zweiwertige) Terme der Sorte **bool** als Formeln. Grundterme der Sorte **bool** bezeichnet man als elementare Aussagen. In der Logik werden Regelsysteme (*Ableitungs-* oder *Inferenzregeln*) angegeben, die es erlauben, aus einer Menge von als wahr angenommenen Formeln (*Axiome*) weitere Formeln (*Theoreme*) abzuleiten. Die Ableitung einer Formel heißt auch (formaler) *Beweis der Formel*.

Beweise für Formeln einfacher Struktur, in denen nur Terme der Sorte **bool** betrachtet werden, behandelt die Aussagenlogik. In der Prädikatenlogik wird auch auf andere Sorten bzw. Trägermengen Bezug genommen.

Das Vorgehen der formalen Logik ist eng mit Techniken der Informatik verwandt: Algorithmen können durch Regelsysteme beschrieben werden. Formale Ableitungssysteme der mathematischen Logik sind ebenfalls Regelsysteme. Dies macht sich insbesondere die sogenannte *Logikprogrammierung* zunutze, die Systeme logischer Formeln als Algorithmenbeschreibungen auffaßt.

2.4.1 Aussagenlogik

Nun wird ein *Ableitungsbegriff* für Formeln eingeführt: Setzt man gewisse Formeln als wahr voraus („Axiome"), so kann man aus ihnen nach folgenden Regeln („Ableitungsregeln") weitere Formeln als wahr ableiten („beweisen"). Diese Beziehung zwischen Formeln wird durch das spezielle Zeichen $\vdash$ (genannt *Ableitungs-*

symbol) ausgedrückt. Man sagt: „Die Formel t ist aus der Menge H von Formeln ableitbar" und schreibt

$H \vdash t$.

Ist t aus der leeren Menge ableitbar, so wird dies durch $\vdash t$ ausgedrückt. Die im folgenden gegebenen *Ableitungsregeln (Inferenzregeln, Schlußregeln)* legen fest, welche Formeln aus einer gegeben Menge H von Formeln ableitbar sind.

Ableitungsregeln der Aussagenlogik
Zur Ableitung von Formeln aus einer gegebenen Menge von Axiomen verwenden wir folgende *Schlußregeln* oder *Inferenzregeln* (für beliebige Formeln t, t1, t2):

(1) $\vdash t \lor \neg t$,   *Tertium non datur*

(2) $\{t1, \neg t1 \lor t2\} \vdash t2$,   *Modus Ponens*

(3) Ist t1 = t2 Anwendung einer Regel der semantischen Äquivalenzen, der Booleschen Algebra oder Boolescher Terme, so gilt auch

$\{t1\} \vdash t2$.   *Anwendung Gleichheitsgesetze*

Der Modus Ponens entspricht der Schlußregel

$\{x \Rightarrow y, \ x\} \vdash y$.

Das angegebene System von Ableitungsregeln verwendet die Gleichheitsgesetze der Booleschen Algebra in zentraler Weise. Klassischerweise verwendet die Aussagenlogik andere Ableitungssysteme, in denen nicht die Gleichheitsgesetze für Aussagen, sondern für die einzelnen Booleschen Operatoren spezielle Ableitungsregeln angegeben werden.

Sei H eine Menge von Formeln, dann heißt eine Formel t *direkt ableitbar* aus H, und man schreibt

$H \vdash t$,

falls t mit einer der Ableitungsregeln aus H ableitbar ist, d.h. es existieren Formeln $t_1 , ..., t_n \in H$ und es gilt:

$\{t_1, ..., t_n\} \vdash t$

entspricht einer der Regeln (1)–(3). Damit ist der Ableitungsbegriff monoton im folgenden Sinn:

Ist $H_1 \subseteq H_2$ und gilt $H_1 \vdash t$, dann gilt $H_2 \vdash t$.

Häufig findet sich auch die Notation

$$\frac{t_1 \ ... \ t_n}{t}$$

statt $\{t_1, ..., t_n\} \vdash t$.

Sei H eine Menge von Formeln; ist eine Sequenz von direkten Ableitungen der Form

$$\begin{aligned}
H &\vdash t_1 \\
H \cup \{t_1\} &\vdash t_2 \\
&... \\
H \cup \{t_1, ..., t_n\} &\vdash t_{n+1}
\end{aligned}$$

gegeben, dann heißt $t_1, ..., t_{n+1}$ eine *Ableitung über* H und die Aussage t_{n+1} *ableitbar aus H* (wofür man ebenfalls H ⊢ t_{n+1} schreibt).

Aus einer gegebenen Menge von Aussagen H können weitere Aussagen durch obige Ableitungsregeln abgeleitet werden. Die abgeleiteten Aussagen dürfen wiederum zu der Ableitung weiterer Aussagen verwendet werden.

Lemma (Zusammenhang zwischen Implikation und Ableitbarkeit). *Gilt*

$$H ⊢ t1 \Rightarrow t2,$$

dann gilt auch

$$H \cup \{t1\} ⊢ t2.$$

Beweis. Es gelte H ⊢ t1 ⇒ t2. Nach Definition der Implikation ist

$$H \quad ⊢ \quad t1 \Rightarrow t2$$

gleichbedeutend mit

$$H \quad ⊢ \quad ¬t1 \lor t2.$$

Nach Modus Ponens gilt

$$\{t1, \ ¬t1 \lor t2\} \ ⊢ \ t2.$$

Daraus folgt

$$H \cup \{t1\} ⊢ t2$$

Das Lemma ergibt insbesondere ein Beispiel für eine Ableitung. □

Der Begriff der Ableitung formalisiert das Konzept des mathematischen Beweises. Aus einer gegebenen Menge H von als gültig angenommenen Aussagen, den *Axiomen*, werden weitere Aussagen nach genau festgelegten Schlußregeln abgeleitet.

Eine Menge H von Axiomen zusammen mit einer Menge von Ableitungsregeln heißt ein *formales System* oder *Theorie*, die ableitbaren Formeln heißen *Theoreme*. Eine Theorie heißt *inkonsistent*, falls jede Formel ableitbar ist. Dies ist für die Ableitungsregeln der Aussagenlogik gleichwertig damit, daß der Boolesche Term „false" (d.h. ein Widerspruch) ableitbar ist.

Theorem (Inkonsistenz jeder Theorie der Aussagenlogik für jede Axiomenmenge, die false enthält). *Ist in einer Theorie der Aussagenlogik* false *ableitbar, so ist jede Aussage* t *ableitbar, da gilt:*

$$\{false\} \quad ⊢ \ t$$

für jede beliebige Formel t.

Beweis:

⊢ $t \lor ¬t$	(Tertium non datur)
⊢ $(t \lor t) \lor ¬t$	(Idempotenz Disjunktion)
⊢ $t \lor (t \lor ¬t)$	(Assoziativität Disjunktion)
⊢ $(t \lor ¬t) \lor t$	(Kommutativität Disjunktion)
⊢ $¬¬(t \lor ¬t) \lor t$	(Involutionsgesetz)
⊢ $¬¬$ true $\lor t$	(Gesetz für Boolesche Terme)

$$\vdash\ \neg\text{false} \lor t \qquad\qquad \text{(Gesetz für Boolesche Terme)}$$
$$\vdash\ \text{false} \Rightarrow t \qquad\qquad \text{(Gesetz für Boolesche Terme)}$$

Die Behauptung folgt nun aus dem vorhergehenden Lemma. $\qquad\qquad\square$

Die Beziehung zwischen Aussagen, ihrer Reduktion und dem Ableitungsbegriff zum einen, und der Interpretation von Booleschen Termen als Wahrheitswerte zum anderen, wird durch folgende mathematischen Sätze deutlich.

Theorem (Korrektheit von Ableitungen). *Jeder (aus der leeren Menge von Axiomen) ableitbaren Aussage* t *mit freien Identifikatoren* $x_1, ..., x_n$ *der Sorte* **bool** *(wobei* $n \in \mathbb{N}$*) wird für beliebige Belegungen von* $x_1, ..., x_n$ *durch* L *oder* O *der Wert* L *(„wahr") zugeordnet.*

Beweis: Aus der leeren Axiomenmenge ist unmittelbar nur

$$(t \lor \neg t)$$

ableitbar. Für alle Aussagen t und alle Belegungen β gilt $I_\beta[t] = L$ oder $I_\beta[t] = O$. Also gilt

$$I_\beta[t \lor \neg t] = \text{or}(L, \text{not}(L)) = L$$

oder

$$I_\beta[t \lor \neg t] = \text{or}(O, \text{not}(O)) = L.$$

Auch der Modus Ponens erlaubt aus wahren Aussagen nur die Ableitung wahrer Aussagen. Gilt

$$I_\beta[t1] = L$$

und

$$I_\beta[\neg t1 \lor t2] = L$$

so gilt

$$I_\beta[t2] = L.$$

Alle Umformungen durch Gesetze führen Formeln in semantisch äquivalente Formeln über. $\qquad\qquad\square$

Wenn im angegebenen Ableitungssystem mit leerer Axiomenmenge eine Formel ableitbar ist, dann ist sie semantisch äquivalent zu true.

Ein formales System heißt *vollständig*, wenn für jede elementare Aussage t (jede Formel ohne freie Identifikatoren) die Formel t oder $(\neg t)$ ableitbar ist.

Ein Term t der Sorte **bool** heißt *aussagenlogische Formel*, wenn t nur aus den Termen true, false, atomaren Aussagen, den logischen Operatoren und Identifikatoren $x_1, ..., x_n$ der Sorte **bool** aufgebaut ist. Für jede Belegung von $x_1, ..., x_n$ mit Wahrheitswerten kann einer aussagenlogische Formel ein Wahrheitswert zugeordnet werden.

Theorem (Vollständigkeit der Aussagenlogik ohne atomare Aussagen). *Wird eine aussagenlogische Formel* t, *die keine elementaren atomaren Aussagen enthält, mit*

freien Identifikatoren x_1, ..., x_n *der Sorte* **bool** *für jede Belegung von* x_1, ..., x_n
mit Wahrheitswerten der Wert **L** *(„wahr") zugeordnet, so ist* t *ableitbar.*

Beweisidee. Man kann zeigen, daß eine Formel t genau dann den Wert **L** für alle
Belegungen β zugeordnet bekommt, wenn t auf true reduzierbar ist. Der Beweis wird
hier nicht durchgeführt, sondern später unter dem Stichwort „Disjunktive
Normalform" wieder aufgegriffen.   □

Die obigen, in der mathematischen Logik fundamentalen Sätze erlauben sofort, folgende Korollare zu formulieren:

Korollar. *Für aussagenlogische Formeln ohne freie Identifikatoren und atomare
Aussagen ist das angegebene Ableitungssystem mit der leeren Axiomenmenge
vollständig.*   □

Die Vollständigkeit sagt nichts für Boolesche Terme mit freien Identifikatoren oder
allgemeine Boolesche Terme über beliebigen Signaturen aus: Der Term $(x \vee x)$ ist
nicht aus der leeren Axiomenmenge ableitbar, auch seine Negation $\neg(x \vee x)$ ist nicht
ableitbar.

Aus der Tatsache, daß eine aussagenlogische Formel genau dann ableitbar ist,
wenn ihre Interpretation für beliebige Belegungen **L** ergibt, folgt sofort die Kon-
sistenz:

Korollar. *Die aussagenlogische Theorie mit leerer Axiomenmenge ist konsistent.*
                                                                                    □

Bei allgemeinen Signaturen werden in formalen Systemen neben den Identifikatoren
und den Aussagen true und false noch weitere Grundterme der Sorte **bool** als konstante Aussagen (atomare elementare Aussagen) hinzugenommen. Solche Grundterme
dürfen in Gleichungen natürlich nicht durch beliebige Boolesche Terme ersetzt werden, wie das für Identifikatoren der Sorte **bool** möglich ist. Durch die Hinzunahme
von atomaren elementaren Aussagen ergeben sich sofort Beispiele für unvollständige
Theorien.

Die Aussagenlogik ist nicht nur ein fundamentales Beispiel für Informationssysteme. Sie ist darüber hinaus auch eine wichtige Grundlage für Programmiersprachen. In nahezu jeder Programmiersprache treten die Wahrheitswerte und die behandelten Abbildungen auf.

Die Wahrheitswerte, die Booleschen Abbildungen und Belegungen bilden ein
mathematisches Modell, die angegebenen Umformungsregeln und Schlußregeln ein
Ableitungssystem. Eine ähnliche formale Fundierung kann man für Programmiersprachen vornehmen.

2.4.2 Prädikatenlogik

In der Aussagenlogik wird eine Signatur betrachtet, in der nur Terme der Sorte **bool**
auftreten. Häufig werden jedoch logische Formeln im Zusammenhang mit allgemeine-

ren Signaturen verwendet. Dazu werden komplexere Formen von Booleschen Termen betrachtet. Bei diesen Termen handelt es sich in der Regel nicht nur um einfache Aussagen, sondern um Terme, die durch Anwendungen von Abbildungen auf Elemente gewisser Sorten mit Ergebnissen in der Menge der Wahrheitswerte entstehen. Eine Abbildung

$$p: M_1 \times ... \times M_n \to \mathbb{B}$$

von Tupeln über gegebenen Mengen $M_1, ... , M_n$ in die Menge der Wahrheitswerte heißt ein *n-stelliges Prädikat* oder eine n-stellige Boolesche Funktion über der Menge $M_1 \times ... \times M_n$. Jede Anwendung des Prädikats p auf Elemente $a_i \in M_i$ liefert einen Wahrheitswert $p(a_1, ..., a_n)$.

Beispiel (Prädikate). Die Aussage „x studiert Informatik", wobei x ein beliebiges Element aus einer gegebenen Menge M von Personen sei, definiert ein einstelliges Prädikat über M. Beispiele für zweistellige Prädikate sind die Prädikate $\leq$, $\geq$, $=$ für Zahlen, das Prädikat „$\in$" für Elemente und Mengen, die Mengeninklusion $\subseteq$ für Mengen. $\qquad\Box$

Alle Operationen auf Wahrheitswerten lassen sich zu Operationen auf der Menge der Prädikate über einer gegebenen Menge M erweitern. Jeder Boolesche Term t mit freien Identifikatoren $x_1, ..., x_n$ definiert ein Prädikat

$$p: \mathbb{B}^n \to \mathbb{B}$$

vermöge (sei β' eine beliebige vorgegebene Belegung)

$$p(b_1, ..., b_n) = I_\beta[t] \qquad \text{mit} \qquad \beta = \beta'[b_1/x_1, ..., b_n/x_n].$$

Die Menge der Prädikate über einer gegebenen Menge weist ähnliche Strukturen auf wie die Menge der Wahrheitswerte selbst. Alle logischen Operationen auf Wahrheitswerten übertragen sich durch punktweise Anwendung auf Prädikate. Die Gesetze der Booleschen Algebra gelten auch für Prädikate.

Eine weitere ausführlichere Behandlung spezieller Prädikate erfolgt in der Informatik unter dem Stichwort *Schaltfunktionen*.

Liegt ein Prädikat p über einer Menge M vor, so ist eine naheliegende Möglichkeit, p in eine elementare Aussage zu verwandeln, gegeben durch die Aussageform:

„für alle $x \in M$ gilt $p(x)$"

oder

„für (mindestens) ein $x \in M$ gilt $p(x)$".

Ist die erste obige Aussage wahr, so heißt das Prädikat p *allgemeingültig*, gilt die zweite Aussage, so heißt p *erfüllbar*. Im folgenden werden Aussagen der obigen Form formal als Terme der Prädikatenlogik eingeführt.

Sei $\Sigma = (S, F)$ eine Signatur, die unter anderem die Sorte **bool** und die Booleschen Operatoren $\neg$, $\lor$, $\land$, $\Rightarrow$, $\Leftrightarrow$ (in Infixschreibweise) umfaßt. Dann beschreibt $W_\Sigma^{\textbf{bool}}(X)$ die Menge der Booleschen Terme mit Operationssymbolen aus F und freien Identifikatoren aus der Familie von Mengen von Identifikatoren X.

Sei t eine Formel mit freien Identifikatoren aus der Familie von Mengen von Identifikatoren X und sei m die Sorte der Trägermenge M, die auch die Menge der möglichen Werte für den Identifikator $x \in X$ sei, dann ist

$$\forall \ m \ x : t \qquad \text{(oder auch } \forall \ x \in M: t)$$

und

$$\exists \ m \ x : t \qquad \text{(oder auch } \exists \ x \in M: t)$$

eine prädikatenlogische Formel. „$\forall$" heißt *Allquantor*, „$\exists$" heißt *Existenzquantor*. Wir sagen, daß in den obigen Formeln der Identifikator x nicht frei, sondern „*gebunden*" auftritt. Der Identifikator x heißt in den obigen Formeln durch die Quantoren gebunden, weil er in einer Substitution von x durch Terme hier nicht ersetzt wird. Dies drücken folgende Regel aus:

$$(\forall \ m \ x : t)[t'/x] = \forall \ m \ x : t,$$
$$(\exists \ m \ x : t)[t'/x] = \exists \ m \ x : t \ .$$

Die Formel

$$\forall \ m \ x: t$$

entspricht der Aussage: „Für alle Elemente x $(\neq \perp)$ der Sorte **m** gilt die Aussage t". Die Formel

$$\exists \ m \ x: t$$

entspricht der Aussage: „Es existiert ein Element x $(\neq \perp)$ der Sorte **m**, für das die Aussage t gilt".

Man spricht bei Formeln der obigen Form von „*Quantifizierung*". Man beachte, daß es durch die zusätzliche Angabe der Sorte **m** in der Quantifizierung auch möglich wird, eine Menge von Identifikatoren flexibel zu verwenden, für die die Sorte nicht von vornherein festgelegt ist. Die Festlegung der Sorte erfolgt dann nach Bedarf in der Quantifizierung.

Beispiele (Prädikatenlogische Ausdrücke mit Quantoren)

(1) $\forall$ **bool** x : x $\vee$ ¬x,
(2) $\exists$ **bool** x : x,
(3) $\forall$ **nat** n: $\exists$ **nat** m: n < m,
(4) $\exists$ **nat** m: $\forall$ **nat** n: n < m.

Die Aussagen (1) – (3) sind bezüglich der Rechenstruktur **BOOL** beziehungsweise **NAT** gültig, die Aussage (4) ist nicht gültig.   □

Man kann den Allquantor über die Negation durch den Existenzquantor ausdrücken und umgekehrt. Dies ersieht man aus den Gesetzen:

$$(\forall \ m \ x: t) = (\neg \ \exists \ m \ x: \neg \ t),$$
$$(\exists \ m \ x: t) = (\neg \ \forall \ m \ x: \neg \ t).$$

Für Ableitungen von prädikatenlogischen Formeln über der Signatur $\Sigma = (S, F)$ können folgende vier Ableitungsregeln verwendet werden. Wir nehmen in bezug auf den Ableitungsbegriff die Signatur Σ zu den Axiomen hinzu, um zwischen

Konstanten (Identifikatoren in der Signatur) und freien Identifikatoren unterscheiden zu können (sei M die Trägermenge zur Sorte **m**; aus Gründen der Einfachheit nehmen wir M $\neq \emptyset$ an):

(1) Gilt $(\Sigma, H) \vdash$ t und ist x nicht frei in den Formeln in H und nicht Funktionssymbol in Σ, so gilt:

$(\Sigma, H) \vdash \forall$ **m** x: t .

(2) Sei t1 ein Term der Sorte **m**, wobei t1 $\neq \perp$, gilt $(\Sigma, H) \vdash \forall$ **m** x: t, dann gilt:

$(\Sigma, H) \vdash$ t[t1/x] .

(3) Gilt $(\Sigma, H) \vdash$ t[t1/x] für einen Term t1 der Sorte **m**, wobei t1 $\neq \perp$, dann gilt:

$(\Sigma, H) \vdash \exists$ **m** x: t .

(4) Gegeben die Signatur Σ = (S, F) mit **fct** x = **m** und Σ' = (S, F \{x}); gilt $(\Sigma', H) \vdash \exists$ **m** x: t, dann gilt, falls x nicht frei in H:

$(\Sigma, H) \vdash$ t .

Die Ableitungsregeln für die Aussagenlogik können auf die Ebene der Prädikatenlogik übertragen werden. Gilt

H $\vdash$ t

im aussagenlogischen Sinn, so gilt auch

$(\Sigma, H) \vdash$ t

im prädikatenlogischen Sinn.

Die Regeln für die Menge der mit All- und Existenzquantoren gebildeten prädikatenlogischen Formeln über einer Signatur bilden den Kalkül der Prädikatenlogik erster Stufe. Für eine ausführlichere Behandlung des prädikatenlogischen Kalküls empfiehlt sich MANNA 1974 oder LOECKX, SIEBER 1984.

Wie bereits erwähnt, heißen Identifikatoren wie der Identifikator x in der prädikatenlogischen Formel

$\forall$ **m** x: t,

gebundene Identifikatoren. Gebundene Identifikatoren können umbenannt werden, ohne daß sich die Bedeutung der prädikatenlogischen Terme ändert. Es gilt das Gesetz der Umbennung:

$(\forall$ **m** x: t) = $\forall$ **m** y: (t[y/x])   falls y nicht frei in t vorkommt,
$(\exists$ **m** x: t) = $\exists$ **m** y: (t[y/x])   falls y nicht frei in t vorkommt.

Dies heißt, daß durch Umbennung gebundener Identifikatoren auseinander hervorgegangene prädikatenlogische Formeln semantisch äquivalent sind.

Allerdings ist die Substitutionsregel für quantifizierte prädikatenlogische Terme etwas komplizierter. Die Substitution in prädikatenlogischen Termen mit Quantoren ist durch folgende Gleichungen beschrieben:

$(\forall$ **m** x: t)[t'/x] = $\forall$ **m** x: t ,

$(\forall$ **m** x: t)[t'/y] = $\forall$ **m** x: (t[t'/y]), falls x und y verschiedene Identifikatoren
                                                            sind und x nicht frei in t' vorkommt.

Kommt x frei in t' vor, so muß vor der Substitution der gebundene Identifikator x in $\forall$ **m** x: t mit Hilfe der oben angegebenen Gesetze der Umbenennung umbenannt werden, damit die Substitution ($\forall$ **m** x: t)[t'/y] vorgenommen werden kann.

Sei A eine Rechenstruktur der Signatur Σ. Sei **m** eine Sorte mit Trägermenge M und p ein Prädikat

$$p: M \rightarrow \mathbb{B}.$$

Der prädikatenlogischen Formel

$$\forall\ \mathbf{m}\ x: p(x)$$

ordnet man den Wahrheitswert „wahr" zu, falls für alle a $\in$ M der Wert von p(a) wahr ist, sonst falsch; der Formel

$$\exists\ \mathbf{m}\ x: p(x)$$

ordnen wir den Wert „wahr" zu, falls es ein Element a $\in$ M gibt, so daß p(a) wahr ist, sonst ist der Wert von p(a) „falsch". Es gilt also:

$$I_\beta[\forall\ \mathbf{m}\ x: t] = \begin{cases} \mathbf{L} & \text{falls für alle } a \in M \text{ (mit } a \neq \perp\text{): } I_{\beta[a/x]}[t] = \mathbf{L} \\ \mathbf{O} & \text{sonst} \end{cases}$$

$$I_\beta[\exists\ \mathbf{m}\ x: t] = \begin{cases} \mathbf{L} & \text{falls für ein } a \in M \text{ (mit } a \neq \perp\text{): } I_{\beta[a/x]}[t] = \mathbf{L} \\ \mathbf{O} & \text{sonst} \end{cases}$$

Die Prädikatenlogik ist ein wichtiges Werkzeug im Zusammenhang mit der Spezifikation und Verifikation von Algorithmen und Programmen. Das in prädikatenlogischen Termen verwendete Konzept der Bindung von Identifikatoren und die auftretenden Umbenennungsregeln finden sich in analoger Form auch in Programmiersprachen wieder.

3. Programmiersprachen und Programmierung

Zur Erstellung, zur Verbesserung der Lesbarkeit und zur einfacheren Darstellung von Algorithmen, die durch elektronische Rechenanlagen ausgeführt werden, werden Programmiersprachen verwendet. Ein Programm repräsentiert einen Algorithmus, bzw. eine Familie von Algorithmen. In einem Programm werden in der Regel eine Reihe von Rechenstrukturen verwendet, auf denen die Algorithmen arbeiten. Häufig enthält ein Programm Vereinbarungen von Sorten und Funktionssymbolen, die Bestandteile der verwendeten Rechenstrukturen bilden. Programmiersprachen sind insbesondere so gestaltet, daß durch Programme formulierte Algorithmen auf Rechenanlagen ausgeführt werden können.

Mittlerweile existiert eine Vielzahl von sehr unterschiedlich konzipierten Programmiersprachen. Im folgenden werden die gebräuchlichsten Sprachkonzepte von Programmiersprachen in einem allgemeinen notationellen Rahmen eingeführt. Bewußt wird dabei auf die Behandlung einer konkreten Programmiersprache und ihrer Eigentümlichkeiten verzichtet.

Programmiersprachen besitzen Ähnlichkeiten zu natürlichen Sprachen, aber auch zu mathematischen Formeln. Durch eine Programmiersprache wird eine Schreibweise für Programme festgelegt. Für die Beherrschung einer Programmiersprache sind allerdings nicht nur Kenntnisse der Schreibweise für Programme erforderlich, sondern darüber hinaus Kenntnisse über die Bedeutung der Sprachkonzepte.

Die äußere Form der Programme einer Programmiersprache, d.h. die Aufschreibung der Programme, wird durch ihre *Syntax* festgelegt. Sie definiert eine formale Sprache. Diese wird schematisch durch gewisse „grammatikalische" Regeln ähnlich den Textersetzungssystemen beschrieben. Kompliziertere zusätzliche Bedingungen über die Wohlgeformtheit („Kontextbedingungen", „Nebenbedingungen") von Programmen werden durch spezielle Prädikate formuliert.

Die Kenntnis der formalen Sprache und der Kontextbedingungen genügt zwar, um die „syntaktische Korrektheit" eines Programmes zu bestimmen, reicht aber nicht aus, um seine Funktion und Wirkungsweise zu verstehen. Die Bedeutung und Wirkungsweise der Programme einer Programmiersprache wird durch die Angabe einer *Semantik* präzisiert, durch eine Festlegung der Bedeutung der einzelnen Sprachelemente.

3.1 Syntax: Beschreibung formaler Sprachen durch BNF

Die Syntax einer Programmiersprache wird über einer Menge von Grundsymbolen C festgelegt, die zur Formulierung von Programmen zur Verfügung stehen. Über diesen Grundsymbolen wird eine Teilmenge $S \subseteq C^*$ als Sprache ausgezeichnet; S heißt Syntax. Die Syntax beschreibt die Menge der Zeichenreihen, die äußerlich wohlgeformte Programme darstellen.

Die Menge der syntaktisch korrekten Programme, das sind die in korrekter äußerer Form abgefaßten Programme, bildet eine *formale Sprache*. Für die einfache, eindeutige Beschreibung einer formalen Sprache wird ein spezieller Formalismus mit einer festgelegten Notation verwendet.

3.1.1 BNF-Notation

Zur Definition von formalen Sprachen für die Festlegung der kontexfreien Syntax einer Programmiersprache wird im folgenden die sogenannte *BNF-Notation* (Backus-Naur-Form) eingeführt. Die BNF-Notation erlaubt es insbesondere, Ausdrücke zu schreiben, die Mengen von Zeichenreihen, d.h. formale Sprachen, repräsentieren. Diese Ausdrücke nennt man aufgrund ihres einfachen Aufbaus auch *reguläre Ausdrücke*.

Beispiel (Dezimalschreibweise als regulärer Ausdruck). Die Menge der Zeichenreihen, die ganze Zahlen in Dezimalschreibweise ohne führende Nullen darstellen, läßt sich wie folgt beschreiben:

$$0 \mid [\{-\} [1\mid 2\mid 3\mid 4\mid 5\mid 6\mid 7\mid 8\mid 9] \{0\mid 1\mid 2\mid 3\mid 4\mid 5\mid 6\mid 7\mid 8\mid 9\}*]$$

Die so beschriebene formale Sprache läßt sich verbal wie folgt beschreiben: Eine ganze Zahlen in Dezimalschreibweise wird dargestellt durch das Zeichen „0" oder durch eine Zeichenreihe, die mit dem Zeichen „–" beginnen kann (das Zeichen kann aber auch weggelassen werden) und dann mit einer Ziffer $\neq 0$ fortsetzt wird. Darauf kann eine beliebige (endliche) Sequenz von Ziffern folgen. $\square$

Sei C eine Menge von Zeichen, genannt *Terminalzeichen*. Reguläre Ausdrücke über einer Zeichenmenge C definieren formale Sprachen, d.h. Teilmengen von C^*. Im folgenden werden die einzelnen Elemente der regulären Ausdrücke und deren Bedeutung angegeben.

(0) *Terminale Zeichen:* Sei c ein Zeichen aus der Menge C der Terminalzeichen, dann ist

    c

ein regulärer Ausdruck mit Sprache {‹c›}.

(1) *Vereinigung:* Seien R und Q reguläre Ausdrücke mit Sprachen X und Y; dann bezeichnet

    R ∣ Q

einen regulären Ausdruck mit Sprache $X \cup Y$.

(2) *Konkatenation:* Seien R und Q reguläre Ausdrücke mit Sprachen X und Y;
dann bezeichnet

    RQ

einen regulären Ausdruck mit Sprache $\{x \circ y : x \in X, y \in Y\}$.

(3) *Option, Iteration, Klammerung, leere Sprache:* Sei R ein regulärer Ausdruck mit
Sprache X; dann bezeichnet

    (a) $\{R\}$

einen regulären Ausdruck mit Sprache $X \cup \{\varepsilon\}$,

    (b) $\{R\}^*$

einen regulären Ausdruck mit Sprache

$$\{x_1 \circ \ldots \circ x_n : n \in \mathbb{N} \wedge x_1, \ldots, x_n \in X\},$$

    (c) $\{R\}^+$

einen regulären Ausdruck mit Sprache

$$\{x_1 \circ \ldots \circ x_n : n \in \mathbb{N} \wedge n > 0 \wedge x_1, \ldots, x_n \in X\},$$

    (d) $[R]$

einen regulären Ausdruck mit Sprache X,

    (e) $\{\ \}$

einen regulären Ausdruck mit Sprache $\varnothing$.

Neben der Verwendung von regulären Ausdrücken zur Beschreibung von formalen
Sprachen erlaubt die BNF-Notation die Einführung von Bezeichnungen für formale
Sprachen.

Sei eine Menge von Bezeichnungen gegeben. Sei e eine beliebige Bezeichnung
und R ein regulärer Ausdruck. Zur besseren Lesbarkeit begrenzen wir die
Bezeichnung e mit Klammern „‹" und „›". ‹e› heißt dann *syntaktische Einheit*. Durch
die *BNF-Regel*

    ‹e› ::= R

wird vereinbart, daß die syntaktische Einheit ‹e› für die formale Sprache steht, die
durch den regulären Ausdruck R beschrieben wird. Die Symbole der Form ‹...›
heißen *Nonterminale*, die Zeichen aus C heißen *Terminale* (auch *Terminalzeichen*).

Damit können die Bezeichnungen als Abkürzungen für reguläre Ausdrücke eingeführt werden. Insbesondere erlauben wir das Auftreten von syntaktischen Einheiten in
regulären Ausdrücken. Sie stehen dann für die in der Vereinbarung an die syntaktische Einheit gebundene formale Sprache.

Beispiel (Dezimalschreibweise in BNF-Beschreibung). Die Menge der Zeichenreihen,
die Zahlen in Dezimalschreibweise ohne führende Nullen darstellen, läßt sich wie
folgt beschreiben:

⟨dezimal_zahl⟩ ::= [0 | [[{−} ⟨pziffer⟩ {⟨ziffer⟩}*] { . {⟨ziffer⟩}* ⟨pziffer⟩}]
⟨ziffer⟩ ::= 0 | ⟨pziffer⟩
⟨pziffer⟩ ::= 1 | 2 | 3 | 4 | 5 | 6 | 7 | 8 | 9

Durch diese Vereinbarungen wird festgelegt, daß die Bezeichnungen (die syntaktischen Einheiten) ⟨dezimal_zahl⟩, ⟨ziffer⟩ und ⟨pziffer⟩ für die auf der rechten Seite angegebenen regulären Ausdrücke stehen.   □

Im obigen Beispiel stehen die syntaktischen Einheiten als Abkürzungen für reguläre Ausdrücke. Durch Einsetzen der entsprechenden regulären Ausdrücke können die syntaktischen Einheiten in den rechten Seiten eliminiert werden. Dies gilt nicht mehr, wenn man erlaubt, daß in der BNF-Regel

⟨e⟩ ::= R

die syntaktische Einheit ⟨e⟩ im regulären Ausdruck R wieder auftritt. Wir sprechen von *rekursiven BNF-Regeln*. Durch rekursive BNF-Regeln lassen sich gewisse formale Sprachen beschreiben, die durch reguläre Ausdrücke nicht mehr dargestellt werden können. Beispiele sind Sprachen, die Klammerstrukturen aufweisen.

Im folgenden Beispiel wird für die syntaktische Einheit ⟨arith_exp⟩ die Sprache der arithmetischen Ausdrücke vereinbart.

Beispiel (Arithmetische Ausdrücke in BNF). Die Sprache der arithmetischen Ausdrücke über den ganzen Zahlen mit Operationssymbolen +, − und * bildet eine formale Sprache über den Zeichen

$\{0, ..., 9, (,), +, -, *\}.$

Diese Sprache wird durch folgende BNF-Regeln der syntaktischen Einheit ⟨arith_exp⟩ zugeordnet:

⟨arith_exp⟩ ::= ⟨zahl⟩ | (⟨arith_exp⟩) | ⟨arith_exp⟩ [+ | − | *] ⟨arith_exp⟩
⟨zahl⟩ ::= [⟨ziffer⟩ {⟨ziffer⟩ | 0}*] | 0
⟨ziffer⟩ ::= 1 | 2 | 3 | 4 | 5 | 6 | 7 | 8 | 9

Hier ist die formale Sprache, die mit dem Nonterminal ⟨zahl⟩ verbunden wird, so gewählt, daß Ziffernfolgen mit führenden Nullen nicht zugelassen sind.   □

Häufig werden, wie im obigen Beispiel, Systeme von rekursiven BNF-Regeln zur Vereinbarung von syntaktischen Einheiten für formale Sprachen betrachtet. Für die Vereinbarung der syntaktischen Einheiten ⟨e_1⟩,..., ⟨e_n⟩ für die durch die regulären Ausdrücke R_1, ..., R_n beschriebenen formalen Sprachen schreibt man:

⟨e_1⟩ ::= R_1

...

⟨e_n⟩ ::= R_n

Die R_1, ..., R_n seien beliebige reguläre Ausdrücke. Treten in R_1, ..., R_n keine Nonterminale auf, so kann man diese Regeln als Einführung (*Deklaration*) der Nonterminale ⟨e_i⟩ als Abkürzungen für die durch R_i beschriebenen Sprachen verstehen.

Treten die Nonterminale $\langle e_1 \rangle$, ..., $\langle e_n \rangle$ selbst wieder in den regulären Ausdrücken R_1,..., R_n auf, so sprechen wir von einem System von rekursiven Vereinbarungen für die Nonterminale $\langle e_1 \rangle$, ..., $\langle e_n \rangle$ durch die regulären Ausdrücken R_1, ..., R_n.

Durch die rekursiven BNF-Regeln wird vereinbart, daß die Nonterminale $\langle e_1 \rangle$, ..., $\langle e_n \rangle$ jeweils für bestimmte formale Sprachen X_1, ..., X_n stehen. Wir legen fest, daß die Nonterminale $\langle e_1 \rangle$, ..., $\langle e_n \rangle$ die (in der Mengeninklusion) kleinsten Mengen X_1, ..., X_n von Zeichenfolgen über C repräsentieren, für die folgende Gleichungen

$$\langle e_1 \rangle = R_1$$
$$\dots$$
$$\langle e_n \rangle = R_n$$

erfüllt sind. Diese Gleichungen entsprechen Gleichungen zwischen formalen Sprachen X_i, wenn man mit den Nonterminalen $\langle e_i \rangle$ die formale Sprachen X_i verbindet. Man beachte, daß kleinste formale Sprachen, d.h. kleinste Mengen von Zeichenreihen, die Gleichungen der angegeben Form erfüllen, stets existieren und wohldefiniert sind (eindeutig bestimmt sind). Mathematisch ausgedrückt verbindet man mit den Nonterminalen $\langle e_1 \rangle$, ..., $\langle e_n \rangle$ die im Sinne der Mengeninklusion kleinsten formalen Sprachen X_1, ..., X_n, die eine Lösung (auch Fixpunkt genannt) der obigen Gleichungen bilden.

Diese Mengen X_1, ..., X_n kann man auch durch *induktive Definitionen* charakterisieren. Dazu führt man durch folgende Festlegung Folgen von regulären Ausdrücken R_1^i, ... , R_n^i ein ($i \in \mathbb{N}$):

$$R_j^0 ::= \{ \ \},$$
$$R_j^{i+1} ::= R_j[R_1^i/\langle e_1 \rangle, \dots , R_n^i/\langle e_n \rangle] \qquad \text{mit} \quad 1 \le j \le n \ .$$

Hier bezeichnet $R_j[R_1^i/\langle e_1 \rangle, \dots , R_n^i/\langle e_n \rangle]$ den regulären Ausdruck, der aus R_j entsteht, indem man die syntaktischen Einheiten $\langle e_1 \rangle$, ... , $\langle e_n \rangle$ durch die regulären Ausdrücke R_1^i, ... , R_n^i ersetzt. Durch diese Definitionen erhält man Folgen von formalen Sprachen X_j^i für die regulären Ausdrücke R_j^i. Wir definieren nun die formalen Sprachen X_j, die durch obiges System von BNF-Regeln mit den Nonterminalen $\langle e_1 \rangle$, ..., $\langle e_n \rangle$ verbunden werden, durch folgende unendliche Vereinigung:

$$X_j =_{\text{def}} \bigcup_{i \in \mathbb{N}} X_j^i \ .$$

Ein Wort ist demnach ein Element der formalen Sprache X_j, wenn es für ein $i \in \mathbb{N}$ in der formalen Sprache X_j^i enthalten ist. Für eine rekursive Deklaration von Nonterminalen können somit entweder über die Auffassung als Fixpunktgleichung oder über die induktive Definition den Nonterminalen formale Sprachen zugeordnet werden. Beide Auffassungen führen auf die gleichen formalen Sprachen für die Nonterminale.

Sollen formale Sprachen beschrieben werden, die selbst die für die BNF-Schreibweise verwendeten Symbole wie ::=, [,], |, {, } enthalten, so hilft folgende Konvention. Symbole, die in der durch die BNF-Notation beschriebenen Sprache selbst als Zeichen verwendet werden, kennzeichnet man wie folgt durch Unterstreichungen:

$$::= , \ [, \ ], \ |, \ \{, \ \}, \ *, \ +$$

um Mißverständnisse zu vermeiden. Damit läßt sich insbesondere die BNF-Notation selbst in BNF-Notation beschreiben.

Beispiel (BNF-Notation in BNF-Beschreibung). Die BNF-Notation bildet selbst eine formale Sprache, die wieder durch BNF-Regeln beschrieben werden kann:

<BNF–Notation> ::= { <BNF–Regel> }$^+$

<BNF–Regel> ::= <Syntaktische_Einheit> ::= <Regulärer_Ausdruck>

<Regulärer_Ausdruck> ::=   <Terminalzeichen> |

         <Syntaktische_Einheit> |

         <Regulärer_Ausdruck> | <Regulärer_Ausdruck> |

         <Regulärer_Ausdruck> <Regulärer_Ausdruck> |

         { <Regulärer_Ausdruck> } |

         { <Regulärer_Ausdruck> }* |

         { <Regulärer_Ausdruck> }$^+$ |

         [<Regulärer_Ausdruck>] |

         { }   □

Die Beschreibung von formalen Sprachen kann allgemein durch sogenannte *Grammatiken* erreicht werden. Die BNF-Notation stellt eine spezielle Beschreibungsform für bestimmte solcher Grammatiken dar, die *kontextfreie Grammatiken* genannt werden.

3.1.2 Syntaxdiagramme

Eine spezielle, zur BNF-Notation verwandte Form der Beschreibung formaler Sprachen stellen Syntaxdiagramme dar. Die graphische Darstellung erlaubt unter Umständen eine übersichtlichere Beschreibungsform von Sprachen. Im folgenden wird lediglich ein Beispiel betrachtet.

Beispiel (Syntaxdiagramm (aus der Pascal-Syntax)). Die syntaktische Einheit <program> kann durch das in Abb. 3.1 angegebene Syntaxdiagramm erklärt werden.

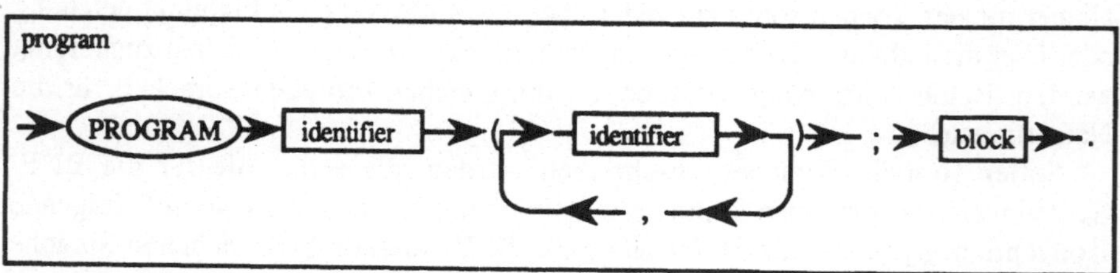

Abb. 3.1. Syntaxdiagramm

Jeder endliche Weg durch das Diagramm liefert eine durch das Syntaxdiagramm als syntaktisch zulässig spezifizierte Zeichenfolge. Ein endlicher Weg entspricht einer endlichen Folge von Zeichen, die beim Durchlaufen des Diagramms entlang der Kanten aufgesammelt werden. Die eckigen Kästen enthalten Nonterminale, die Kreise oder Ovale Terminale. Das obige Syntaxdiagramm entspricht folgender Deklaration in BNF-Schreibweise:

<program> ::= PROGRAM <identifier> (<identifier> {, <identifier>}*); <block>.

Dieses Beispiel demonstriert, was allgemein gilt: Jedes Syntaxdiagramm läßt sich systematisch in eine BNF-Darstellung überführen. $\square$

Es existieren natürlich noch eine Reihe weiterer Formalismen zur Beschreibung formaler Sprachen. Diese werden in einem späteren Abschnitt über formale Sprachen ausführlicher und systematisch behandelt.

3.1.3 Kontextbedingungen

Die Angabe von BNF-Regeln erlaubt es, die Struktur derjenigen Zeichenreihen, die als Programme aufgefaßt werden sollen, schematisch zu beschreiben. Für Zeichenreihen, die als Programme aufgefaßt werden sollen, existieren jedoch in der Regeln noch eine Reihe von weiteren syntaktischen Anforderungen, die sich nur umständlich oder überhaupt nicht durch BNF-Regeln beschreiben lassen. Dementsprechend formuliert man zusätzlich zur der BNF-Beschreibung der Syntax einer Programmiersprache eine Reihe von Nebenbedingungen, die zusätzliche Wohlgeformtheitsbedingungen für Programme darstellen.

Für die Beschreibung der Syntax werden also zusätzlich zu den BNF-Regeln, die eine formale Sprache S beschreiben, für die Elemente dieser Sprache gewisse Bedingungen (genannt *Kontextbedingungen*) angegeben, die erfüllt sein müssen, um eine Zeichenreihe t $\in$ S als sinnvolles Programm auffassen zu können. Die Teilmenge S0 $\subseteq$ S von Termen, die diese Bedingungen erfüllen, nennen wir die Menge der *syntaktisch kontextkorrekten Programme*.

Die Kontextbedingungen werden für die im folgenden eingeführten Beispiele für programmiersprachliche Elemente umgangssprachlich beschrieben. Kontextbedingungen lassen sich jedoch auch formal durch Prädikate

con: S $\rightarrow$ B

auf der durch die BNF-Regeln beschriebenen formalen Sprache angeben. Da Kontextbedingungen für Programmiersprachen in der Regel wieder gewissen Schemata für die Beschreibung von Prädikaten genügen, die sich eng an die Struktur der BNF-Regeln anlehnen, existieren ähnlich zur Notation für BNF-Regeln auch Definitionsschemata für Kontextbedingungen. Der gebräuchlichste Beschreibungsmechanismus für Kontextbedingungen sind *attribuierte Grammatiken* (vgl. J. LOECKX, K. MEHLHORN, R. WILHELM).

3.2 Semantik

Zur unmißverständlichen Beschreibung der Semantik ist es von Vorteil, eine mathematische Beschreibungsform zu wählen, d.h. eine Zuordnung von mathematischen Objekten (wie Elemente aus gewissen Mengen und Funktionen) für die Konstrukte der Sprache. Es werden grundsätzlich zwei extreme Sichtweisen im Zusammenhang mit der Festlegung der Semantik unterschieden:

Funktionale Semantik:	Eine Beschreibung der Funktion eines Programms, d.h. eine Festlegung des Ein/Ausgabeverhaltens (extensionales oder beobachtbares Verhalten) heißt *funktionale Semantik.*
Operationale Semantik:	Eine Beschreibung der Abfolge der einzelnen Berechnungsschritte, die bei der Auswertung eines Programmes anfallen, heißt *operationale Semantik.*

Die funktionale Semantik eines Programmes läßt sich im allgemeinen durch Abstraktion, also durch Weglassen gewisser Einzelheiten, der Beschreibung aus der operationalen Semantik gewinnen.

Grundsätzlich läßt sich die Semantik (d.h. die Bedeutung) eines Programmes dadurch beschreiben, daß die spezielle Wirkungsweise des Programmes bei Ausführung auf einer konkreten elektronischen Rechenanlage angegeben wird. Programmiersprachen wurden aber gerade entwickelt, um die Formulierung von Algorithmen einheitlich für eine Vielzahl verschiedener Maschinen, unabhängig von der speziellen inneren Struktur einer Maschine, vornehmen zu können. Deshalb ist eine „maschinenunabhängige" Beschreibung von Algorithmen durch Programme und ebenfalls eine maschinenunabhängige Beschreibung der Bedeutung einer Programmiersprache von Interesse.

Bei der Konstruktion von Programmen zur Lösung einer vorliegenden Aufgabenstellung ist sicherzustellen, daß das schließlich erstellte Programm den Anforderungen entspricht, d.h. im Sinne der Aufgabenstellung korrekt ist. Die Korrektheit ist insbesondere bei umfangreicheren Programmstrukturen nicht offensichtlich. Der Nachweis der Korrektheit kann im Prinzip mit Hilfe der Semantik der Programmiersprache geführt werden. Allerdings sind viele Formen der Festlegung der Semantik einer Programmiersprache für diesen Nachweis praktisch wenig geeignet. Deshalb wird versucht, sowohl die Anforderungen an ein Programm, wie auch die Bedeutung eines Programms in einfacher zu handhabende logische Formeln zu übersetzen. Der Nachweis der Korrektheit kann dann durch logische Ableitung erfolgen. Dieses Vorgehen heißt *Programmverifikation.* Durch die Regeln zur Übersetzung von Programmen in logische Formeln wird implizit auch eine Festlegung der Semantik getroffen.

Neben der operationellen und der funktionalen Beschreibung der Semantik von Programmiersprachen sind also auch Beschreibungsformen von Interesse, die es erlauben, über Eigenschaften von Programmen Aussagen zu machen. Dazu kann man etwa logische Formeln angeben, die gewisse Eigenschaften der Konstrukte einer Programmiersprache festlegen („axiomatisieren"). Wir sprechen dann auch von *axiomatischer Semantik.* Mit Hilfe der Axiome und der Ableitungsregeln der Logik lassen sich dann Aussagen über Programme ableiten. Wir werden im folgenden zusätzlich zur operationellen Semantik und zur funktionalen Semantik eine Reihe von Axiomen in der Form von Gleichungen zwischen Programmausdrücken angeben. Die Gleichheit bezieht sich dabei stets auf die semantische Äquivalenz im Sinne der funktionalen Semantik.

3.3 Zur Implementierung von Programmiersprachen

Programmiersprachen dienen der Darstellung von Algorithmen in einer Form, so daß diese auf Rechenanlagen ausgeführt werden können. Zwar können die Maschinensprachen von Rechenanlagen, die sich aus den Befehlssätzen einer Rechenanlage ergeben, auch als Programmiersprachen eingesetzt werden. Allerdings sind in Maschinensprachen formulierte Algorithmen nahezu ebenso schwer lesbar und unübersichtlich wie durch Textersetzungssysteme beschriebene Algorithmen.

Deshalb verwendet man in der Regel nicht Maschinensprachen in der Programmierung, sondern allgemeinere Programmiersprachen. Um Programme, die in diesen Sprachen formuliert sind, auf Rechenanlagen ausführen zu können, setzt man entweder sogenannte *Übersetzer* (engl. *Compiler*) ein, die ein Programm in die vorliegende Maschinensprache übersetzen, oder man benutzt *Interpretierer*, die ein Programm unmittelbar ausführen. Sowohl Übersetzer wie auch Interpretierer sind selbst Programme, die ein Programm in der entsprechenden Programmiersprache als Eingabe akzeptieren und ein Programm in Maschinensprache ausgeben, bzw. das gegebene Programm auswerten (ausführen).

3.4 Methodik der Programmierung

Bei der Einführung der unterschiedlichen Sprachstile werden im folgenden eine Reihe von Programmiertechniken vorgestellt. Diese sollen nachfolgend knapp zusammengestellt werden. Bei der Erstellung von Programmen, insbesondere bei der Erstellung umfangreicherer Programmsysteme, sind eine Reihe von Prinzipien zu beachten, um die entstehenden Programme

- korrekt,
- lesbar,
- änderbar,
- wiederverwendbar,
- effizient

zu machen. Nur Disziplin, Systematik und Sorgfalt bei der Erstellung von Programmen kann den Entwurfsprozeß beherrschbar machen.

3.4.1 Prinzipien der Programmierung

Die Erstellung umfangreicher Programme ist eine komplexe Aufgabe. Zur besseren Beherrschbarkeit wird der Prozeß der Programmierung zweckmäßigerweise in kleine überschaubare Teilaufgaben mit klar definierten Zielen untergliedert. Diese Teilaufgaben sollten etwa umfassen:

- Eine genaue Festlegung der Aufgabenstellung:

  - Erfassung der im Anwendungsgebiet relevanten Grundbegriffe, Strukturen und Zusammenhänge (Systemanalyse),
  - Erfassung und Festlegung der Problemstellung (Anforderungsdefinition),
  - Erfassung etwaiger Nebenbedingungen.

- Machbarkeitsabschätzungen und gegebenenfalls Arbeitsplan,

- Aufspaltung der Aufgabenstellung in Teilaufgaben,
  - Festlegung der Rechenstrukturen,
  - genaue Festlegung der Funktion von Programmeinheiten (beispielsweise der Prozeduren),
  - Wahl der Datenstrukturen und der Algorithmen.

- Exakte Dokumentation der Programmeinheiten (beispielsweise der Prozeduren) durch
  - Angabe eines Stützgraphs,
  - Beschreibung der Funktion (Wirkung),
  - Angabe der Verwendungsform der Parameter,
  - Dokumentation von globalen Variablen.

Schon die geschickte Wahl der Bezeichnungen, der Reihenfolge der Parameter in Rechenvorschriften und der Reihenfolge der Aufschreibung der Deklarationen stellt ein wichtiges Mittel zur Verbesserung der Beherrschbarkeit von Programmen dar. Dabei sind folgende einfache Merkregeln zu beachten:

- Ein Programm wird in der Regel nur einmal geschrieben, aber mehrfach gelesen.
- Es sind stets (im Rahmen der geforderten Effizienz) die einfachsten und klarsten Lösungen zu verwenden.
- Es sollte niemals eine Idee in einem Programm verwendet werden, bevor man sie genau verstanden hat.
- Anforderungen, algorithmische Ideen und Implementierungsdetails sind so gut wie möglich getrennt zu betrachten.

Das Programmieren großer Systeme ist eine Aufgabe von beträchtlicher Komplexität. In der Praxis sind in der Regel folgende weiteren Teilprobleme zu lösen:

- Vorgaben und Wahl der Hardware, der Programmiersprachen und Werkzeuge,
- Integration mit vorhandenen Programmteilen,
- Wiederverwendung vorhandener Programmteile,
- Weiterentwicklung und Anpassung vorhandener Systeme,
- Terminvorgaben, Aufwands- und Kostenabschätzung.

Es muß ein Bestreben der Softwaretechnik sein, Entwurfsfehler so frühzeitig wie möglich zu erkennen und zu beseitigen, da die Kosten für Fehler und der Aufwand für deren Beseitigung drastisch ansteigen, je später ein Fehler erkannt wird.

3.4.2 Rechenstrukturen

Generell bietet sich an, beim Programmieren umfangreicherer Problemlösungen für Rechenstrukturen zwischen folgenden zwei Sichten zu unterscheiden:

– Benutzersicht (Schnittstelle),
– Sicht des Implementierers.

Aus der Sicht der Verwendung von Sorten in Programmen (Benutzersicht) ist weniger der innere Aufbau (die Datenstruktur) von den Datenelementen der entsprechenden Sorten von Bedeutung, als vielmehr die dafür zur Verfügung stehenden Operationen und ihre Wirkungsweise (*Abstrakte Datentypen, information hiding*).

Durch Sortenvereinbarungen lassen sich in Programmiersprachen Datenstrukturen definieren. In einer Datenstruktur werden Datenelemente durch ihren inneren Aufbau (ihre Struktur) charakterisiert. Zusätzlich ergeben sich Operationen. Dies bestimmt die Sichtweise der Implementierung von Rechenstrukturen.

Werden die unterschiedlichen Sichten konsequent eingehalten, so kann in einem Programmsystem

– die Implementierung einer Rechenstruktur nach Bedarf ausgewechselt werden, solange nur die Schnittstellenbeschreibung eingehalten wird,
– die Durchführung der Implementierung weitgehend unabhängig von der Entwicklung der Programme, die die Rechenstruktur benutzen, erfolgen.

Die Schnittstellenbeschreibung für eine Rechenstruktur besteht in der Angabe der verfügbaren Sorten und Funktionen (Signatur) und einer Beschreibung der geforderten Eigenschaften.

4. Applikative Programmiersprachen

Eine besondere Klasse der Programmiersprachen bilden die sogenannten *applikativen* oder *funktionalen* Programmiersprachen. Diese sind dadurch gekennzeichnet, daß für sie die Funktionsanwendung (Funktionsapplikation) das beherrschende Sprachelement ist.

4.1 Elemente rein applikativer Programmiersprachen

Da die Darstellung eines Algorithmus durch ein Reduktionssystem (Termersetzungssystem) für umfangreiche Aufgabenstellungen immer noch zu unübersichtlich wäre, verwendet man lieber eine formale Notation (eine Programmiersprache), für die man ein allgemeines Reduktionssystem angeben kann, das in einer Rechenanlage realisiert ist und somit die Ausführung von Programmen gestattet. Man schreibt dann Terme („Programme") über einer Signatur (den Elementen der Programmiersprache), für die man einen allgemeinen Auswertungsalgorithmus („Interpretierer") verfügbar hat. Damit repräsentiert jedes Programm (jeder Term der Programmiersprache) in gewisser Weise selbst wieder einen Algorithmus. Auf diese Weise kann man über einer gegebenen Rechenstruktur weitere Funktionen durch Algorithmen definieren.

Wie bereits erläutert, existieren zwei komplementäre semantische Sichten einer Programmiersprache. Zum einen kann man eine Programmiersprache als Möglichkeit verstehen, über den gegebenen Rechenstrukturen der algorithmischen Basis neue Ausdrücke und Funktionen zu formulieren. Dies ermöglicht es dem Programmierer, rein funktional zu arbeiten. Allerdings wählt man die Elemente einer Programmiersprache so, daß man über Algorithmen (beispielsweise durch Termersetzung) verfügt, die die Auswertung der in der Sprache formulierten Ausdrücke vornehmen. Auf einer Rechenanlage wird die Auswertung applikativer Programme in der Regel nicht durch Termersetzungssysteme, sondern durch auf einer Rechenanlage laufender Programme (genannt Interpretierer) vorgenommen.

Funktionale Programme bestehen in der Regel aus der Deklaration einer Anzahl von Funktionen und der Angabe eines Ausdrucks, der mit Hilfe dieser Funktionen gebildet ist. Eine Ausführung des Programms besteht in der Auswertung des angegebenen Ausdrucks.

Beispiel (Fakultätsfunktion). Mathematisch läßt sich die Fakultätsfunktion induktiv wie folgt spezifizieren: Die Fakultätsfunktion ist eine Abbildung

$$.! : N \rightarrow N$$

in Postfixschreibweise. Es gelten die Gleichungen

$$0! = 1,$$
$$(n+1)! = (n+1) * (n!).$$

Es existiert genau eine Funktion, die Fakultätsfunktion, die diese Gleichungen erfüllt, d.h. die Gleichungen legen die Funktion eindeutig fest. Die Fakultätsfunktion ist somit durch die Gleichungen eindeutig beschrieben. Auf eine ähnliche Definition der Fakultätsfunktion führt die Zusammenfassung der beiden Gleichungen in eine direkte Fallunterscheidung:

$$n! = \begin{cases} 1 & \text{falls } n = 0 \\ n * ((n-1)!) & \text{falls } n > 0 \end{cases}$$

In der Programmiersprache Pascal[1] wird sehr ähnlich (mit fac(n) = n!) geschrieben:

```
function fac (n: integer):  integer;
     begin if  n = 0    then    fac := 1
                        else    fac := n * fac(n–1)
     end
```

In der Programmiersprache Modula-2 liest sich diese Funktionsvereinbarung wie folgt:

```
PROCEDURE  fac (n: CARDINAL):  CARDINAL;
    BEGIN      IF  n = 0  THEN    RETURN 1
                          ELSE    RETURN n * fac(n–1)
               END
    END fac                                                □
```

In diesem Beispiel wird deutlich, wie eine Funktion, verbunden mit dem Funktionssymbol fac, eingeführt werden kann. Dabei werden eine Reihe gegebener „primitiver" Funktionssymbole und Operationen vorausgesetzt. Im Beispiel der Fakultätsfunktion sind dies Identitätsvergleich = (genauer der Vergleich auf Null = 0), Multiplikation * und Subtraktion –. Eine besondere Stellung nimmt die Fallunterscheidung **if-then-else-fi** ein. Sie wird nicht als (nichtstrikte) Funktion aufgefaßt, sondern als Element der applikativen Sprache.

In applikativen oder funktionalen Sprachen ist die Funktionsanwendung, bzw. der Funktionsbegriff zentrales Sprachelement. Ein Programm besteht im wesentlichen aus der Definition einer Reihe von Funktionen und deren Applikation in Termen. Terme, die nur Operationssymbole aus der gegebenen Rechenstruktur (aus der algorithmischen Basis) umfassen, heißen *primitive Terme*. Terme, die auch Sprachelemente von applikativen Programmiersprachen umfassen, heißen *Ausdrücke*. So stellt im obigen Beispiel ein Term der Form

mult(1,..., mult(n–1, n)...)

einen primitiven Term dar, ein Term der Form

fac(n)

jedoch einen (nichtprimitiven) Ausdruck.

---

[1] Man beachte, daß in Pascal keine Sorte für natürliche Zahlen vorgesehen ist. Deshalb wird hier die Sorte der ganzen Zahlen benutzt. Für negative Zahlen terminiert die Rechenvorschrift allerdings nicht.

4.1.1 Syntax von Ausdrücken und primitive Rechenstrukturen

Es wird nun eine formale Sprache der Ausdrücke (engl. „expression") in Programmen eingeführt. Die Sprache der Ausdrücke wird in BNF-Notation wie folgt beschrieben:

```
‹exp›    ::=  ‹id› | ⊥ |
              ‹function application› |
              ‹conditional expression› |
              (‹exp›) |
              ‹monad op› ‹exp› |
              ‹exp› ‹dyad op› ‹exp› |
              ‹section›
‹monad op› ::= − | ¬
‹dyad op› ::= + | − | * | ÷ | < | ≤ | ≟ | > | ≥ | ∧ | ∨ | ⇒ | ⇐ | ⇔ | ∘
```

Ein Ausdruck ist demnach ein Identifikator, eine Funktionsapplikation, ein bedingter Ausdruck oder ein mit Infix- oder Präfixnotation gebildeter Ausdruck. Die syntaktische Einheit ‹section› dient der Einführung lokaler Deklarationen und wird erst später behandelt.

Die BNF-Regeln beschreiben den syntaktischen Aufbau von Ausdrücken. Darüber hinaus werden noch eine Reihe weiterer syntaktischer Bedingungen (Kontextbedingungen) gefordert. Im folgenden wird unter anderem vorausgesetzt, daß sich jedem Ausdruck der betrachteten Programmiersprache (im allgemeinen in Abhängigkeit von der Zuordnung von Sorten zu den auftretenden Identifikatoren) genau eine Sorte zuordnen läßt. Diese Sorte charakterisiert die Menge der Elemente, die als Werte des Ausdrucks in Frage kommen. Programmiersprachen mit dieser Eigenschaft heißen auch „stark typisierte Sprachen". Durch die starke Typisierung lassen sich eine Reihe von Programmierfehlern, die auf Ausdrücke führen, denen keine Sorte zugeordnet werden kann, mechanisch erkennen. Darüber hinaus unterstützt die Typisierung eine stärkere Strukturierung von Programmen. Typisierungsbedingungen sind typische Beispiele für Kontextbedingungen.

4.1.2 Beschreibung der Bedeutung von Ausdrücken

Grundsätzlich sind, wie bereits erwähnt, zwei komplementäre Beschreibungen der Bedeutung („Semantik") von Programmiersprachen von Interesse:

(1) eine operative, auswertungsorientierte Beschreibungsform, die einen Algorithmus für die Auswertung von Ausdrücken angibt;

(2) eine funktionale Beschreibungsform, die in mathematischer Weise jedem Ausdruck ein mathematisches Element zuordnet.

(1) entspricht der operationalen Semantik, (2) entspricht der funktionalen Semantik. Dementsprechend werden für Ausdrücke der applikativen Sprache folgende beiden Semantiken definiert:

(1) Eine *Termersetzungssemantik*, die durch einen Termersetzungsalgorithmus dargestellt wird, der Ausdrücke (unter gewissen Nebenbedingungen) in eine Normalform (primitive Form) bringt.

(2) Eine *Interpretationsfunktion* I, die Ausdrücke der Programmiersprache auf mathematische Elemente abbildet.

Es wird dabei vorausgesetzt, daß eine „primitive" Rechenstruktur A mit einer Signatur $\Sigma = (S, F)$ gegeben ist, so daß jede Trägermenge s^A zu einer Sorte s in A das Element $\bot$ enthält. Weiter wird angenommen, daß ein Termsetzungssystem R über Σ gegeben ist. Ferner wird eine Menge ID von Identifikatoren als gegeben vorausgesetzt. Sie entsprechen der formalen Sprache, die mit der syntaktischen Einheit ‹id› verbunden ist. Es werden die Mengen D, FCT, H definiert:

$$D =_{def} \{a \in s^A: s \in S\},$$

$$FCT =_{def} \{f: s_1^A \times ... \times s_n^A \to s_{n+1}^A: n \in \mathbb{N} \wedge f \text{ strikt} \wedge \forall i, 1 \leq i \leq n+1: s_i \in S\}.$$

D repräsentiert die Menge der Datenelemente und F die Menge der Funktionen und

$$H =_{def} D \cup FCT$$

die Menge der „semantischen" Elemente, bestehend aus der Menge der Datenelemente und der Menge der Abbildungen zwischen den Datenelementen. D ist der Wertebereich für die semantische Interpretation von Ausdrücken. H ist der Wertebereich für die später verwendeten Belegungen.

Für die Angabe der operationellen Semantik wird eine Termersetzungssemantik verwendet. Dazu werden Termersetzungsregeln für die Terme über der Signatur der primitiven Rechenstruktur A als gegeben vorausgesetzt. Sei für Terme aus W_Σ demnach ein System von Termersetzungsregeln R definiert, das total korrekt ist und jeden Term t (mit wohldefinierter Interpretation, d.h. $I[t] \neq \bot$) auf eine eindeutige Normalform bringt. Es wird ferner angenommen, daß Terme t mit $I[t] = \bot$ keine terminierenden Berechnungen besitzen.

Für Termersetzungssysteme wurde festgelegt, daß Termersetzungsregeln in Termersetzungsalgorithmen an beliebigen Stellen in einem Term angewendet werden dürfen. Im Gegensatz dazu verwenden wir zur Beschreibung der operationellen Semantik von Programmiersprachen ein Termersetzungskonzept, bei dem die Wahl der Anwendungsstelle individueller festgelegt wird. Es soll im folgenden in programmiersprachlichen Ausdrücken gezielter festgelegt werden, an welcher Stelle in einem Programmausdruck die Anwendung einer Regel möglich sein soll. Das allgemeine Konzept der Anwendung von Termersetzungsregeln an beliebigen Stellen wäre ineffizient, da dadurch u.U. Terme vereinfacht werden, deren Wert für die Berechnung des Resultats nicht benötigt wird. Bedeutsamer noch ist jedoch, daß die freie Anwendung von Regeln an beliebigen Stellen für gewisse programmiersprachliche Elemente auf nichtterminierende Berechnung führen würde, obwohl eine gezieltere Steuerung der Anwendung die Terminierung garantieren kann. Typischerweise treten in Programmiersprachen Ausdrücke auf, deren Auswertung erfolgreich terminiert, d.h. die einen Wert $\neq \bot$ besitzen, obwohl sie Teilausdrücke enthalten, für die nichtterminierende Berechnungen existieren, d.h. deren Wert $\bot$ ist. Das allgemeine Konzept der unbedingten Anwendung führt für solche Ausdrücke unweigerlich zur Existenz nichtterminierender Berechnungen.

Wir benötigen deshalb einen eingeschränkteren Begriff der Anwendung von Termersetzungsregeln. Termersetzungsregeln sollen in einem Term nicht auf beliebige Teilterme, sondern nur unter gewissen Bedingungen auf Teilterme angewendet werden. Zu diesem Zweck verwenden wir bedingte Termersetzungsregeln. Dadurch erreicht man eine feinere Steuerung der Auswertung, d.h. der Wahl der Anwendungsstellen von Regeln in programmiersprachlichen, applikativen Ausdrücken. Man spricht auch vom *Kontrollfluß*.

Bedingte Termersetzungsregeln haben folgende Gestalt:

$$t_1 \to r_1 \wedge \ldots \wedge t_n \to r_n \Rightarrow t_{n+1} \to r_{n+1} \; .$$

Für ein System R von bedingten und unbedingten Termersetzungsregeln heißt dann jede Instanz

$$t[u_1/x_1, \ldots , u_n/x_n] \to r[u_1/x_1, \ldots , u_n/x_n]$$

einer Regel

$$t \to r$$

in R eine *kontrollflußgesteuerte (bedingte) Anwendung* der (unbedingten) Ersetzungsregel. Jede Ersetzung

$$t_{n+1}[u_1/x_1, \ldots , u_n/x_n] \to r_{n+1}[u_1/x_1, \ldots , u_n/x_n]$$

heißt ebenfalls eine kontrollflußgesteuerte Anwendung der bedingten Ersetzungsregel

$$t_1 \to r_1 \wedge \ldots \wedge t_n \to r_n \Rightarrow t_{n+1} \to r_{n+1}$$

in R, wenn für alle i, $1 \le i \le n$, die Ersetzungen

$$t_i[u_1/x_1, \ldots , u_n/x_n] \to r_i[u_1/x_1, \ldots , u_n/x_n]$$

kontrollflußgesteuerte Anwendungen von bedingten oder unbedingten Regeln sind. Durch bedingte Ersetzungssysteme lassen sich auch Terme korrekt auswerten, die gewisse nichtstrikte Funktionen enthalten.

Beispiel (Gesteuerte Auswertung für nichtstrikte Funktionen). Wir betrachten die nichtstrikte Funktion cor (*conditional or*), die der sequentiellen Disjunktion entspricht mit der Funktionalität:

fct cor = (bool, bool) bool

und der Wertetabelle:

cor	L	O	$\perp$
L	**L**	**L**	**L**
O	**L**	**O**	$\perp$
$\perp$	$\perp$	$\perp$	$\perp$

Wir verwenden folgende Auswertungsregeln:

$$x \to z \Rightarrow cor(x, y) \to cor(z, y),$$
$$cor(true, y) \to true,$$
$$cor(false, y) \to y \; .$$

Man beachte, daß die Auswertung eines Terms cor(t1, t2) auch dann sicher terminiert, wenn die Berechnung für t2 nicht terminiert, wenn nur die Auswertung für t1 terminiert und true liefert. $\qquad\square$

Im folgenden werden für jedes Sprachelement bedingte Termersetzungsregeln definiert, die im Zusammenspiel mit den für die vorgegebene Rechenstruktur vorhandenen Regeln sicherstellen, daß für jeden geschlossenen Programmausdruck t1 (d.h. für jeden Programmausdruck, der von den Werten einer Belegung unabhängig ist) mit Interpretation $a \neq \perp$, das Termersetzungssystem die Eingabe t1 auf die Ausgabe t2 abbildet, wobei t2 die eindeutige Normalform von t1 bzgl. R ist. Allerdings wird für gewisse Terme t mit Interpretation $\perp$ die Auswertung nicht terminieren. Der angemessene Umgang mit solchen Termen ist auch ein weiterer Grund für die Einführung bedingter (kontrollflußgesteuerter) Termersetzungssysteme.

4.1.3 Konstanten und Identifikatoren

Bisher wurden Identifikatoren für den Aufbau von Termen oder genauer von Polynomen verwendet. Es ist eines der entscheidenden Charakteristika von Programmiersprachen, daß auch sie Identifikatoren verwenden. Identifikatoren werden in Programmiersprachen als Namen für die verschiedenen auftretenden Elemente gebraucht. Sie dienen unter anderem zur Bezeichnung von Zwischenergebnissen, als Platzhalter („Parameter") in Ausdrücken und für die Bezeichnung von Funktionen.

Zuerst wird die Frage der konkreten syntaktischen Repräsentation von Identifikatoren behandelt. Meistens werden in Programmiersprachen zur Repräsentation von Identifikatoren Wörter über einem Alphabet (z.B. lateinische kleine Buchstaben und Ziffern) genommen, die zur Unterscheidung von Zahlen zumindest mit einem Buchstaben beginnen müssen. Die syntaktische Einheit ‹id› bezeichnet die Menge der Wörter, die als Identifikatoren zugelassen sind.

```
‹id› ::= ‹letter› {‹character›}*
‹letter› ::= a | b | c | ... | z
‹character›::= ‹letter› | 0 | 1 | ... | 9
```

Identifikatoren stehen in einfachen applikativen Programmiersprachen für Elemente aus den Trägermengen oder für n-stellige Funktionen (mit beliebigem $n \in \mathbb{N}$) über den Trägermengen. Die Menge der Datenelemente und der Funktionen sei – wie oben vereinbart – mit H bezeichnet. Sei nun ID die Menge der Identifikatoren zur syntaktischen Einheit ‹id›. Um Ausdrücken mit freien Identifikatoren eine Bedeutung zuordnen zu können, werden wieder Belegungen (engl. „environment") verwendet:

$$\text{ENV} =_{\text{def}} \{\beta \colon \text{ID} \to \text{H}\}\,.$$

Die Interpretation I ist eine Abbildung:

$$\text{I} \colon \text{‹exp›} \to (\text{ENV} \to \text{H})\,.$$

Wir definieren für Identifikatoren x:

$$\text{I}_\beta[\text{x}] = \beta(\text{x})\,.$$

Eine spezielle Belegung stellt diejenige Abbildung dar, die allen Identifikatoren das Element $\bot$ zuordnen. Sie wird mit Ω bezeichnet. Es gilt

$$\Omega: \text{ID} \to \text{H}$$

mit

$$\Omega(x) = \bot$$

für alle x aus ID.

Neben Identifikatoren werden häufig bestimmte Zeichen und Zeichenfolgen mit fester, (von der Belegung) unabhängiger Interpretation verwendet. Man spricht von *Konstanten*. Sie können als nullstellige Funktionen unserer Rechenstruktur gedeutet werden. Selbst die Abbildungen einer vorgegebenen Rechenstruktur und ihre Zuordnung zu Funktionssymbolen („Identifikatoren") könnten über Belegungen in eine Programmiersprache eingebracht werden.

Im folgenden setzen wir für die betrachtete Programmiersprache die Rechenstrukturen **BOOL**, **NAT**, **SEQ** als vorgegeben voraus. Damit können die in den entsprechenden Signaturen vorhandenen Sorten und Funktionssymbole – teilweise in Infixnotation – in den Programmen verwendet werden. Als Sorten betrachten wir demnach vorerst nur die durch diese Rechenstrukturen enthaltenen Sorten. Im Kapitel 5 werden Möglichkeiten behandelt, weitere Rechenstrukturen durch Sortendeklarationen einzuführen. Die syntaktische Einheit ‹sort› stehe für Sortenbezeichnungen (d.h. für Identifikatoren für Sorten). Zur besseren Lesbarkeit der Programme werden Sortenbezeichnungen fett gedruckt gesetzt.

4.1.4   Bedingte Ausdrücke

Sei B ein Boolescher Ausdruck (ein Ausdruck der Sorte **bool**) und seien E, E' beliebige Ausdrücke gleicher Sorte s, dann ist

> **if** B **then** E **else** E' **fi**

ein *bedingter Ausdruck* der Sorte s. Der bedingte Ausdruck entspricht in seiner Bedeutung der Fallunterscheidung in der Mathematik. Hat der Boolesche Ausdruck B den Wert „wahr", so ist der Wert des bedingten Ausdrucks gleich dem Wert des Ausdrucks E, hat B den Wert „falsch", so ist der Wert des bedingten Ausdrucks gleich dem Wert von E'. Hat B keinen wohldefinierten Wert, so ist der Wert des bedingten Ausdrucks nicht definiert.

Es wird die folgende *Syntax* für bedingte Ausdrücke verwendet:

> ‹conditional expression› ::=
>
>> **if** ‹exp› **then** ‹exp› {**elif** ‹exp› **then** ‹exp›}* **else** ‹exp› **fi**

Die Möglichkeit, durch **elif** eine Sequenz von bedingten Ausdrücken („Entscheidungskaskade") zu schreiben, wird nur aus Gründen der Schreibabkürzung eingeführt. Die Bedeutung und Nebenbedingungen werden durch Umschreibung angegeben.

Für bedingte Ausdrücke werden folgende *Nebenbedingungen* vorausgesetzt:

– die Bedingung B ist ein Ausdruck der Sorte **bool**,

– E und E' haben gleiche Sorten,

– die in B, E, E' auftretenden Identifikatoren werden konsistent mit den gleichen
  Sorten gebraucht.

Die Ausdrücke E und E' heißen auch *Zweige* des bedingten Ausdrucks.

Bedingte Ausdrücke können insbesondere geschachtelt werden. Man spricht von
Entscheidungskaskaden. Die Notation

   ... elif B then E else E' fi

steht abkürzend für (ist im Sinne der mathematischen und operationellen Semantik
äquivalent zu)

   ... else if B then E else E' fi fi

und erlaubt eine etwas bequemere Schreibweise für Entscheidungskaskaden.

Beispiel (Bedingte Ausdrücke)

   if $1 \leq 2$ **then** 1 **else** 2 **fi**
   if a **then** true **else** b **fi**
   if $a \leq b$ **then** a **else** b **fi**
   if $a \stackrel{?}{=} b$ **then** a **elif** $a < b$ **then** $b - a$ **else** $a - b$ **fi**   □

Bedingte Ausdrücke werden ausgewertet, indem man zuerst die Bedingung und anschließend den durch den Wert der Bedingung bestimmten Zweig auswertet. Entsprechend werden folgende Textersetzungsregeln für die Auswertung von bedingten
Ausdrücken verwendet:

   $B \rightarrow B' \Rightarrow$ **if** B **then** E **else** E' **fi** $\rightarrow$ **if** B' **then** E **else** E' **fi**
   if true **then** E **else** E' **fi** $\rightarrow$ E
   if false **then** E **else** E' **fi** $\rightarrow$ E'

Die Auswertungsregeln machen insbesondere deutlich, daß stets die Bedingung vor
den Zweigen ausgewertet wird. Dies ist entscheidend, denn es wäre ja möglich, daß
die Auswertung eines der Zweige des bedingten Ausdrucks nicht terminiert. Dann
würde, wenn man mit der Auswertung dieses Zweiges sofort begonnen hätte, die
Berechnung des bedingten Ausdrucks nicht terminieren, obwohl die Bedingung
eventuell gerade den anderen Zweig ansteuert, der zu einer terminierenden Berechnung führen kann. Hier wird deutlich, warum die Einführung bedingter Ersetzungsregeln erforderlich ist.

Die semantische Interpretation eines bedingten Ausdrucks wird durch folgende
Fallunterscheidung beschrieben.

$$I_\beta[\textbf{if B then E else E' fi}] = \begin{cases} I_\beta[E] & \text{falls } I_\beta[B] = \mathbf{L} \\ I_\beta[E'] & \text{falls } I_\beta[B] = \mathbf{O} \\ \bot & \text{sonst} \end{cases}$$

Man beachte, daß der bedingte Ausdruck gewissermaßen einer *nichtstrikten* Abbildung entspricht: Auch wenn ein Ausdruck in einem der Zweige zu $\bot$ interpretiert
wird, kann der Wert des bedingten Ausdrucks verschieden von $\bot$ sein.

Die Semantik bedingter Ausdrücke wird auch durch folgende Axiome in der
Gestalt von Gleichungen hinreichend genau beschrieben:

if true **then** E **else** E' **fi** = E,
if false **then** E **else** E' **fi** = E',
if B **then** E **else** E' **fi** = **if** $\neg$B **then** E' **else** E **fi**,
if $\bot$ **then** E **else** E' **fi** = $\bot$.

Bedingte Ausdrücke können durch Formulare, die folgendem Schema entsprechen, wiedergegeben werden:

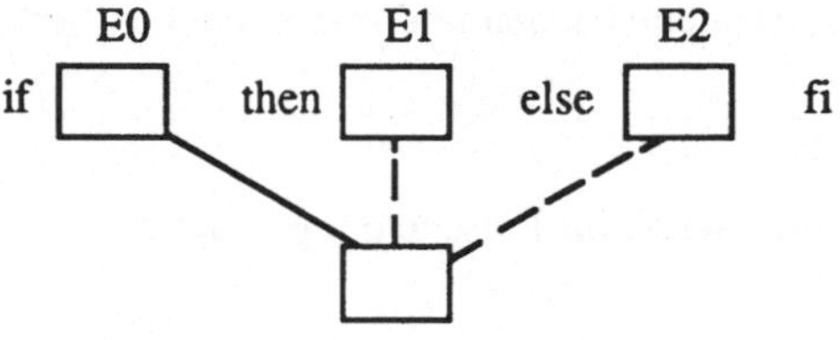

Abb. 4.1. Formular für bedingte Ausdrücke

Die gestrichelten Linien sollen ausdrücken, daß die Ausdrücke E1 und E2 nicht immer auszuwerten sind. Zuerst ist E0 auszuwerten, dann erfolgt die Auswertung entweder von E1 oder E2 in Abhängigkeit von dem ermittelten Wert für E0.

4.1.5 Funktionsapplikation

Bezeichne F (einen Funktionsausdruck für) eine Funktion der Funktionalität

$$(s_1 \ldots s_n)\ s$$

und seien $E_1, \ldots, E_n$ beliebige Ausdrücke der Sorte $s_1, \ldots, s_n$, dann ist

$$F(E_1, \ldots, E_n)$$

ein Ausdruck der Sorte s, genannt *Funktionsapplikation* oder *Funktionsanwendung* (auch Funktionsaufruf). Der Wert der Funktionsapplikation ist $f(a_1, \ldots, a_n)$, wobei f die durch F bezeichnete Funktion sei und $a_1, \ldots, a_n$ die Werte der Ausdrücke $E_1, \ldots, E_n$. Die $E_1, \ldots, E_n$ heißen auch *aktuelle Parameter(ausdrücke)* (oder *Argumente*), die $a_1, \ldots, a_n$ *aktuelle Parameter(werte)*.

In BNF-Notation liest sich die Syntax der Funktionsapplikation wie folgt:

‹function application› ::= ‹function› {(‹exp› {, ‹exp›}*)}

Dabei setzt man folgende Nebenbedingungen voraus: Die durch F bezeichnete Funktion muß n-stellig sein und die Sorten der aktuellen Parameterausdrücke $E_1, \ldots, E_n$ müssen der Funktionalität der Funktion entsprechen.

Der allgemeine Fall der Schreibweise der Funktionsapplikation ist die Präfixschreibweise mit geklammerter Folge von aktuellen Argumenten. Für eine Reihe von Funktionen verwenden wir jedoch eine Infixschreibweise. Dies ergibt jedoch nur einen syntaktischen Unterschied. Semantisch kann die Behandlung der Funktionsapplikation unabhängig von einer Infix- oder geklammerten Präfixschreibweise in gleicher Form erfolgen.

Die Interpretation der Funktionsapplikation führt auf eine einfache Anwendung der durch F beschriebenen Funktion auf die Werte der aktuellen Parameterausdrücke.

$$I_\beta[F(E_1, ..., E_n)] = \begin{cases} f(I_\beta[E_1], ..., I_\beta[E_n]) & \text{falls } \forall\, i,\ 1 \le i \le n:\ I_\beta[E_i] \ne \bot \\ \bot & \text{sonst} \end{cases}$$

Wobei f für die mit F bezeichnete Abbildung steht, d.h. f ist die Interpretation des Funktionsausdrucks F unter der Belegung β:

$$f = I_\beta[F] \,.$$

Die verschiedenen Möglichkeiten, Ausdrücke für Abbildungen zu schreiben, werden im folgenden Abschnitt behandelt.

Für die Auswertung der Funktionsapplikation finden folgende Termersetzungsregeln Verwendung (sei $1 \le i \le n$):

$$E \to E' \Rightarrow F(E_1, ..., E_{i-1}, E, E_{i+1}, ..., E_n) \to F(E_1, ..., E_{i-1}, E', E_{i+1}, ..., E_n).$$

Ein Funktionsaufruf wird nach dieser Regel ausgewertet, indem man zuerst (in beliebiger Reihenfolge) die Argumentausdrücke auswertet („Wertaufruf", „Call-by-Value"). Über die Auswertung eines Funktionsaufrufs mit ausgewerteten Argumentausdrücken wird im folgenden Abschnitt gesprochen.

Es ist zu beachten, daß es auch andere Strategien zur Auswertung des Funktionsaufrufs gibt. So könnte ebenso sofort mit der Auswertung des Funktionsresultats begonnen werden („Call-by-Name"), bevor die Parameterausdrücke ausgewertet sind. Die Auswertung der Parameterausdrücke könnte dann im Rahmen der Berechnung des Funktionswertes nach Bedarf stattfinden. Dies führt in bestimmten Fällen zu subtilen Unterschieden in bezug auf die Terminierung und erlaubt es schließlich auch, gewisse nichtstrikte Funktionen zu berechnen.

Ein Beispiel für eine nichtstrikte Funktion erhält man über bedingte Ausdrücke. Man kann **if_then_else_fi** als nichtstrikte dreistellige Funktion auffassen. In unserer Beispielsprache werden jedoch alle in Funktionsapplikationen auftretenden Funktionen als strikt vorausgesetzt. Deshalb wird das Sprachelement **if_then_else_fi** nicht als Funktion(ssymbol), sondern als Ausdrucksmittel (ausdruckbildendes Konstrukt) eingeführt.

4.1.6 Bindung von (freien) Identifikatoren: Funktionsabstraktion

In der Regel haben Identifikatoren nur Platzhalterfunktion. Es ist dabei nicht wichtig, welcher spezielle Identifikator als Platzhalter tatsächlich verwendet wird. Man benötigt ihn nur lokal als Bezeichnung für ein bestimmmtes, unter Umständen erst später genauer anzugebendes Element. Dies drückt sich in Mathematikbüchern durch Formulierungen aus wie: „Sei x ein Element der Menge M mit dem der Wert ...". Der Identifikator x steht dabei für irgendeinen konkreten Wert. Man kann im allgemeinen den Identifikator x konsistent durch den Identifikator y ersetzen, ohne daß sich die Konstruktion ändert. Dabei sei vorausgesetzt, daß keine Bezeichnungskonflikte für y auftreten, d.h., daß der Identifikator y nicht bereits verwendet wird. Oft wird bewußt angenommen, daß der Wert, für den ein Identifikator steht, später willkürlich aus einer gewissen Grundmenge gewählt werden kann. Dies drückt sich aus in Formulierungen wie „Gegeben sei x aus ...". Häufig verwendet man Identifikatoren als Platzhalter für Parameter in Ausdrücken, um Funktionen zu beschreiben.

Beispiel (Beschreibung von Funktionen durch Ausdrücke mit Identifikatoren). Mit dem Ausdruck

$$x * (x+1)$$

ist in der Mathematik häufig diejenige Funktion gemeint, die eine gegebene natürliche Zahl auf diejenige Zahl abbildet, die dem Wert des Ausdrucks nach Einsetzen der Zahl für x entspricht. Damit wird zwischen der Interpretation der Terme x * (x+1) und y * (y+1) nicht weiter unterschieden. Solange aber x und y verschiedene Identifikatoren sind, die frei vorkommen, sind die Interpretationen von beiden Ausdrücken natürlich für gegebene Belegungen allgemein verschieden. Somit sind die Ausdrücke nicht semantisch äquivalent. Sollen Ausdrücke zur Repräsentation der Funktion verwendet werden, die natürlichen Zahlen n $\in$ N die Zahl n * (n+1) zuordnet, so sollte die Verwendung der Identifikatoren n, x oder y keinen Unterschied machen. $\square$

Um von unerwünschten Unterschieden zwischen Ausdrücken auf Grund der konkret „zufällig" als Platzhalter verwendeten Identifikatoren wegzukommen und zu einer abstrakteren Sicht zu gelangen, wird in der Mathematik häufig die Einführung einer Funktionsbezeichnung vorgenommen: So kann eine Funktion

(1)   f: N $\rightarrow$ N

definiert werden durch

(2)   f(x) = x * (x+1)   für alle x $\in$ N,

was natürlich völlig gleichbedeutend ist zu

(3)   f(y) = y * (y+1)   für alle y $\in$ N.

Dies läßt sich durch die explizite Angabe eines Allquantors ausdrücken:

(4) $\forall$ **nat** x: f(x) = x * (x+1).

Damit wird die Funktionsbeschreibung zwar von der konkreten Wahl des Identifikators x bzw. y unabhängig gemacht, allerdings um den Preis der Einführung des Identifikators f für die zu beschreibende Funktion.

In Programmiersprachen findet sich die konsequentere Notation der Funktionsdeklaration der Form:

fct f = (**nat** x) **nat** : x * (x+1),

die die Angabe des Bereiches (1) und die definierende Gleichung (4) in einer Schreibweise zusammenfaßt. Außerdem wird dadurch deutlich gemacht, daß der Identifikator x lediglich als Platzhalter für ein frei wählbares aktuelles Argument dient. Bei dieser Schreibweise kann ganz auf die Einführung einer Bezeichnung f für die Funktion verzichtet werden, indem

(**nat** x) **nat**: x * (x+1)

als notationelle Repräsentation der entsprechenden Abbildung (in einer Programmiersprache) verwendet wird. Hierbei nennt man x im Funktionsausdruck nicht mehr *frei*, sondern *gebunden*, da x syntaktisch durch die Kennzeichnung **nat** x als Platzhalter (*formaler Parameter*) ausgezeichnet ist. Deshalb darf x in einer Substitution nicht mehr durch die vorgegebenen Ausdrücke E ersetzt werden. Insbesondere können gebundene Identifikatoren durch beliebige andere Identifikatoren konsistent ersetzt werden, ohne die Interpretation (die Bedeutung) eines Funktionsausdrucks zu verändern, solange keine Konflikte zu freiem Auftreten der betreffenden Bezeichnung im betrachteten Ausdruck bestehen. Diese Umbenennung gebundener Bezeichnungen heißt *α-Konversion*.

E sei ein Ausdruck der Sorte s. Die Schreibweise

$$(s_1\ x_1, ..., s_n\ x_n)\ s : E$$

heißt *Funktionsabstraktion*. Die $x_1, ..., x_n$ heißen *formale Parameter*. Die Zeichenfolge $(s_1\ x_1, ..., s_n\ x_n)$ s heißt *Kopfzeile* der Funktionsabstraktion; sie gibt insbesondere die Funktionalität der Funktionsabstraktion wieder. Dadurch wird spezifiziert, daß die obige Funktionsabstraktion eine Funktion aus dem Funktionsraum

$$M_1 \times ... \times M_n \rightarrow M$$

repräsentiert, wobei die M_i Mengen der Elemente der Sorten s_i bezeichnen. Der Ausdruck E heißt *Rumpf* (engl. *body*) der Funktionsabstraktion.

Für jede vorgegebene Belegung β definiert die obige Funktionsabstraktion eine Funktion

$$f: M_1 \times ... \times M_n \rightarrow M,$$

wobei M_i die Trägermenge zur Sorte s_i sei, die wie folgt festgelegt ist:

$$f(a_1, ..., a_n) = \begin{cases} I_{\beta 1}[E] & \text{falls } \forall\, i,\ 1 \leq i \leq n: a_1 \neq \bot \\ \bot & \text{sonst} \end{cases}$$

Dabei sei die Belegung $\beta 1$ spezifiziert durch folgende Gleichung:

$$\beta 1(y) = \begin{cases} a_i & \text{falls y und } x_i \text{ gleiche Identifikatoren sind für ein } i,\ 1 \leq i \leq n \\ \beta(y) & \text{sonst} \end{cases}$$

d.h., es gilt $\beta 1 = \beta[a_1/x_1, ..., a_n/x_n]$. Wieder werden eine Reihe von Nebenbedingungen („Kontextbedingungen") für die Funktionsabstraktion vorausgesetzt:

- Alle nebeneinander als formale Parameter auftretenden Identifikatoren $x_1, ..., x_n$ sind paarweise verschieden.
- E ist ein Ausdruck der Sorte s.
- Die Identifikatoren x_i stehen in E für Ausdrücke der Sorten s_i.
- Den in den Ausdrücken auftretenden freien Identifikatoren lassen sich konsistent Sorten zuordnen.

In BNF-Notation ergibt sich die Syntax für die Notation von Funktionen wie folgt:

```
‹function› ::= ‹id› | (‹function abstraction›)
‹function abstraction› ::= (({‹sort› ‹id› {, ‹sort› ‹id›}*}) ‹sort› : ‹exp›
```

In klassischer mathematischer Notation kann eine Funktionsabstraktion in Verbindung mit einer Funktionsapplikation verwendet werden:

$$((s_1\ x_1, ..., s_n\ x_n)\ s : E)\ (E_1, ..., E_n)$$

wobei E_i Ausdrücke der Sorte s_i seien.

Die Interpretation eines Ausdrucks der syntaktischen Einheit ‹function› liefert stets eine Abbildung. Ist f Identifikator für eine Funktion, so kann die dem Identifikator entsprechende Abbildung der Belegung entnommen werden, d.h. es gilt

$$I_\beta[f] = \beta(f)\ .$$

Die Interpretation von Funktionsabstraktionen definieren wir wie folgt: Für jede Belegung β ergibt $I_\beta[(s_1\ x_1, ..., s_n\ x_n)\ s: E]$ eine Abbildung, die wie folgt definiert ist:

$$I_\beta[(s_1\ x_1, ..., s_n\ x_n)\ s: E](a_1, ..., a_n) = \begin{cases} I_{\beta 1}[E] & \text{falls } \forall\ i, 1 \leq i \leq n: a_i \neq \bot \\ \bot & \text{sonst} \end{cases}$$

Dabei sei Belegung $\beta 1$ spezifiziert durch:

$$\beta 1(y) = \begin{cases} a_i & \text{falls y und } x_i \text{ gleiche Identifikatoren sind für ein i, } 1 \leq i \leq n \\ \beta(y) & \text{sonst} \end{cases}$$

Man beachte, daß wir für die Funktionssymbole aus den als Basis verwendeten Rechenstrukturen annehmen, daß in der Interpretationsfunktion diese den entsprechenden Funktionen zugeordnet werden.

Funktionsabstraktionen repräsentieren keine einfachen mathematischen Elemente, sondern Abbildungen. Es existiert allgemein kein Termersetzungssystem, das Funktionsabstraktionen in eine eindeutige Normalform überführt, so daß semantisch äquivalente Funktionsausdrücke die gleiche Normalform besitzen. Man kann jedoch Termersetzungsregeln für die Auswertung der Funktionsabstraktion in Verbindung mit der Funktionsapplikation angeben. Da Funktionsausdrücke dabei nicht selbst ausgewertet werden, sondern nur Aufrufe von Funktionen, werden nur Berechnungsregeln für die Funktionsapplikation mit ausgewerteten Parametern (*Wertaufruf, Call-by-Value*) angegeben.

Sind alle Argumente E_i terminal, so kann die Funktionsapplikation in Verbindung mit der Funktionsabstraktion durch folgende Termersetzungsregel ausgewertet werden:

$$((s_1\ x_1, ..., s_n\ x_n)\ s: E)(E_1, ..., E_n) \rightarrow E[E_1/x_1, ..., E_n/x_n]$$
$$\text{falls } E_i \text{ terminal für } 1 \leq i \leq n$$

Es werden nach dieser Regel die vollständig ausgewerteten Ausdrücke auf Argumentposition in den Rumpfausdruck der Funktionsabstraktion eingesetzt. Man könnte unter Verwendung der Call-by-Name-Auffassung statt dessen die Argumentausdrücke auch in den Rumpf E einsetzen, ohne sie vorher auszuwerten. Dies führt jedoch für gewisse Funktionsabstraktionen auf sehr ineffiziente Auswertungsregeln, da bei einem Mehrfachauftreten von x_i in E der Parameterausdruck E_i mehrfach auszuwerten ist. Die Call-by-Name-Auffassung entspricht allerdings folgender einfacheren Definition der semantischen Interpretation:

$$f(a_1,..., a_n) = I_{\beta 1}[E]$$

wo $\beta 1$ wie oben definiert sei. Allerdings kann hierbei $\bot$ in der Belegung eingetragen werden. Die Funktionen können nicht strikt sein. Dazu korrespondiert folgende unbedingte Auswertungsregel:

$$((s_1 \; x_1, ..., s_n \; x_n) \; s: E) \; (E_1, ..., E_n) \to \; E[E_1/x_1, ..., E_n/x_n]$$

Die Auswertung erfolgt hier also durch schlichtes Einsetzen der noch nicht auf Normalform gebrachten aktuellen Parameter. Dadurch kann in Sonderfällen ein Ergebnis ermittelt werden, selbst wenn einer der aktuellen Parameter keine Normalform besitzt (beispielsweise wenn der entsprechende formale Parameter im Rumpf E nicht auftritt). Das Verfahren nach Call-by-Name-Auffassung terminiert also häufiger als die Call-by-Value-Regel. Tritt ein formaler Parameter allerdings mehrfach im Rumpf auf, so wird er durch dieses Verfahren mehrfach in Nichtnormalform einkopiert und muß entsprechend mehrfach ausgewertet werden. Das Call-by-Name-Verfahren ist dann ineffizienter.

Wir entscheiden uns bei unserer Modellsprache für das Konzept der Wertaufrufinterpretation (Call-by-Value), da dies dem Vorgehen in konventionellen Programmiersprachen entspricht. Dementsprechend gelten folgende Gleichungsgesetze:

$$E_1 \neq \bot \wedge ... \wedge E_n \neq \bot \Rightarrow$$
$$((s_1 \; x_1, ..., s_n \; x_n) \; s: E) \; (E_1, ..., E_n) = E[E_1/x_1, ..., E_n/x_n]$$

Weiter gilt die Striktheitsregel (für $1 \leq i \leq n$):

$$E_i = \bot \Rightarrow ((s_1 \; x_1, ..., s_n \; x_n) \; s: E) \; (E_1, ..., E_n) = \bot$$

Eine Funktionsabstraktion stellt eine *Rechenvorschrift* (ein Formularschema) dar: Für jeden Satz von Parametern wird durch die Funktionsabstraktion ein bestimmtes Berechnungsschema definiert.

Sollen die Sorten der Parameter und des Resultats der Funktion nicht näher bestimmt werden oder sind sie anderweitig festgelegt, so schreibt man häufig ohne Angabe der Sorten

$$\lambda \; x : E$$

für die Funktionsabstraktion und spricht von λ-*Abstraktion*. Die speziellen Fragen, die mit solchen Schreibweisen verbunden sind, werden in der mathematischen Logik (Metamathematik) im Zusammenhang mit dem λ-*Kalkül* (Church 1930) untersucht.

Im Zusammenhang mit der Funktionsabstraktion ergeben sich einige Fragen bzgl. der *Bindung* und *Substitution* von Identifikatoren. Wie bereits mehrfach betont ist die konkrete Wahl des Identifikators x in Abstraktionen der Form

$$\lambda \; x : E$$

oder

$$(\mathbf{m} \; x) \; \mathbf{n} : E$$

unerheblich. Man kann x gegen einen beliebigen anderen Identifikator y austauschen, vorausgesetzt, y kommt selbst nicht frei in E vor („es liegen keine Bezeichnungskonflikte vor"); dann ist

$$(\mathbf{m} \; y) \; \mathbf{n} : (E[y/x])$$

mit dem obigen Ausdruck semantisch äquivalent. Die konsistente Umbenennung von formalen Parametern nennt man auch *α-Reduktion* (*α-Konversion*) im λ-Kalkül. Um diese Gleichwertigkeit der bei Umbenennung entstehenden Funktionsabstraktion mit der gegebenen sicherzustellen, darf x in E in der Funktionsabstraktion

   (m x) n : E

nicht frei durch beliebige Ausdrücke ersetzt werden. Andernfalls würde die Substitution auf Ausdrücken, die nach der Regel der α-Reduktion semantisch äquivalent sein müssen, zu verschiedenen Resultaten kommen. Insbesondere tritt x nicht frei (ersetzbar) in **(m x) n**: E auf. Solch ein Auftreten des Identifikators x heißt (analog zu der Situation bei Quantoren) *gebundenes* Auftreten.

Zur besseren Klarheit definieren wir genauer, wann ein Identifikator x in einem Ausdruck E frei auftritt. Der Identifikator x ist genau dann frei im Ausdruck E, wenn gilt:

− E besteht genau aus dem Identifikator x.
− E besteht aus einem Funktionsaufruf $F(E_1, ..., E_n)$ und x tritt frei in mindestens einem der Ausdrücke $E_1, ..., E_n$ oder dem Funktionsausdruck F auf.
− E ist eine Funktionsabstraktion der Form $(s_1 x_1, ..., s_n x_n) s_{n+1}$: E' und x tritt frei in E' auf und ist verschieden von den Identifikatoren x_i für $1 \leq i \leq n$.
− E ist von der Form

   if C then E else E' fi

und x tritt in C, E oder E' frei auf.

Falls x verschieden von y und x nicht frei in E0, dann gilt

   $((m x) n : E)[E0/y] = (m x) n : (E[E0/y])$

Die Gültigkeit der obigen Bedingung „x nicht frei in E0" kann stets durch α-Reduktion, d.h. durch Umbenennung des formalen Parameters x sichergestellt werden. Analoges gilt für mehrstellige Funktionen.

In einer Funktionsabstraktion

   $(s_1 x_1, ..., s_n x_n) s_{n+1}$: E

werden Bindungen für die formalen Parameter $x_1, ..., x_n$ bzgl. ihres Auftretens im Rumpf E erzeugt. Eine Bindung für einen Identifikator bezieht sich immer auf einen *Bindungsbereich*, bzw. genau genommen auf jedes freie Auftreten des entsprechenden Identifikators im Bindungsbereich. Für die obige Funktionsabstraktion ist der Bindungsbereich für die Identifikatoren x_i der Ausdruck E.

Die Bindungen bestehen für den gesamten Ausdruck E. Damit entspricht E der sogenannten *Lebensdauer* der Bindung. Allerdings ist unter Umständen die Bindung nicht für die gesamte Lebensdauer, d.h. für den gesamten Ausdruck E gültig. Die Bindung kann durch erneute Bindungen in E *überlagert (verschattet)* werden.

Beispiel (Überlagerte Bindung). Im Ausdruck

   (*)   **(nat x) nat**: (((**nat x) nat**: x∗x) (x+1))

ist die Bindung von x in der inneren Funktionsabstraktion überlagert. Der Ausdruck (*) ist gleichwertig mit (nach Umbenennung von x im inneren Bindungsbereich)

   (nat x) nat: (((**nat y) nat**: y∗y) (x+1))   □

Der *Gültigkeitsbereich* einer Bindung bestimmt sich durch die Lebensdauer abzüglich aller Teilausdrücke, in denen der entsprechende Identifikator erneut gebunden wird.

Mit Hilfe der Funktionsabstraktion lassen sich bereits gezielt auch umfangreichere Rechenvorschriften formulieren. Beispielsweise beschreibt die Funktionsabstraktion

(nat x, **nat** y) **nat**: **if** $x < y$ **then** y **else** x **fi**

die Maximumsfunktion auf natürlichen Zahlen. Ein Polynom (im Hornerschema) ist für gegebene Koeffizienten a_0, ..., a_n beschrieben durch

(nat x) **nat**: $(... ((a_n * x + a_{n-1}) * x) ... + a_1) * x + a_0$

Die Funktionsabstraktion kann insbesondere als *Formularschema* verstanden werden. Die formalen Parameter bilden die Platzhalter für die Einträge, die für die Durchführung einer Berechnung notwendig sind.

4.2 Erweiterung applikativer Sprachen: Deklarationen

Deklarationen von Element- und Funktionsbezeichnungen dienen der besseren Lesbarkeit von programmiersprachlichen Ausdrücken. Eine Deklaration erlaubt die Einführung eines Identifikators und die gleichzeitige Bindung des Identifikators an ein bestimmtes Element oder eine bestimmte Abbildung, die durch einen Ausdruck gegeben wird. Man spricht von der „Vereinbarung" des Identifikators für das Element oder die Funktion. Durch eine Deklaration wird vereinbart, daß der Identifikator in einem begrenzten Bereich als Abkürzung für den Wert des Ausdrucks steht. Deklarationen finden sich in *Abschnitten* (engl. *section*). Ein Abschnitt dient der Begrenzung der durch eine Deklaration erzeugten Bindung.

Es werden Deklarationen für Datenelemente und Funktionen mit folgender Syntax betrachtet:

<section> ::= ⌈ <inner> ⌋ |
        if <inner>   **then** <inner> {**elif** <inner> **then** <inner>}*
        else <inner> **fi**
<inner> ::= <sort declaration>; <exp> |
        <element declaration> |
        {<function declaration>,}* <exp> |
        <procedural inner>

Die syntaktische Einheit <procedural inner> dient der Anbindung von zuweisungsorientierten Sprachelementen an die applikative Ebene und die syntaktische Einheit <sort declaration> dient der Anbindung von Sortendeklarationen an die applikative Ebene. Beide Konstrukte werden später behandelt.

4.2.1 Elementdeklaration

Sei x ein beliebiger Identifikator, s eine Sorte und E ein Ausdruck dieser Sorte, dann heißt

s x = E

eine *Elementdeklaration* oder *Elementvereinbarung* für den Identifikator x. Durch die Elementdeklaration wird der Identifikator x an den Wert des Ausdrucks E gebunden. Durch die Deklaration wird vereinbart, daß nunmehr x für diesen Wert steht.

Der Bindungsbereich der Deklaration wird durch einen Abschnitt begrenzt. Elementdeklarationen treten am Anfang von Abschnitten auf. Sei G eine Deklaration und E0 ein Ausdruck, so ist

$\lceil$ G; E0 $\rfloor$

ein Abschnitt. Die eckigen Klammern heißen Abschnittsklammern und beschränken den *Gültigkeitsbereich* der Deklaration G, d.h. den Bereich der Gültigkeit der durch die Deklaration G erzeugten Bindung. Das heißt, daß die Vereinbarung, daß der in G deklarierte Identifikator für den entsprechenden Wert steht, nur innerhalb der Abschnittsklammern gültig ist.

Die Syntax der Elementdeklaration ist durch folgende BNF-Regel beschrieben:

‹element declaration› ::= ‹sort› ‹id› = ‹exp›

Es gelte folgende syntaktische Nebenbedingung für die Elementdeklaration:

−   die Sorte des Ausdrucks E ist **s**,
−   x tritt in E nicht frei auf.

Die zweite Bedingung zeigt auf, daß rekursive Elementdeklarationen in unserer Modellsprache nicht zugelassen sind.

Beispiel (Elementdeklaration). Durch die Deklaration

nat x = 3+4

wird vereinbart, daß x den Wert 7 hat. In einem Abschnitt kann diese Deklaration verwendet werden. Der Abschnitt

$\lceil$ **nat** x = 3+4; x∗x $\rfloor$

hat dann den Wert 49. Im Inneren des Abschnitts steht x für den Wert 7.   □

In Programmiersprachen wird statt der Winkelklammern häufig auch **begin** und **end** geschrieben. Es wird für einen Abschnitt dann entsprechend

begin s x = E1; E2 **end**

geschrieben. Die Abschnittsklammern **begin** bzw. $\lceil$ und **end** bzw. $\rfloor$ schränken den Gültigkeitsbereich der Deklaration für den (vereinbarten) Identifikator x ein. Umgekehrt werden andere, weiter außerhalb möglicherweise vorhandene Vereinbarungen *überlagert* (*verschattet*) und damit innerhalb der Klammern außer Kraft gesetzt. So ist die Bedeutung des Abschnitts

$\lceil$ **nat** x = 1; $\lceil$ **nat** x = 2; x $\rfloor$ +x $\rfloor$

völlig identisch mit der des Abschnitts

$\lceil$ **nat** x = 1; $\lceil$ **nat** y = 2; y $\rfloor$ +x $\rfloor$.

Die konsistente Umbenennung von Identifikatoren in lokalen Deklarationen in Abschnitten ändert (analog zur α-Reduktion) die Bedeutung des Abschnitts nicht.

In einem Programmausdruck kann ein Identifikator mehrfach vereinbart und damit gebunden sein und dabei mit verschiedenen Werten belegt werden. Allerdings sind alle Bindungen bis auf die aktuelle verschattet (überlagert). Deshalb muß auch bei Deklarationen zwischen dem Gültigkeitsbereich und der Lebensdauer einer Bindung bzw. einer Vereinbarung für einen Identifikator unterschieden werden. In dem Abschnitt

$$\lceil\ s\ x = E1;\ E2\ \rfloor$$

ist die Bindung des Wertes von E1 an x im gesamten Bereich der Winkelklammern gültig, also insbesondere in E2, wobei diese Gültigkeit unterbrochen („überlagert") wird durch Vereinbarungen für x, die in E2 auftreten. Dies verdeutlicht den Unterschied zwischen *Lebensdauer* der Bindung und ihrem *Gültigkeitsbereich*. Die Lebensdauer, d.h. der Bindungsbereich, umfaßt den gesamten Bereich zwischen den Winkelklammern (d.h. insbesondere ganz E2). Der Gültigkeitsbereich entspricht der Lebensdauer abzüglich der inneren Abschnitte mit neuen Bindungen für x.

Durch eine Elementdeklaration wird eine Belegung für den entsprechenden Identifikator festgelegt. Der Gültigkeitsbereich einer solchen Belegung wird durch Winkelklammern begrenzt. Innerhalb der Winkelklammern steht x für den Wert des Ausdrucks E1. Dies bedeutet semantisch, daß E2 mit einer für x entsprechend geänderten Belegung interpretiert wird. Die Bedeutung I[G] einer Deklaration G kann als „punktweise" Änderung einer Belegung und somit als Abbildung zwischen Belegungen verstanden werden:

I: ‹element declaration› → (ENV → ENV)

wobei I durch folgende Gleichung definiert ist:

$$I[s\ x = E1](\beta) = \begin{cases} \beta[I_\beta[E1]/x] & \text{falls } I_\beta[E1] \neq \perp \\ \\ \Omega & \text{sonst} \end{cases}$$

Damit läßt sich nun auch die Bedeutung eines Abschnitts festlegen. Sei G eine Deklaration, dann gilt:

$$I_\beta\lceil\ G;\ E1\ \rfloor = I_{\beta 1}[E1]$$

mit $\beta 1 = I[G](\beta)$. Folgen von Deklarationen entsprechen geschachtelten Deklarationen:

$$\lceil\ s_1\ x_1 = E_1;\ ...\ s_n\ x_n = E_n;\ E\ \rfloor$$

steht für

$$\lceil\ s_1\ x_1 = E_1;\ ...\ \lceil\ s_n\ x_n = E_n;\ E\ \rfloor\ ...\ \rfloor$$

Weiter stehen

if ... **then** ... **else** s x = E_1; E **fi**

bzw.

if ... **then** s x = E_1; E **else** ... **fi**

bzw.

if s x = E_1; E **then** ... **else** ... **fi**

für

$$\text{if} \ldots \text{then} \ldots \text{else} \ulcorner s\ x = E_1; E \urcorner \text{fi}$$

bzw.

$$\text{if} \ldots \text{then} \ulcorner s\ x = E_1; E \urcorner \text{else} \ldots \text{fi}$$

bzw.

$$\text{if} \ulcorner s\ x = E_1; E \urcorner \text{then} \ldots \text{else} \ldots \text{fi}$$

Eine Deklaration besitzt kein einfaches Datenelement als Wert. Sie wird deshalb auch nicht direkt durch Termersetzungsregeln ausgewertet. Im folgenden wird lediglich eine Regel für die Auswertung eines Ausdrucks angegeben, in dem eine Deklaration vorkommt. Ein solcher Ausdruck wird ausgewertet, indem man ihn auf die Funktionsanwendung zurückführt (sei E1 ein Ausdruck der Sorte **s** und E2 ein Ausdruck der Sorte **r**):

$$\ulcorner s\ x = E1; E2 \urcorner \rightarrow ((s\ x)\ r\text{: } E2)(E1) \ .$$

Ein Abschnitt (mit Ausdruck E der Sorte **n**)

$$\ulcorner s\ x = E1; E \urcorner$$

ist demnach gleichwertig zur Funktionsapplikation (unter der Annahme, daß x in E1 nicht auftritt). Es gilt die Gleichung

$$\ulcorner s\ x = E1; E2 \urcorner = ((s\ x)\ r\text{: } E2)(E1) \ .$$

Die Deklaration läßt sich aber auch direkt auf Existenzquantoren zurückführen (seien x und y verschiedene Indentifikatoren):

$$y = \ulcorner s\ x = E1; E2 \urcorner \quad \Leftrightarrow \quad \exists\ s\ x\text{: } x = E1 \wedge y = E2$$

Alles über Bindung, Gültigkeit, Lebensdauer und Freiheit oder Gebundenheit von Identifikatoren für die Funktionsabstraktion Gesagte gilt damit sinngemäß auch für Deklarationen.

4.2.2 Deklarationen für Funktionen

Identifikatoren werden nicht nur als Platzhalter und Namen für Elemente verwendet, sondern auch als Bezeichnungen für Funktionen. Analog zur Elementdeklaration deklariert („vereinbart") man Identifikatoren für Funktionen durch

$$\textbf{fct } f = (s_1\ x_1, \ldots, s_n\ x_n)\ s\text{: } E$$

und spricht von einer *Funktionsdeklaration* oder auch von einer *Funktionsvereinbarung*. In einer Funktionsdeklaration wird in einem Schritt sowohl ein Identifikator für eine Funktion eingeführt, deren Funktionalität angegeben und der Wertverlauf der Abbildung spezifiziert.

Beispiel (Funktionsdeklarationen)

(1) Der Identifikator **abs** wird für die Betragsfunktion durch folgende Deklaration vereinbart:

fct abs = (int x) int:
   if 0 ≤ x **then** x
        else − x **fi**

(2) Der Identifikator max wird für die Maximumsfunktion durch folgende Deklaration vereinbart:

fct max = (**nat** a, **nat** b) **nat**:
   if a ≤ b **then** b
        else a **fi**

(3) Der Identifikator f wird für eine Funktion, die die Werte eines Polynoms der Ordnung 3 berechnet, durch folgende Deklaration vereinbart:

fct f = (**nat** x) **nat**: ((a ∗ x + b) ∗ x + c) ∗ x + d   □

Die Syntax der Funktionsdeklaration ähnelt stark der der Elementdeklaration. Es wird allerdings verlangt, daß die rechte Seite stets eine Funktionsabstraktion ist. Die genaue Funktionalität braucht auf der linken Seite der Deklaration nicht angegeben zu werden, da sie aus der rechten Seite unmittelbar ersehen werden kann. Es genügt, das Schlüsselwort **fct** anzugeben.

   ‹function declaration› ::= **fct** ‹id› = ‹function abstraction›

Allerdings sind im Gegensatz zu der obigen Einschränkung für Elementdeklarationen rekursive Funktionsdeklarationen zugelassen. Eine Funktionsdeklaration heißt *rekursiv*, wenn der zu deklarierende Funktionsidentifikator auf der rechten Seite der Deklaration auftritt. Die Behandlung der Semantik rekursiver Funktionen wird im folgenden Abschnitt vorgenommen. Durch eine (möglicherweise rekursive) Funktionsdeklaration wird eine *Rechenvorschrift* zur Berechnung der entsprechenden Funktion festgelegt. Deshalb sprechen wir auch von der *Deklaration einer Rechenvorschrift*, um den algorithmischen Charakter der Funktionsdeklaration zu betonen.

Die Funktionsdeklaration unterscheidet sich in ihrer Interpretation nicht grundsätzlich von der Elementdeklaration. Wie Elementdeklarationen stehen Funktionsdeklarationen für die Vereinbarung von Funktionen. Wie die Elementvereinbarung bewirken sie eine Bindung des Funktionsidentifikators an die Abbildung, die durch die rechte Seite bezeichnet wird.

Für (nichtrekursive) Funktionsdeklarationen wird die funktionale Semantik durch folgende Gleichung festgelegt:

$$I[\mathbf{fct}\ f = F](\beta) = \beta[f1/f]$$

wobei f1 für die durch F bezeichnete Funktion steht, d.h. f1 $=_{def}$ $I_\beta[F]$. Für Folgen von Funktionsdeklarationen (soweit keine verschränkte Rekursion vorliegt) und Funktionsdeklarationen im Inneren von Zweigen von bedingten Ausdrücken gelten analoge Festlegungen wie für Elementdeklarationen.

Operationell kann die (nichtrekursive) Funktionsdeklaration in einem Abschnitt einfach durch Substitution (*Entfalten*, engl. *Unfold*) erklärt werden:

$$\lceil\ \mathbf{fct}\ f = F\ ;\ E\ \rfloor\ \rightarrow\ E[F/f]$$

Diese Regel darf nicht für rekursive Funktionsdeklarationen verwendet werden, d.h. für Funktionsvereinbarungen, bei denen der Identifikator f im Rumpf von F vorkommt. Im Fall der Rekursion würden nämlich sonst im entstehenden Ausdruck nach der Substitution noch weitere Aufrufe von f existieren, wobei f nicht mehr durch die Deklaration gebunden wäre. Rekursive Funktionsvereinbarungen werden im nächsten Abschnitt behandelt.

Bei der Durchführung der Substitution müssen in E lokal vereinbarte Identifikatoren in E umbenannt werden, falls sie in F frei auftreten. Wird dies nicht beachtet, so führt die Schachtelung von Funktionsdeklarationen auf Probleme bei der Zuordnung von Bindungen. Dies soll an einem Beispiel erläutert werden. Für das Programm

$$\lceil \text{ nat } x = 1; \lceil \text{ fct } f = (\text{nat } y) \text{ nat}: x+y; \lceil \text{ nat } x = 2; f(3) \rfloor \rfloor \rfloor$$

stellt sich die Frage, ob der Aufruf f(3) den Wert 4 oder den Wert 5 ergibt. Dies ist abhängig von der Zuordnung des Auftretens des Identifikators x im Rumpf von f zu einer der beiden Deklarationen von x.

Nach unseren Definitionen hat f(3) den Wert 4, denn x ist im Rumpf von f durch die erste Deklaration an den Wert 1 gebunden. Man spricht von *statischer Bindung* (engl. *static scoping*): Identifikatoren x, die frei in Rechenvorschriften auftreten, werden durch die in der Aufschreibung („statisch") nächstäußere Deklaration von x gebunden, die die Deklarationsstelle der Rechenvorschrift umfaßt. Dies drückt sich auch in der obigen Auswertungsregel aus durch die Forderung nach Umbenennung lokaler Identifikatoren bei Namenskonflikten.

Das angegebene Programmbeispiel entspricht dem durch Umbenennung des lokal vereinbarten Identifikators x in z entstandenen Programm:

$$\lceil \text{ nat } x = 1; \lceil \text{ fct } f = (\text{nat } y) \text{ nat}: x+y; \lceil \text{ nat } z = 2; f(3) \rfloor \rfloor \rfloor$$

Im Gegensatz zur statischen Bindung liefert die *dynamische Bindung* (engl. *dynamic scoping*) im obigen Beispiel für f(3) den Wert 5. Freie Identifikatoren x im Rumpf von Rechenvorschriften werden bei der dynamischen Bindung jeweils durch die nächstäußere Deklaration von x gebunden, die die Aufrufstelle der Rechenvorschrift umfaßt. Es gibt Programmiersprachen, die – im Gegensatz zur eingeführten Sprache – eine dynamische Bindung für Identifikatoren vornehmen. Dies führt jedoch zu komplizierten Regeln für die Analyse von Programmen und wird inzwischen allgemein als ungünstig angesehen.

4.3 Rekursive Funktionsdeklarationen

Alle Sprachelemente, die bisher eingeführt wurden, gestatten insgesamt lediglich die Aufschreibung von Ausdrücken, die stets auf terminierende („endlich beschränkte") Berechnungen führen, soweit nur alle Berechnungen für die verwendeten Basisfunktionen terminieren. Die Länge der Berechnungssequenzen ist damit stets statisch beschränkt. Um Rechenvorschriften mit unbeschränkt langen Berechnungen vereinbaren zu können, wird das Konzept der rekursiven Deklaration von Funktionen verwendet.

Beispiele (Rekursive Rechenvorschriften)

(1)   *Addition:* Um über der Rechenstruktur der natürlichen Zahlen mit den Operationen zero, succ, pred und dem Prädikat $\overset{?}{=}$ die Addition durch ein Programm definieren zu können, kann folgende rekursive Deklaration geschrieben werden:

fct add = (**nat** x, **nat** y) **nat**:
  if x $\overset{?}{=}$ 0 **then** y
          else succ(add(pred(x), y)) **fi**

Hier erscheint der Name der deklarierten Funktion auch auf der rechten Seite der Deklaration. In analoger Weise kann man weitere arithmetische Funktionen deklarieren.

(2)   *Multiplikation:* Die Multiplikation kann durch Rekursion auf die Addition zurückgeführt werden:

fct mult = (**nat** x, **nat** y) **nat**:
  if x $\overset{?}{=}$ 0 **then** 0
          else   add(y, mult(pred(x), y)) **fi**

(3)   *Division mit Rest:* Die Division läßt sich durch Rekursion über der Subtraktion ausdrücken:

fct div = (**nat** x, **nat** y: y > 0) **nat**:
  if x < y **then** 0
          else   div(x–y, y)+1 **fi**

Die Restriktion y > 0 in der Kopfzeile drückt aus, daß die Funktion sinnvollerweise nur für Parameter x, y mit y > 0 aufgerufen werden sollte. Wir schreiben div(x, y) in der Regel in Infixschreibweise durch x ÷ y.

Die Funktion mod berechnet den Rest der Division:

fct mod = (**nat** n, **nat** m: m > 0) **nat**:
  if n < m **then** n
          else   mod(n–m, m) **fi**

(4)   *Binomialkoeffizient:* Binomialkoeffizienten lassen sich durch folgende rekursiv deklarierte Funktion berechnen:

fct binom = (**nat** n, **nat** k: n $\geq$ k) **nat**:
  if n $\overset{?}{=}$ k $\vee$ k $\overset{?}{=}$ 0 **then** 1
              else binom(n–1, k–1) + binom(n–1, k) **fi**

(5)   *Spiegelung einer Zahl in Dezimaldarstellung*:

fct spiegel = (**nat** n) **nat**:
  if n < 10 **then**   n
              else   mod(n, 10) $*$ h(n) + spiegel(n÷10) **fi**

Die Funktion h berechnet im Aufruf h(n) die Zahl 10^k, wobei k so gewählt wird, daß h(n) die gleiche Anzahl an Stellen besitzt wie n, d.h. $10^k \leq n < 10^{k+1}$:

```
fct h = (nat n) nat:
  if n < 10  then 1
              else  10 * h(n+10)  fi
```

(6) Feststellung, ob eine Zahl in Dezimaldarstellung ein Palindrom (eine Sequenz heißt Palindrom, wenn sie rückwärts gelesen mit sich selbst übereinstimmt) ist:

fct palindrom = (**nat** n) **bool**: (spiegel(n) $\overset{?}{=}$ n)

(7) Feststellung, ob eine Zahl n in Dezimaldarstellung genau einer Permutation der Ziffern $\{1, ..., z\}$ entspricht $(1 \le z \le 9)$:

```
fct permutation = (nat n, nat z: 1 ≤ z ≤ 9) bool:
  if n ≟ 0 then false
              else  if n ≟ 1 then  z ≟ 1
                               else  permutation(delete(n, z), z–1) ∧ occurs(n, z)
                    fi
  fi,
```

```
fct delete = (nat n, nat z: 1 ≤ z ≤ 9) nat:
  if      n ≟ 0               then  0
  elif    mod(n, 10) ≟ z then   n+10
                              else    delete(n+10, z)*10 + mod(n, 10)
  fi,
```

```
fct occurs = (nat n, nat z: 1 ≤ z ≤ 9) nat:
  if n ≟ 0  then false
              else  occurs(n+10, z) ∨ (mod(n, 10) ≟ z)
  fi
```

(8) Berechnung der Länge einer Sequenz:

```
fct length = (seq nat s) nat:
  if s ≟ empty then 0
                   else  length(rest(s))+1
  fi
```

(9) Feststellung, ob eine Sequenz von Zahlen absteigend sortiert ist:

```
fct sorted = (seq nat s) bool:
  if      length(s) ≤ 1            then   true
  elif    first(s) < first(rest(s)) then   false
                                    else   sorted(rest(s))
  fi
```

(10) Mischen zweier absteigend sortierter Sequenzen von Zahlen in eine absteigend sortierte Sequenz:

```
fct merge = (seq nat s, seq nat r: sorted(s) ∧ sorted(r)) seq nat:
  if    s ≟ empty          then r
  elif r ≟ empty           then s
  elif first(s) ≥ first(r)  then  ⟨first(s)⟩ ∘ merge(rest(s), r)
                            else  ⟨first(r)⟩ ∘ merge(s, rest(r))
  fi
```

(11) Herauslösen einer über Indexangaben spezifizierten Teilsequenz aus einer gegebenen Sequenz: Der Aufruf part(s, a, b) liefert die Teilsequenz von s, die mit dem a-ten Element von s beginnt und mit dem b-ten Element endet. Dabei wird $0 < a \leq b \leq length(s)$ vorausgesetzt.

fct part = (**seq nat** s, **nat** a, **nat** b: $0 < a \leq b \leq length(s)$) **seq nat**:
    if   a > 1   **then** part(rest(s), a −1, b −1)
    elif $a \overset{?}{=} b$ **then** ‹first(s)›
                       else ‹first(s)› ∘ part(rest(s), a, b −1)
    fi

(12) Sortieren einer Sequenz durch Mischen:

fct mergesort = (**seq nat** s) **seq nat**:
  if length(s) ≤ 1 **then**   s
                      else   **nat** h = length(s) ÷ 2;
                              seq nat lpart = part(s, 1, h);
                              seq nat rpart = part(s, h+1, length(s));
                              merge(mergesort(lpart), mergesort(rpart))
  fi   □

Eine Funktionsdeklaration (wir beschränken uns im folgenden auf einstellige Funktionen, die Verallgemeinerung auf n-stellige Funktionen ist offensichtlich)

    fct f = (**m** x) **n** : E

heißt *rekursiv*, wenn in der Abstraktion auf der rechten Seite der Deklaration (bzw. im Rumpf E) der deklarierte Identifikator f wieder frei vorkommt. Rekursive Funktionsdeklarationen führen allgemein auf Rechenvorschriften mit unbeschränkt langen Berechnungen und stellen somit ein mächtiges Werkzeug der Programmierung dar. Dementsprechend ist das Verständnis der semantischen Interpretation rekursiver Deklarationen besonders wichtig, aber auch schwieriger als die Behandlung nichtrekursiver Deklarationen. Schon aus den obigen Beispielen geht hervor, daß es nicht immer einfach ist, herauszufinden, welche Funktion durch eine rekursive Deklaration dargestellt wird.

Im folgenden wird eine semantische Deutung für rekursive Funktionsvereinbarungen angegeben. In einer rekursiven Deklaration

    fct f = (**m** x) **n** : E

tritt das Funktionssymbol f wieder auf der rechten Seite in E auf. Damit kann die Abstraktion

    (**m** x) **n** : E

nicht als Definition verstanden werden. Versucht man die Abstraktion naiv als Definition für f aufzufassen, dann führt dies auf eine „zirkuläre" Definition. Damit ist es zunächst völlig unklar, welche Funktion mit dem Identifikator f schließlich verbunden werden soll.

Entsprechend kann für rekursive Deklarationen die Bedeutung nicht wie für nichtrekursive Rechenvorschriften einfach durch die Festlegung

    I[**fct** f = (**m** x) **n** : E] (β) = β[f1/f]

mit

$$f1 = I[(\mathbf{m}\ \mathbf{x})\ \mathbf{n} : E]\ (\beta)$$

erfolgen, da in E das Funktionssymbol f wieder auftritt und damit die Funktion f1 nicht bestimmt werden kann, ohne daß in β ein Wert für f gegeben ist. Diese Definition ist ebenfalls zyklisch: Ein Wert für f kann ermittelt werden, wenn ein Wert für f vorliegt. Aus der rekursiven Deklaration läßt sich demnach zunächst lediglich eine Vorschrift ableiten, die jeder gegebenen Funktion f eine Funktion f1 zuordnet.

Abgestützt auf diese Beobachtung gibt es zwei grundlegende Techniken, rekursive Funktionsvereinbarungen zu deuten, d.h. rekursiv vereinbarten Funktionsidentifikatoren in eindeutiger Weise eine Abbildung zuzuordnen:

- die induktive Deutung,
- die Deutung durch Fixpunktgleichungen.

In der induktiven Deutung wie in der Fixpunktdeutung wird eindeutig festgelegt, mit welcher Abbildung ein Identifikator durch eine rekursive Deklaration belegt wird.

Bevor eine genaue Beschreibung der Bedeutung rekursiver Deklarationen erfolgt, soll zunächst eine kurze Erläuterung der Art und Weise erfolgen, wie rekursive Deklarationen operationell behandelt werden können. Sei die Funktion mod wie folgt deklariert:

> **fct** mod = (**nat** a, **nat** b) **nat**:
>   **if** a < b **then** a
>   **else** mod(a–b, b) **fi**

Ein Anruf mod(a, b) berechnet a modulo b, d.h. mod(a, b) ergibt den Rest bei der Division von a durch b. Die Deklaration suggeriert, daß die durch den Identifikator mod bezeichnete Funktion und die durch die Funktionsabstraktion auf der rechten Seite der Deklaration beschriebene Funktion identisch sind. Dies bedeutet, daß für alle natürlichen Zahlen a, b die Gleichung

$$\text{mod}(a, b) = \mathbf{if}\ a < b\ \mathbf{then}\ a\ \mathbf{else}\ \text{mod}(a\text{–}b, b)\ \mathbf{fi}$$

gelten soll. Dies kann man für die Ermittlung des Wertes eines Aufrufes von mod verwenden. Wir betrachten als Beispiel den Funktionsaufruf

(1) mod(11, 4) .

Der Ausdruck (1) ist nach obiger Regel nach Einsetzen der rechten Seite gleichwertig mit

(2) ((**nat** a, **nat** b) **nat**: **if** a < b **then** a **else** mod(a–b, b) **fi**) (11, 4) ,

da mod und die rechte Seite der Deklaration gleichwertig sind. Nach der Bedeutung der Funktionsapplikation ist der obige Ausdruck (2) gleichbedeutend mit

(3) **if** 11 < 4 **then** 11 **else** mod(11–4, 4) **fi** ,

was nach den Gesetzen der Arithmetik und den Regeln für bedingte Ausdrücke gleichwertig ist mit

(4) mod(7, 4) .

Wieder kann mod durch die Funktionsabstraktion auf der rechten Seite der Deklaration von mod ersetzt werden. Dies ergibt:

(5) (**(nat a, nat b) nat: if** $a < b$ **then** a **else** mod(a–b, b) **fi**) (7, 4),

was gleichwertig ist zu

(6) **if** $7 < 4$ **then** 7 **else** mod(7–4, 4) **fi**

und schließlich zu

(7) mod(3, 4)

Durch Einsetzen der Abstraktion aus der Deklaration von mod führt (7) auf

(8) (**(nat a, nat b) nat: if** $a < b$ **then** a **else** mod(a–b, b) **fi**) (3, 4) .

Dies liefert

(9) **if** $3 < 4$ **then** 3 **else** mod(3–4, 4) **fi**

und nach der Regel bedingter Ausdrücke ergibt dies schließlich 3 als Wert für mod(11, 4).

Das Einsetzen der rechten Seite einer Funktionsdeklaration für die Funktion nennt man *Expansion* oder *Entfalten* (engl. *unfold*) des Aufrufs der rekursiven Funktion. Durch wiederholtes Anwenden der Regel der Expansion kann unter gewissen Umständen ein rekursiver Aufruf auf einen Wert reduziert werden. Dies gelingt nicht immer, wie der Aufruf mod(11, 0) der obigen Funktion mod zeigt. Die Idee der Auswertung durch Expansion ist die Leitlinie für die operationelle Deutung rekursiver Funktionsdeklarationen.

In der funktionalen Deutung verbinden wir mit einer rekursiven Deklaration wieder die Bindung einer Funktion an den deklarierten Identifikator. Welche Funktion dies genau ist, wird in den folgenden zwei Abschnitten erklärt.

4.3.1 Induktive Deutung rekursiver Funktionsdeklarationen

Rekursive Deklarationen treten in vielen Bereichen der Informatik auf. Bereits die Beschreibung von formalen Sprachen durch die Deklaration von nichtterminalen Hilfsbezeichnungen für BNF-Ausdrücke stellt ein Beispiel für Rekursion dar. Weitere Beispiele bilden rekursive Sortendeklarationen, wie sie im Kapitel 8 behandelt werden. Wegen der zentralen Bedeutung der Rekursion für die Informatik behandeln wir die Deutung rekursiver Deklarationen mit besonderer Ausführlichkeit. Man beachte, daß Rekursion nicht nur in Programmiersprachen bei der rekursiven Deklaration von Rechenvorschriften auftritt, sondern auch in anderen Bereichen. Ein Beispiel für Rekursion bilden Systeme von BNF-Deklarationen von Nichtterminalen, die auf der rechten Seite der Definitionen wieder auftreten.

Wir geben im folgenden eine mathematische Behandlung rekursiver Deklarationen. Eine ausführliche Behandlung mit der umfassenden Definition und Erklärung aller verwendeter Begriffe findet sich in LOECKX, SIEBER 1984. Sei die rekursive Funktionsdeklaration

fct f = (**m** x) **n**: E

gegeben. In E darf das Funktionssymbol f also wieder frei auftreten. Seien M und N die Trägermengen, die wir mit den Sorten **m** und **n** verbinden. Man beachte, daß verabredungsgemäß beide Mengen M und N das Element $\perp$ enthalten. Für eine gegebene Belegung β wird mit der rechten Seite der Deklaration, d.h. mit der Abstraktion

    (m x) n: E,

ein Funktional τ verbunden, d.h. eine Abbildung zwischen Mengen von Abbildungen:

    $\tau: (M \to N) \to (M \to N).$

Das Funktional τ liefert für Funktionen g: M $\to$ N durch $\tau[g]$ wieder eine Funktion. Für Argumente a $\in$ M ist die Funktion $\tau[g]$ wie folgt definiert:

$$\tau[g](a) = \begin{cases} I_{\beta 1}[E] & \text{falls } a \neq \perp \\ \\ \perp & \text{sonst} \end{cases}$$

wobei $\beta 1 = \beta[g/f, a/x]$ gelte. Die Fallunterscheidung entspricht wieder dem Striktheitsprinzip. Die Schreibweise $\tau[g](x)$ deutet an, daß τ für jede Funktion g durch $\tau[g]$ eine Funktion ergibt, die für jeden Wert x der Sorte **m** einen Wert $\tau[g](x)$ der Sorte **n** liefert.

    Mit Hilfe von τ wird induktiv eine Folge $(f_i)_{i \in N}$ von Funktionen

    $f_i : M \to N$

durch die folgenden Gleichungen (für alle x $\in$ M) definiert:

    $f_0(x) = \perp,$
    $f_{i+1}(x) = \tau[f_i](x).$

Die Folge von Funktionen f_i ist ausschließlich durch die iterierte Anwendung des Funktionals τ auf die Funktion f_0 gegeben, d.h. es gilt:

    $f_i = \tau^i[f_0],$

wobei f_0 die Abbildung ist, die jedem Argument den Wert $\perp$ zuordnet.

Beispiel (Induktive Deutung für die rekursiv vereinbarte Fakultätsfunktion). Betrachtet wird die rekursive Deklaration:

    fct fac = (nat x) nat :
       if $x \stackrel{?}{=} 0$ **then** 1
            else   x*f(x–1) **fi**

Man erhält hierbei folgendes Funktional τ:

$$\tau[g](x) = \begin{cases} \perp & \text{falls } x = \perp, \\ 1 & \text{falls } x = 0, \\ x * g(x-1) & \text{sonst.} \end{cases}$$

Es gilt gemäß unserer Definition für x $\in$ $N^{\perp}$:

    $fac_0(x) = \perp$, d.h. $fac_0 = \Omega.$

$$\mathrm{fac}_{i+1}(x) = \tau[\mathrm{fac}_i](x) = \begin{cases} \bot & \text{falls } x = \bot, \\ 1 & \text{falls } x = 0, \\ x * \mathrm{fac}_i(x-1) & \text{sonst.} \end{cases}$$

Somit erhält man für die Funktion fac_i die nichtrekursive Gleichung:

$$\mathrm{fac}_i(x) = \begin{cases} \bot & \text{falls } (x \in \mathbb{N} \wedge i \le x) \vee x = \bot, \\ x! & \text{sonst.} \end{cases}$$

Dies läßt sich durch Induktion über $i \in \mathbb{N}$ beweisen:

(1) $i = 0$, dann ist die Behauptung trivial.
(2) Sei die Behauptung richtig für fac_i

$$\mathrm{fac}_{i+1}(x) = \tau[\mathrm{fac}_i](x)$$

$$= \begin{cases} \bot & \text{falls } x = \bot, \\ 1 & \text{falls } x = 0, \\ x * \mathrm{fac}_i(x-1) & \text{sonst.} \end{cases}$$

$$= \begin{cases} \bot & \text{falls } x = \bot, \\ 1 & \text{falls } x = 0, \\ x * \bot & \text{falls } x \in \mathbb{N} \wedge i \le (x-1), \\ x * ((x-1)!) & \text{sonst.} \end{cases}$$

$$= \begin{cases} \bot & \text{falls } (x \in \mathbb{N} \wedge i+1 \le x) \vee x = \bot, \\ x! & \text{sonst.} \end{cases} \qquad \square$$

Die Folge $(f_i)_{i \in \mathbb{N}}$ ist für wachsende $i \in \mathbb{N}$ im folgenden Sinn *monoton* steigend:

$$i \le j \;\Rightarrow\; (f_i(x) = \bot \vee f_i(x) = f_j(x)).$$

Damit erhält man eine eindeutig definierte Funktion f^∞ durch die folgende Festlegung:

$$f^\infty(x) = \begin{cases} \bot & \text{falls für alle } i \in \mathbb{N} : f_i(x) = \bot, \\ f_j(x) & \text{falls für } j \in \mathbb{N} : f_j(x) \neq \bot. \end{cases}$$

Man beachte, daß nach dieser Konstruktion $f^\infty(x)$ genau dann verschieden von $\bot$ ist, wenn durch endliche, iterierte Anwendung des Funktionals τ auf die Funktion f_0 schließlich eine Abbildung f_j entsteht mit Wert $f_j(x) \neq \bot$ für das Argument x.

Etwas mathematischer ausgedrückt, definiert man auf der Menge N eine partielle Ordnung $\sqsubseteq$ vermöge (für $x1, x2 \in N$):

$$x1 \sqsubseteq x2 \;\Leftrightarrow_{\mathrm{def}}\; x1 = \bot \vee x1 = x2 .$$

Diese Ordnung heißt aufgrund ihrer einfachen Struktur *flach* (engl. *flat* oder auch *discrete*). Sie induziert eine partielle Ordnung auf Abbildungen

$$f, g: M \to N ,$$

die man ebenfalls mit $\sqsubseteq$ bezeichnet, durch elementweisen Vergleich der Resultate:

$$f \sqsubseteq g \;\Leftrightarrow_{\mathrm{def}}\; \forall x \in M : f(x) \sqsubseteq g(x) .$$

Wiederum bildet $\sqsubseteq$ für die Menge der Funktionen von M nach N eine partielle Ordnung.

Für eine partiell geordnete Menge Z heißt dabei eine nichtleere Teilmenge $Z0 \subseteq Z$ *gerichtet*, wenn für jedes Paar $x, y \in Z0$ eine obere Schranke $z \in Z0$ existiert, d.h. es existiert $z \in Z0$ mit $x \sqsubseteq z \wedge y \sqsubseteq z$. Spezielle gerichtete Mengen sind Mengen der Form $\{x_i : i \in \mathbb{N}\}$ mit

$$x_i \sqsubseteq x_{i+1} \text{ für alle } i.$$

Man nennt solche Mengen (abzählbare) *Ketten* und schreibt für sie abkürzend $(x_i)_{i \in \mathbb{N}}$.

Mit der oben eingeführten Ordnung ist die Menge der Funktionen $f: M \rightarrow N$ *vollständig geordnet,* d.h. zu jeder gerichteten Menge gibt es eine kleinste obere Schranke (ein Supremum, abgekürzt sup).

Beispielsweise ist jede durch $\sqsubseteq$ flach geordnete Menge M vollständig geordnet. In flach geordneten Mengen gibt es nämlich nur zwei Klassen gerichteter Mengen: Einelementige Mengen und Mengen der Form $\{\bot, a\}$ mit $a \in M\backslash\{\bot\}$ beliebig. Für die natürliche Zahlen $\mathbb{N}$ mit der üblichen Ordnung $\leq$ ist jede Teilmenge gerichtet. $\mathbb{N}$ ist bzgl. der Ordnung $\leq$ aber nicht vollständig, da jede unendliche Teilmenge von $\mathbb{N}$ zwar gerichtet ist, aber kein Supremum hat. Erweitert man $\mathbb{N}$ um das „größte" Element ∞ (für „unendlich") zu $\mathbb{N}\cup\{\infty\}$, so erhält man eine bzgl. der Ordnung $\leq$ vollständig geordnete Menge.

Ist ein Funktional *monoton*, d.h. gilt für alle Funktionen

$$f \sqsubseteq g \Rightarrow \tau[f] \sqsubseteq \tau[g] \, ,$$

so ist für jedes Argument a die Menge (die f_i bezeichnen wie oben definiert die durch Iteration des Funktionals τ aus der Funktion Ω gewonnenen Funktionen):

$$(f_i(a))_{i \in \mathbb{N}}$$

eine Kette. Dies ergibt sich aus $f_i \sqsubseteq f_{i+1}$, wie durch Induktion bewiesen werden kann. Es gilt (Induktionsanfang):

$$f_0(a) = \bot \sqsubseteq f_1(a)$$

für alle a, da $f_0(a) = \bot$ kleinstes Element ist. Also gilt $f_0 \sqsubseteq f_1$. Gilt die Induktionsvoraussetzung

$$f_i \sqsubseteq f_{i+1},$$

so gilt nach der Monotonie von τ:

$$\tau[f_i] \sqsubseteq \tau[f_{i+1}],$$

was nach der Definition der f_i gleichbedeutend ist mit

$$f_{i+1} \sqsubseteq f_{i+2}.$$

Damit läßt sich f^∞ wie folgt definieren (da $(f_i)_{i \in \mathbb{N}}$ eine gerichtete Menge bildet, vorausgesetzt τ ist monoton):

$$f^\infty = \sup \{f_i : i \in \mathbb{N}\},$$

was gleichbedeutend ist für $x \in M$ mit

$$f^\infty(x) = \sup \{f_i(x): i \in \mathbb{N}\}.$$

f^∞ ist demnach als das Supremum aller Funktionen definiert, die sich durch endliche Iteration unter Verwendung des Funktionals τ mit Startwert f_0 ergeben.

Die Funktion f^∞ kann verwendet werden, um der betrachteten rekursiven Deklaration eine Bedeutung zu geben. Die betrachtete rekursive Deklaration bindet den Identifikator f an die Abbildung f^∞.

4.3.2 Deutung als kleinster Fixpunkt

Neben der induktiven Deutung kann man eine rekursive Deklaration einer Funktion

fct f = (m x) n: E

auch über eine Lösung der Funktionalgleichung

(*) $f = \tau[f]$

deuten, wobei τ wie eben definiert ist, d.h. man sucht eine Abbildung

f: M $\to$ N

mit der Eigenschaft, daß für alle x $\in$ M

$f(x) = \tau[f](x)$

gilt. Man nennt f dann *Fixpunkt* von τ und (*) die zur rekursiven Deklaration von f gehörige *Funktionalgleichung*. Daß die Funktionalgleichung stets eine Lösung besitzt, wird im folgenden gezeigt. Dazu werden einige ordnungstheoretische Begriffe benötigt.

Eine Funktion

f: M $\to$ N

heißt *monoton*, falls für alle x1, x2 $\in$ M gilt:

$x1 \sqsubseteq x2 \quad \Rightarrow \quad f(x1) \sqsubseteq f(x2)$.

Die Menge der monotonen Abbildungen bezeichnet man mit

[M $\to$ N].

Für beliebige Funktionale τ ist weder die Existenz noch die Eindeutigkeit eines Fixpunkts, d.h. einer Lösung der Funktionalgleichung, gesichert. Auf Grund der Struktur der vorliegenden Programmiersprache gilt jedoch, daß das Funktional τ monoton ist, d.h. es gilt für alle Funktionen f und g:

$f \sqsubseteq g \Rightarrow \tau[f] \sqsubseteq \tau[g]$

Für monotone Funktionale τ ist auf vollständig geordneten Mengen mit kleinstem Element die Existenz eines Fixpunktes, d.h. einer Lösung der obigen Gleichung (*) gesichert. Darüber hinaus gibt es stets einen eindeutig bestimmten *kleinsten Fixpunkt* von τ.

Theorem (nach Knaster-Tarski). *Ist τ eine monotone Abbildung über einer vollständig geordneten Menge A mit kleinstem Element, so ist die Gleichung*

$x = \tau[x]$

lösbar und es existiert ein eindeutig bestimmter kleinster Fixpunkt von τ.

Beweis (nach Knaster-Tarski). Seien die Mengen PRE und Z wie folgt definiert:

$$\text{PRE} =_{\text{def}} \{x \in A: \tau(x) \sqsubseteq x\},$$
$$Z =_{\text{def}} \{y \in A: \forall x \in \text{PRE}: y \sqsubseteq x \land y \sqsubseteq \tau(y)\}.$$

Da $\bot \in Z$, gilt $Z \neq \emptyset$. Nach dem Lemma von Zorn gilt: Z besitzt ein maximales Element, da für jede Kette $B \subseteq Z$ stets $\sup B \in Z$ gilt:

(1) $\sup B \sqsubseteq \sup \{\tau(y): y \in B\} \sqsubseteq \tau(\sup B)$,

(2) $\forall x \in \text{PRE}: \forall y \in B: y \sqsubseteq x$, also $\forall x \in \text{PRE}: \sup B \sqsubseteq x$.

Sei $y_0 \in Z$ ein maximales Element in Z. $y_0 \sqsubseteq \tau(y_0)$ impliziert, da τ monoton ist,

$$\tau(y_0) \sqsubseteq \tau(\tau(y_0)),$$

also gilt $\tau(y_0) \in Z$ und $y_0 \sqsubseteq \tau(y_0)$. Weil y_0 maximal ist, gilt $y_0 = \tau(y_0)$. Da $y_0 \in Z$ und jeder Fixpunkt in PRE ist, ist y_0 kleinster Fixpunkt.   □

Der Satz verwendet das Lemma von Zorn, das wie folgt lautet:

Zorns Lemma. *Sei* M *eine partiell geordnete Menge, die für jede Kette* $B \subseteq A$ *auch* $\sup B$ *enthält, dann besitzt* M *ein maximales Element.*   □

Der Satz von Knaster-Tarski ist nicht nur für rekursiv definierte Rechenvorschriften bedeutungsvoll, sondern auch für viele andere Bereiche der Informatik und Mathematik.

Beispiel (Der kleinste Fixpunkt zum Funktional der Fakultätsfunktion). Die Funktion

$$\text{fac}: \mathbb{N}^{\bot} \to \mathbb{N}^{\bot}$$

mit

$$\text{fac}(n) = n!$$

ist kleinster Fixpunkt von τ, d.h. die kleinste Lösung der Funktionalgleichung

$$\tau[f] = f$$

mit

$$\tau[f](x) = \begin{cases} \bot & \text{falls } x = \bot, \\ 1 & \text{falls } x = 0, \\ x * f(x-1) & \text{sonst.} \end{cases}$$

      □

Die Abbildung, die den kleinsten Fixpunkt eines monotonen Funktionals τ darstellt, bezeichnet man auch mit

fix τ

(oder auch mit $Y\tau$ oder $\mu\, z.\tau[z]$). Die Funktion **fix** (und entsprechend Y und μ) nennt man *Fixpunktoperator*.

Der kleinste Fixpunkt des Funktionals τ kann ebenfalls verwendet werden, um einem, in einer rekursiven Funktionsdeklaration

fct f = (**m** x) **n**: E

(mit zugeordnetem Funktional τ) vereinbarten Identifikator, eine Abbildung zuzuordnen. Damit stehen uns zwei Deutungen für rekursive Deklarationen von Rechenstrukturen zur Verfügung: Die induktive Deutung und die Fixpunktdeutung. Natürlich ist die Frage von Interesse, ob sich beide Deutungen unterscheiden. Es gilt:

$$\sup\ \{f_i\colon i \in \mathbb{N}\} \sqsubseteq \textbf{fix}\ \tau.$$

Dies zeigt man, indem man einfach durch Induktion $f_i \sqsubseteq \textbf{fix}\ \tau$ beweist. Den Induktionsanfang

$$f_0 \sqsubseteq \textbf{fix}\ \tau,$$

erhält man sofort, da f_0 das kleinste Element ist. Ferner folgt aus $f_i \sqsubseteq \textbf{fix}\ \tau$ und der Monotonie von τ:

$$f_{i+1} = \tau[f_i] \sqsubseteq \tau[\textbf{fix}\ \tau] = \textbf{fix}\ \tau.$$

Induktion ergibt $f_i \sqsubseteq \textbf{fix}\ \tau$ für alle $i \in \mathbb{N}$. Daraus folgt

$$\sup\ \{f_i\colon i \in \mathbb{N}\} \sqsubseteq \textbf{fix}\ \tau.$$

Auf flachen Bereichen stimmen demnach die Resultate der Funktion $\sup\ \{f_i\colon i \in \mathbb{N}\}$, die verschieden von $\bot$ sind, mit den Werten der Funktion $\textbf{fix}\ \tau$ überein. Ferner hat die Funktion $\sup\ \{f_i\colon i \in \mathbb{N}\}$ den Wert $\bot$, wenn die Funktion $\textbf{fix}\ \tau$ den Wert $\bot$ hat.

Die induktive Deutung $\sup\ \{f_i\colon i \in \mathbb{N}\}$ und die Fixpunktdeutung $\textbf{fix}\ \tau$ sind völlig identisch, falls das Funktional τ sogenannte Stetigkeitseigenschaften besitzt.

Das Funktional τ heißt *(ketten)stetig*, wenn für monoton aufsteigende Folgen $(f_i)_{i\in\mathbb{N}}$ (d.h. für alle $i \in \mathbb{N}$ gilt: $f_i \sqsubseteq f_{i+1}$) von Funktionen f_i stets gilt:

$$\sup\ \{\tau[f_i] : i \in \mathbb{N}\} = \tau[\sup\ \{f_i : i \in \mathbb{N}\}]\ .$$

Ist τ stetig, so gilt für den kleinsten Fixpunkt gar, daß er mit dem Supremum der in der induktiven Deutung auftretenden Kette von Funktionen übereinstimmt.

Satz (nach Kleene). *Ist τ stetig, so ist der kleinste Fixpunkt f von $\tau[f]$ identisch mit dem Supremum der Kette der Abbildungen $(f_i)_{i\in\mathbb{N}}$*

$$f^{\infty} = \sup\ \{f_i\colon i \in \mathbb{N}\},$$

wo $f_0(x) = \bot$, $f_{i+1} = \tau[f_i]$, d.h. es gilt:

$$\textbf{fix}\ \tau = \sup\ \{\tau^i[f_0]\colon i \in \mathbb{N}\},$$

wobei τ^i die i-fach funktionale Komposition des Funktionals τ mit sich selbst bezeichnet.

Beweis. Die Stetigkeit von τ impliziert, daß f^{∞} Fixpunkt von τ ist:

$\tau[f^{\infty}] =$	(nach Definition)
$\tau[\sup\ \{f_i\colon i \in \mathbb{N}\}] =$	(Stetigkeit von τ)
$\sup\ \{\tau[f_i]\colon i \in \mathbb{N}\} =$	(Definition von f_i)
$\sup\ \{f_{i+1}\colon i \in \mathbb{N}\} =$	(da $f_0 \sqsubseteq f_1$ und $f_{i+1} = \tau[f_i]$)
$\sup\ \{f_i\colon i \in \mathbb{N}\} =$	(Definition von f^{∞})
f^{∞} .	

Also ist f^{∞} Fixpunkt. Ist f Fixpunkt von τ, so gilt ferner

$$f^{\infty} \sqsubseteq f,$$

da für jeden Fixpunkt f: $f_i \sqsubseteq f$ für alle $i \in \mathbb{N}$, wie man einfach durch Induktion über i zeigt:

(0) $f_0 \sqsubseteq f$ gilt trivialerweise, da f_0 kleinstes Element ist;

(1) gilt $f_i \sqsubseteq f$, so gilt wegen der Monotonie von τ

$$\tau[f_i] \sqsubseteq \tau[f],$$

Nach Definition ist $f_{i+1} = \tau[f_i]$ und die Fixpunkteigenschaft von f, d.h. $\tau[f] = f$, ergibt

$$f_{i+1} \sqsubseteq f$$

Also ist f^∞ kleinster Fixpunkt. Da **fix** τ ebenfalls kleinster Fixpunkt ist, gilt **fix** $\tau \sqsubseteq$ f^∞ und ebenso gilt $f^\infty \sqsubseteq$ **fix** τ, also muß gelten (Antisymmetrie der partiellen Ordnung $\sqsubseteq$):

$$f^\infty = \textbf{fix } \tau. \qquad \qquad \Box$$

Alle in unserer Sprache formulierbaren Funktionale sind stetig. Dies kann gezeigt werden, indem bewiesen wird, daß mit den Elementen der vorliegenden applikativen Sprache nur monotone und stetige Funktionale entstehen können. Dies ist letztlich eine Konsequenz des folgenden Lemmas.

Lemma. *Sei* β *eine Belegung, die nur strikte Funktionen enthält, dann gilt für jedes Funktional*

$$\tau: [M \rightarrow N] \rightarrow [M \rightarrow N] :$$

(1) *Gilt für die strikte Abbildung* g, *den Identifikator* x *und für alle* $a \in$ M *und alle strikten Abbildungen* f

$$\tau[f](a) = \begin{cases} \bot & \textit{falls } a = \bot, \\ \beta(x) & \textit{sonst,} \end{cases}$$

oder gilt für alle $a \in$ M

$$\tau[f](a) = g(a),$$

so ist τ *stetig.*

(2) *Gilt für stetige Funktionale*

$$\tau1, \tau2: [M \rightarrow N] \rightarrow [M \rightarrow N],$$
$$\tau0: [M \rightarrow \mathbb{B}^\perp] \rightarrow [M \rightarrow \mathbb{B}^\perp],$$

$$\tau[f](a) = \begin{cases} \tau1[f](a) & \textit{falls } \tau0[f](a) = \mathbf{L}, \\ \tau2[f](a) & \textit{falls } \tau0[f](a) = \mathbf{O}, \\ \bot & \textit{sonst,} \end{cases}$$

so ist τ *stetig.*

(3) *Ist* g *eine strikte Abbildung*

$$g: M_1 \times \ldots \times M_n \rightarrow N$$

und sind $\tau_1, \ldots, \tau_n$ stetige Abbildungen

$$\tau_i: [M \to N] \to [M \to M_i],$$

und gilt für alle $a \in M$ *und alle strikten Abbildungen* f

$$\tau[f](a) = g(\tau_1[f](a), \ldots, \tau_n[f](a)),$$

so ist τ stetig.

(4) *Gilt mit den Bezeichnungen und Voraussetzungen aus* (2)

$$\tau[f] = \tau2[\tau1[f]]$$

für alle f, *so ist* τ *stetig. Die Komposition stetiger Funktionale ergibt demnach stetige Funktionale.*

Beweis. Sei $F \subseteq [M \to N]$ eine gerichtete Menge

(1) Im ersten Fall erhalten wir

$$\tau[\sup F](a) \;\; = \;\; \begin{cases} \bot & \text{falls } a = \bot \\[2mm] \beta(x) & \text{sonst} \end{cases}$$

$$= \sup \begin{cases} \{\bot\} & \text{falls } a = \bot \\[2mm] \{\beta(x)\} & \text{sonst} \end{cases}$$

$$= (\sup \{\tau[f]: f \in F\})(a).$$

Im zweiten Fall erhalten wir

$$\tau[\sup F](a) = g(a) = \sup \{g(a)\} = \sup \{\tau[f](a): f \in F\} = (\sup \{\tau[f]: f \in F\})(a)$$

(2) Gelte die Bedingung (2). Dann gilt

$$\tau[\sup F](a) =$$

$$= \begin{cases} \tau1[\sup F](a) & \text{falls } \tau0[\sup F](a) = L \\ \tau2[\sup F](a) & \text{falls } \tau0[\sup F](a) = O \\ \bot & \text{sonst.} \end{cases}$$

Das ist, da $\tau1, \tau2, \tau0$ stetig sind, äquivalent zu:

$$\begin{cases} \sup \{\tau1[f](a): f \in F\} & \text{falls } \sup \{\tau0[f](a): f \in F\} = L \\ \sup \{\tau2[f](a): f \in F\} & \text{falls } \sup \{\tau0[f](a): f \in F\} = O \\ \bot & \text{sonst.} \end{cases}$$

Dies ist äquivalent zu (F ist gerichtet):

$$\sup \begin{cases} \tau1[f](a) & \text{falls } \tau0[f](a) = L \\ \tau2[f](a) & \text{falls } \tau0[f](a) = O \\ \bot & \text{sonst,} \end{cases}$$

und damit äquivalent zu

$$(\sup \{\tau[f]: f \in F\})(a).$$

(3) Gelte die Bedingung (3). Dann gilt

$\tau[\sup F](a) =$
$g(\tau_1[\sup F](a), ..., \tau_n[\sup F](a)) = \qquad$ (da die τ_i stetig)
$g((\sup \{\tau_1[f]: f \in F\})(a), ..., (\sup \{\tau_n[f]: f \in F\})(a)) =$
$g(\sup \{\tau_1[f](a): f \in F\}, ..., \sup \{\tau_n[f](a): f \in F\}).$

Da g als strikt angenommen ist, unterscheiden wir zwei Fälle: Gilt für ein i, $1 \leq i \leq n$:

$\sup \{\tau_i[f](a): f \in F\} = \bot$

d.h.

$\forall\ f \in F: \tau_i[f](a) = \bot$

so gilt

$g(\sup \{\tau_1[f](a): f \in F\}, ..., \sup \{\tau_n[f](a): f \in F\}) = \qquad$ (g ist strikt)
$\bot =$
$\sup \{g(\tau_1[f](a), ..., \tau_n[f](a)): f \in F\} =$
$(\sup \{\tau[f]: f \in F\})(a).$

Gilt jedoch für alle i, $1 \leq i \leq n$, daß eine Funktion $f_i \in F$ existiert mit

$\tau_i[f_i](a) \neq \bot,$

so existiert, da F gerichtet ist, eine Funktion $f' \in F$ mit

$f_i \sqsubseteq f'$

für alle i, $1 \leq i \leq n$. Also gilt

$g(\sup \{\tau_1[f](a): f \in F\}, ..., \sup \{\tau_n[f](a): f \in F\}) = g(\tau_1[f'](a), ..., \tau_n[f'](a)).$

Wegen der Striktheit von g und der Gerichtetheit von F gilt:

$\forall\ f \in F: g(\tau_1[f](a), ..., \tau_n[f](a)) \sqsubseteq g(\tau_1[f'](a), ..., \tau_n[f'](a))$

und da $f' \in F$, ist dies äquivalent zu

$\sup \{g(\tau_1[f](a), ..., \tau_n[f](a)): f \in F\}$

und somit zu

$(\sup \{\tau[f]: f \in F\})(a).$

(4) Es gilt für alle gerichteten Mengen F:

$\tau[\sup F] =$
$\tau 2[\tau 1[\sup F]] = \qquad$ Stetigkeit von $\tau 1$
$\tau 2[\tau 1[\sup \{\tau 1[f]: f \in F\}]] = \qquad$ Stetigkeit von $\tau 2$
$\sup \{\tau 2[\tau 1[f]]: f \in F\} =$
$\sup \{\tau[f]: f \in F\} \qquad\qquad\qquad\qquad\qquad\qquad\qquad\qquad \Box$

Aus diesem Lemma und den semantischen Definitionen der betrachteten funktionalen Sprache ergibt sich, daß alle in der Sprache formulierbaren rekursiven Deklarationen zu stetigen Funktionalen führen. Also gilt für die vorliegende applikative Sprache allgemein

$$\textbf{fix } \tau = \sup \{f_i : i \in \mathbb{N}\}$$

mit $f_0(x) = \bot$ für alle x und $f_{i+1} = \tau[f_i]$. Die Interpretationsfunktion sei für rekursive Deklarationen definiert durch:

$$I[\textbf{fct } f = (\textbf{m } x) \textbf{ n}: E](\beta) = \beta[\textbf{fix } \tau / f],$$

wobei τ wie eben definiert sei.

Für die vorliegende applikative Sprache fallen die induktive Deutung und die Fixpunktdeutung rekursiver Deklarationen zusammen. Dies hat den Vorteil, daß beide Deutungen herangezogen werden können, um Aussagen und Beweise über die rekursiven Deklarationen zugeordneten Abbildungen abzuleiten. Am Ende dieses Kapitels wird dies erneut aufgegriffen.

4.3.3 Rekursive Funktionsvereinbarungen in Termersetzungssystemen

Sei wieder die rekursive Funktionsdeklaration

$$\textbf{fct } f = (\textbf{m } x) \textbf{ n}: E$$

gegeben. Für einen Ausdruck, der f verwendet, wird die folgende Termersetzungsregel verwendet:

$$f(E1) \rightarrow ((\textbf{m } x)\textbf{n}: E)(E1),$$

d.h. zur Auswertung wird der Identifikator f durch die rechte Seite der rekursiven Vereinbarung ersetzt. Eine rekursiv vereinbarte Funktion entspricht demnach einer weiteren Termersetzungsregel, die zu den vorhandenen Ersetzungsregeln hinzugenommen wird.

Beispiel (Reduktion mit rekursiv vereinbarten Funktionen). Für die rekursive Definition

$$\textbf{fct } fac = (\textbf{nat } x) \textbf{ nat}:$$
$$\textbf{if } x \stackrel{?}{=} 0 \ \textbf{ then } \ 1$$
$$\textbf{else } \ x * fac(x{-}1) \ \textbf{fi}$$

ergibt sich die Berechnung (2 stehe für succ(succ(zero)) etc.):

$$fac(2) \rightarrow$$
$$((\textbf{nat } x) \textbf{ nat}: \textbf{if}...\textbf{fi})(2) \rightarrow$$
$$\textbf{if } 2 \stackrel{?}{=} 0 \textbf{ then } 1 \textbf{ else } 2 * fac(2{-}1) \textbf{ fi} \rightarrow \ ... \qquad \square$$

Daß durch diese Ersetzungsregeln tatsächlich die Werte berechnet werden, die in der funktionalen Semantik (Fixpunktdeutung) spezifiziert werden, läßt sich aufgrund der Eigenschaften der induktiven Deutung beweisen.

4.3.4 Formulare für rekursive Funktionsdeklarationen

Der rekursiven Deklaration

$$\textbf{fct } f = (\textbf{m}_1 \ x_1,..., \textbf{m}_k \ x_k) \textbf{ n} : E$$

entspricht ein Formularschema. Dies soll an einem Beispiel erläutert werden.

Beispiel (Formular für die rekursiv deklarierte Fakultätsfunktion). Die Deklaration

fct fac = (**nat** x) **nat**:
   if x $\stackrel{?}{=}$ 0 **then** 1
        else x * fac(x–1) **fi**

entspricht dem in Abb. 4.2 angegebenen Formularschema.

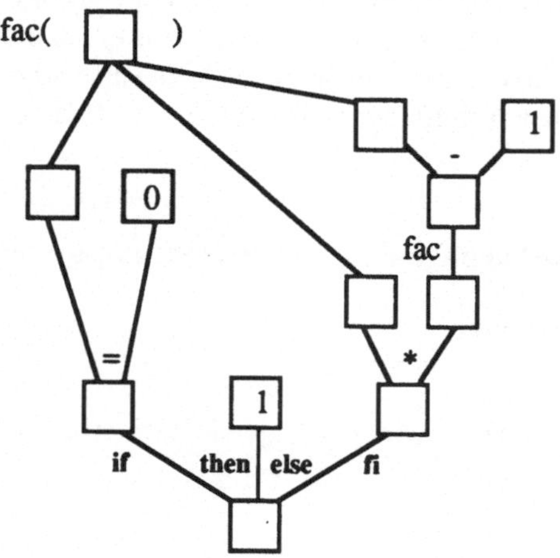

Abb. 4.2. Formularschema zur rekursiven Berechnung der Fakultätsfunktion

In einer Berechnung mit Formularen wird für jeden rekursiven Aufruf (jedes Entfalten der Rekursion) ein neues Formular angelegt.

Die Verwaltung der Formulare kann kellerartig erfolgen: Jedes neu angelegte Formular wird ausgefüllt, bis ein rekursiver Aufruf erfolgt. Dann wird zur Auswertung des rekursiven Aufrufs ein neues Formular angelegt. Die angefangenen, aber noch nicht vollständig ausgefüllten Formulare werden dabei übereinander gestapelt. Sobald ein Formular, das einem rekursiven Aufruf entspricht, vollständig ausgefüllt ist (d.h. der gesuchte Funktionswert konnte eingetragen werden), wird der ermittelte Wert des Aufrufs auf das darunterliegende Formular übertragen und das Formular zur Seite gelegt. Dann kann auf dem Formular weitergerechnet werden, das oben auf dem Stapel abgelegt war. Die Rechnung dauert an, bis alle Formulare ausgefüllt sind.

Die Verwaltung der Formulare in Stapeln ist typisch für die Abarbeitung von rekursiven deklarierten Funktionen in der Maschine. Dies wird unter dem Stichwort stapelartige oder kellerartige Verarbeitung im Zusammenhang mit der maschinennahen Realisierung von Rekursion wieder aufgegriffen.

4.4 Rekursionsformen

Mit Hilfe der Rekursion und den soweit angegebenen programmiersprachlichen Mitteln lassen sich prinzipiell alle Algorithmen (die über Zahlen arbeiten) repräsentieren. Soweit bildet die bisher eingeführte programmiersprachliche Notation bereits eine

„universelle" Programmiersprache. Die verschiedenen Typen von Rekursionen in Rechenvorschriften lassen sich wie folgt unterscheiden.

4.4.1 Lineare Rekursion

Tritt in einer rekursiven Funktionsdeklaration

> **fct** f = (m x) n: E

in E ein Aufruf von f in jedem Zweig einer Fallunterscheidung höchstens einmal auf, so heißt die Rechenvorschrift f *linear rekursiv*.

Beispiel (Lineare Rekursion)

(1) Das folgende Programm realisiert die natürlichzahlige Division und ist linear rekursiv.

> **fct** div = (**nat** a, **nat** b: b > 0) **nat**:
>   **if** a < b **then** 0
>   **else** div(a–b, b)+1 **fi**

(2) Die folgenden Programme spalten für eine gegebene Zahl a eine Sequenz in die Teilsequenzen auf, die kleiner, gleich, bzw. größer als das als zweiter Parameter angegebene Element a sind. Sie sind linear rekursiv.

> **fct** lp = (**seq nat** s, **nat** a) **seq nat**:
>   **if** s $\stackrel{?}{=}$ empty   **then** s
>   **elif** first(s) < a **then** ‹first(s)› ∘ lp(rest(s), a)
>   **else** lp(rest(s), a)   **fi**,
>
> **fct** ep = (**seq nat** s, **nat** a) **seq nat**:
>   **if** s $\stackrel{?}{=}$ empty   **then** s
>   **elif** first(s) = a **then** ‹first(s)› ∘ ep(rest(s), a)
>   **else** ep(rest(s), a)   **fi**,
>
> **fct** hp = (**seq nat** s, **nat** a) **seq nat**:
>   **if** s $\stackrel{?}{=}$ empty   **then** s
>   **elif** first(s) > a **then** ‹first(s)› ∘ hp(rest(s), a)
>   **else** hp(rest(s), a)   **fi**.   □

In der linearen Rekursion führt jeder rekursive Aufruf unmittelbar auf höchstens einen weiteren rekursiven Aufruf. Es entsteht eine lineare Folge von rekursiven Aufrufen. Ein Spezialfall der linearen Rekursion ist die *repetitive Rekursion*.

4.4.2 Repetitive Rekursion

Erscheint in einer linear rekursiven Funktionsvereinbarung

> **fct** f = (m x) n: E

in allen rekursiven Aufrufen in Zweigen einer Fallunterscheidung der rekursive Aufruf als äußerste (letzte) Aktion, heißt die Funktionsdeklaration *repetitiv rekursiv* (engl. *tail recursion*).

Beispiel (Repetitive Rekursion). Ein Programm zur Division könnte sich auf folgende Rechenvorschrift in repetitiver Rekursion stützen.

> **fct** div1 = (**nat** x, **nat** y, **nat** r: y > 0) **nat**:
>   **if** x < y   **then** r
>   **else** div1(x–y, y, r+1) **fi**

Es gilt mit der Vereinbarung des vorangegangenen Beispiels

> div(a, b) = div1(a, b, 0).   □

Die repetitive Rekursion führt auf eine besonders einfache Abarbeitungsstruktur: Bevor mit der Auswertung eines neuen rekursiven Aufrufs begonnen wird, wird die Auswertung des davorliegenden rekursiven Aufrufs völlig abgeschlossen. Werte der Identifikatoren aus lokalen Deklarationen oder aktuelle Parameter müssen nicht weiter aufbewahrt werden. Sie werden nicht mehr benötigt. Im Sinn der Formulare zur Auswertung heißt das, daß ein Formular bis auf den Eintrag des Wertes des rekursiven Aufrufs ganz ausgefüllt ist, bevor es auf den Stapel gelegt wird. Die Einträge werden also nach Rückkehr aus der Rekursion nicht mehr benötigt, können gelöscht werden und es kann immer wieder das gleiche Formular benutzt werden. Dieses Prinzip machen sich die heutigen Rechenanlagen durchweg zunutze.

4.4.3 Kaskadenartige Rekursion

Treten in mindestens einem Zweig einer Fallunterscheidung im Rumpf einer rekursiven Funktionsdeklaration zwei oder mehr rekursive Aufrufe auf, so spricht man von *kaskadenartiger* (*baumartiger, nichtlinearer*) *Rekursion*.

Beispiel (Kaskadenartige Rekursion)

(1) *Binomialkoeffizient:* Die folgende Rechenvorschrift ist nichtlinear rekursiv und berechnet Binominalkoeffizienten.

> **fct** binom = (**nat** n, **nat** m: n ≥ m) **nat**:
>   **if** n $\overset{?}{=}$ 0 ∨ n $\overset{?}{=}$ m   **then** 1
>   **else** binom(n–1, m) + binom(n–1, m–1) **fi**

Die Richtigkeit des Programms (d.h. der zugrunde liegenden Funktionalgleichung) kann man durch folgende einfache Beziehungen für die Binomialkoeffizienten nachweisen. Der Binomialkoeffizient ist gegeben durch (sei n ≥ m):

$$\binom{n}{m} = \frac{n!}{m!\,(n-m)!}$$

Es gilt:

$$\begin{pmatrix} n\text{-}1 \\ m \end{pmatrix} + \begin{pmatrix} n\text{-}1 \\ m\text{-}1 \end{pmatrix} =$$

$$\frac{(n-1)!}{m!\,(n-m-1)!} + \frac{(n-1)!}{(m-1)!\,(n-m)!} =$$

$$\frac{(n-1)!\,(n-m) + (n-1)!\,m}{m!\,(n-m)!} = \frac{(n-1)!\,n}{m!(n-m)!} = \frac{n!}{m!\,(n-m)!}$$

Aus diesen Beziehungen folgt die partielle Korrektheit des obenstehenden Programms.

(2) *Fakultät durch Bisektion:* Die folgende Rechenvorschrift

fct fbi = (**nat** x, **nat** y) **nat**:
    if   x > y   **then** 1
    elif x $\overset{?}{=}$ y   **then** x
                else fbi(x, (x+y)÷2) $*$ fbi(1+(x+y)÷2, y)
    fi

erfüllt die Gleichungen

$$\begin{aligned}
x > y &\;\Rightarrow\; \text{fbi}(x, y) = 1, \\
x = y &\;\Rightarrow\; \text{fbi}(x, y) = x, \\
x < y &\;\Rightarrow\; \text{fbi}(x, y) = x*(x+1)*(x+2)*\ldots*(y-1)*y.
\end{aligned}$$

Insbesondere gilt fac(n) = fbi(1, n).

(3) *Sortieren durch Aufspalten (Quicksort):* Die folgende Rechenvorschrift

fct qs = (**seq nat** s) **seq nat**:
    if length(s) $\leq$ 1   **then** s
                else qs(hp(s, first(s))) $\circ$ ep(s, first(s)) $\circ$ qs(lp(s, first(s)))
    fi

sortiert eine Sequenz absteigend durch Aufspalten in Teilsequenzen, deren Elemente kleiner, gleich oder größer sind als das erste Element. Die verwendeten Hilfsfunktionen hp, lp, ep sind die im Abschnitt über lineare Rekursion deklarierten Rechenvorschriften. $\square$

Im Gegensatz zur linearen Rekursion, bei der die rekursive Aufrufstruktur linear ist, was bedeutet, daß jeder rekursive Aufruf unmittelbar höchstens einen weiteren rekursiven Aufruf nach sich zieht, führt die nichtlineare Rekursion zu einer baumartigen Aufrufstruktur. Die Aufrufe führen lawinenartig zu einem exponentiellen Anwachsen der anfallenden rekursiven Aufrufe („Kaskade von Aufrufen").

Generell lassen sich Muster für rekursive Aufrufe durch Graphen darstellen. Eine Kante zwischen f(a) und f(b) bedeutet jeweils, daß ein Aufruf f(a) unmittelbar zum rekursiven Aufruf f(b) führt. Für lineare Rekursion ergeben sich lineare Graphen. So liefert der Aufruf der Fakultätsfunktion fac mit Argument 5 den in Abb. 4.3 angegebenen Aufrufgraph:

$$\text{fac}(5) - \text{fac}(4) - \text{fac}(3) - \text{fac}(2) - \text{fac}(1) - \text{fac}(0)$$

Abb. 4.3. Aufruffolge der Fakultätsfunktion

Ein Aufruf der Funktion fbi mit Argumentsatz (1, 5) liefert den in Abb. 4.4 angegeben Aufrufgraphen.

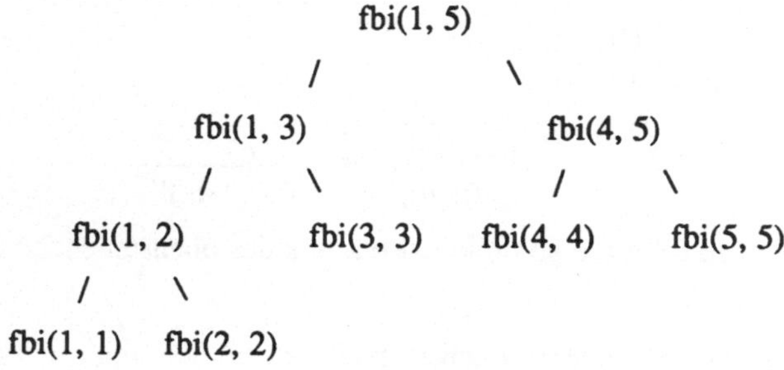

Abb. 4.4. Aufrufbaum der binarisierten Fakultätsfunktion

Die Graphen geben die rekursive Aufrufstruktur für jeweils einen Satz aktueller Parameter wieder. Dies entspricht jeweils einem anzulegenden Formular.

4.4.4   Vernestete Rekursion

Treten im Rumpf einer rekursiven Funktionsdeklaration für f in den aktuellen Parameterausdrücken eines rekursiven Aufrufs von f weitere rekursive Aufrufe von f auf, so heißt die Rekursion *vernestet* .

Beispiele (Vernestete Rekursion)

(1) Die *Ackermann-Funktion*: Die von Hilbert und Ackermann aus berechnungstheoretischen Gründen angegebene sogenannte Ackermann Funktion ist durch folgende vernestet rekursive Rechenvorschrift definiert:

fct ackermann = (**nat** m, **nat** n) **nat**:
    if   m $\overset{?}{=} 0$ **then** n+1
    elif n $\overset{?}{=} 0$ **then** ackermann(m–1, 1)
              else ackermann(m–1, ackermann(m, n–1))
    fi

Aufrufe der Ackermann Funktion terminieren immer. Die Werte der Ackermann Funktion wachsen jedoch bei Vergrößerung der Argumente außerordentlich schnell.

(2) *Quersumme*: Die iterierte Quersumme einer natürlichen Zahl in Dezimaldarstellung wird durch die Funktion Quersumme Modulo 9 berechnet.

fct qsum = (**nat** n) **nat**:
    if   n < 9 **then** n
    elif n $\overset{?}{=} 9$ **then** 0
              else qsum(qsum(n+10)+ (n **mod** 10))
    fi

□

Vernestete Rekursion führt wie kaskadenartige Rekursion auf baumartige, nichtlineare Aufrufstrukturen. Allerdings sind die aktuellen Parameter für gewisse rekursive Aufrufe selbst wieder von den Funktionswerten abhängig. Dies macht auch Beweise für Eigenschaften verschränkt rekursiver Funktionen, insbesondere den Beweis der Terminierung, komplizierter.

4.4.5 Verschränkte Rekursion

Betrachtet man ein System

$$\textbf{fct } f_1 = (\textbf{m}_1 \ x) \ \textbf{n}_1 \colon E_1,$$
$$\dots$$
$$\textbf{fct } f_k = (\textbf{m}_k \ x) \ \textbf{n}_k \colon E_k$$

von rekursiven Funktionsdeklarationen, wobei die Funktionsbezeichnungen $f_1, \dots, f_k$ frei in den E_i auftreten, so spricht man für $k \geq 2$ von *verschränkter Rekursion*. Auch Systemen von verschränkt rekursiven Funktionsdeklarationen kann man analog zu dem bereits behandelten Vorgehen für einfach rekursive Funktionsdeklarationen sowohl durch induktive, als auch durch Fixpunktdeutung eine Semantik zuordnen.

Beispiel (Verschränkte Rekursion). Ein einfaches Beispiel für verschränkt rekursive Funktionsdeklarationen stellt die binäre Quersumme dar. Der Aufruf qis0(n) beantwortet die Frage, ob die Zahl n eine geradzahlige Anzahl von Binärziffern **L** in Binärdarstellung besitzt:

```
fct qis1 = (nat n) bool:
    if    n =? 0    then  false
    elif  even(n)   then  qis1(n+2)
                    else  qis0(n+2)
    fi,

fct qis0 = (nat n) bool:
    if    n =? 0    then  true
    elif  even(n)   then  qis0(n+2)
                    else  qis1(n+2)
    fi.
```

Ein Aufruf qis0(n) liefert die Antwort auf die Frage, ob die iterierte binäre Quersumme von n der Boolesche Wert **O** ist. □

Verschränkt rekursive Systeme lassen sich schematisch auf geschachtelte Systeme einfacher Rekursion zurückführen. Die Deklaration der Funktion f1 in der verschränkten Rekursion

$$\textbf{fct } f1 = (\textbf{m1 } x) \ \textbf{n1} \colon E1,$$
$$\textbf{fct } f2 = (\textbf{m2 } x) \ \textbf{n2} \colon E2,$$

entspricht der folgenden geschachtelten rekursiven Deklaration:

fct f1 = (m1 x) n1:
  ⌈ **fct f2 = (m2 x) n2 : E2; E1** ⌋.

Allerdings sind verschränkte rekursive Systeme oft übersichtlicher und besser lesbar als Systeme mit geschachtelter Rekursion. Bei komplizierten verschränkt rekursiven Systemen von Funktionen ist es oft hilfreich, den *Stützgraph* zu zeichnen. Im Stützgraph wird angegeben, welche Funktionen im Rumpf einer deklarierten Funktion unmittelbar aufgerufen wird. Für die fac, mult und add Funktionen erhält man den in Abb. 4.5 angegebenen Stützgraph.

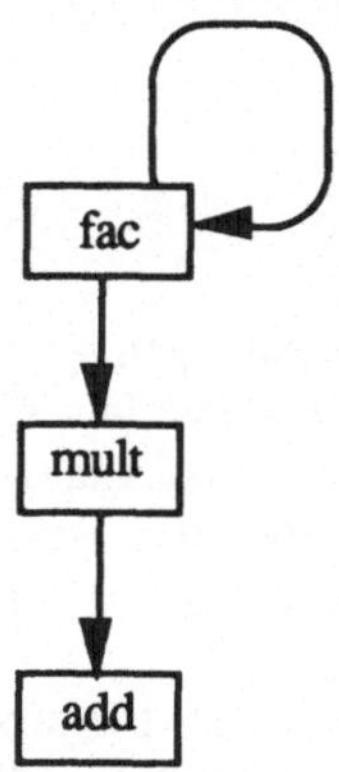

Abb. 4.5. Stützgraph

Der Stützgraph ist ein wichtiger Teil der Dokumentation von komplizierten rekursiven Programmsystemen. Er verdeutlicht die prinzipielle Aufrufstruktur. Diese Dokumentation kann auch für umfangreichere nichtrekursive Systeme von Funktionsdeklarationen hilfreich sein.

4.5 Techniken applikativer Programmierung

In der applikativen Programmierung wird eine gegebene Problemstellung auf die Form gebracht: „Gesucht ist eine Rechenvorschrift, die eine bestimmte Funktion berechnet". Zur Lösung der Problemstellung ist demnach ein System von (rekursiven) Funktionsdeklarationen anzugegeben, das eine Funktionsdeklaration für die gesuchte Funktion umfaßt. Im folgenden werden einige Prinzipien beschrieben, die bei der Lösung einer Programmieraufgabe beachtet werden sollten. Es werden insbesondere Grundregeln für die Entwicklung von (applikativen) Programmen angegeben.

4.5.1 Beschreibung der Aufgabenstellung: Spezifikation

Am Anfang der systematischen Erstellung eines Programms hat stets die Erarbeitung einer präzisen (d.h. im allgemeinen formalen) Spezifikation der Aufgabenstellung zu stehen, genannt *Anforderungsspezifikation* oder *Anforderungsbeschreibung*. Die Anforderungsspezifikation ist zweckmäßigerweise in schriftlicher Form zu erarbeiten. Im Idealfall wird sie in einer formalen Sprache, einer *Spezifikationssprache*, formuliert.

Unpräzise oder fehlerhafte Aufgabenbeschreibungen haben fatale Folgen. Der gesamte Programmieraufwand ist vergebens, wenn sich nachträglich herausstellt, daß die falsche Aufgabe gelöst wurde. Mißverständliche Aufgabenstellungen führen darüberhinaus leicht zu Programmierfehlern, deren Beseitigung mühsam und zeitaufwendig ist. Der für die Spezifikation benötigte Aufwand zahlt sich in der Regel durch die Verringerung des Aufwands bei der eigentlichen Programmierung um ein Vielfaches aus. Daraus ergibt sich folgendes Prinzip:

> *Erstes Prinzip der disziplinierten Programmierung:* Niemals sollte mit der eigentlichen Programmierung begonnen werden, bevor die Aufgabenstellung genau verstanden und beschrieben ist.

Man beachte, daß das genaue Verständnis einer Aufgabenstellung allgemein mit (der Erstellung) einer exakten Beschreibung („Spezifikation") der Aufgabenstellung einhergeht.

Im Rahmen der applikativen oder funktionalen Programmierung besteht die Lösung einer einfachen Programmieraufgabe in der Angabe einer Rechenvorschrift (oder eines Systems von Rechenvorschriften), die eine bestimmte Funktion berechnet. Die Aufgabenstellung ist demnach durch die Spezifikation der Funktion gegeben, die das gesuchte Programm zu berechnen hat. Es existieren viele verschiedene Methoden, eine Aufgabenstellung, d.h. eine zu berechnende Funktion, zu beschreiben. Ein formale (d.h. mathematische) Beschreibung einer Aufgabenstellung im Sinne der Programmierung nennt man *formale Spezifikation.*

Beispiel (Spezifikation der Aufgabenstellung). Bei der Aufgabenstellung, eine Rechenvorschrift div zur Division anzugeben, sind die natürlichen Zahlen m, n als Eingaben gegeben. Gesucht ist somit eine Funktion

$$\text{div}: \mathbb{N} \times \mathbb{N} \to \mathbb{N}.$$

Die Angabe der Funktionalität, d.h. der Sorten des Definitions- und Wertebereichs, kann auch durch programmiersprachliche Formulierungen wie

fct div = (**nat, nat**) **nat**

erfolgen. Durch die Angabe der Funktionalität ist die Aufgabenstellung allerdings in der Regel erst sehr grob umrissen.   □

Allgemein spezifiziert man die Funktionalität, d.h. Definitionsbereich und Wertebereich, einer Funktion f in der Mathematik wie folgt:

$$f: M_1 \times \dots \times M_n \to M_{n+1}$$

und führt dadurch gleichzeitig einen Namen ein. Die Angabe der Funktionalität kann auch durch programmiersprachliche Formulierungen wie etwa

fct f = (**m**$_1$, ..., **m**$_n$) **m**$_{n+1}$

erfolgen. Damit ist der Funktionenraum beschrieben, in dem die zu spezifizierende Funktion liegt. Häufig sind gewisse Parameter für eine zu spezifizierende Funktion nicht sinnvoll. Entsprechend sagt man dann, daß die Funktionsapplikation für diese Werte nicht definiert ist.

Beispiel (Spezifikation der Parameterbeschränkung). Für die Division div(n, m) ist ein Parametersatz mit m = 0 nicht sinnvoll. Die Angabe der Einschränkungen der zulässigen Parameter kann durch programmiersprachliche Formulierungen wie

fct div = (**nat** n, **nat** m : m > 0) **nat**

erfolgen. Dies ist gleichwertig mit der folgenden Aussage:

$\forall$ **nat** n, **nat** m : $\neg$(m > 0) $\Rightarrow$ div(n, m) = $\bot$.   □

Einschränkungen für die zulässigen Parameter können in der Angabe der Funktionalität in programmiersprachlichen Formulierungen durch Angabe einschränkender Prädikate erfolgen. Man schreibt

fct f = ($m_1 \ x_1, \dots , m_n \ x_n : Q(x_1, \dots , x_n)$) m_{n+1}

Dies ist gleichwertig mit der Aussage

$\forall \ m_1 \ x_1, \dots, m_n \ x_n : \neg Q(x_1, \dots, x_n) \Rightarrow f(x_1, \dots, x_n) = \bot$

Hier sei $Q(x_1, \dots, x_n)$ eine beliebige prädikatenlogische Formel. Man spricht von *Parameterrestriktion* oder *Parameterbeschränkung*. Ist die Funktion f rekursiv deklariert, dann muß natürlich sichergestellt sein, daß die beschränkende Bedingung für die Parameter auch in den rekursiven Aufrufen nicht verletzt wird.

Über Parameterbeschränkung hinaus ist man daran interessiert, den Wertverlauf der gewünschten Funktion zu charakterisieren. Dies kann durch logische Formeln geschehen.

Beispiel (Spezifikation des Wertverlaufs (Aufgabenstellung Division, Fortsetzung)). Der Werteverlauf der Funktion div läßt sich wie folgt charakterisieren: Für n > 0 mit

y = div(m, n)

gelte

(*) m = n * y + r   wobei $r \in \mathbb{N}$ und n > r $\geq$ 0

Durch diese Aufgabenstellung ist die gesuchte Funktion div eindeutig bestimmt; für gegebene aktuelle Parameter m, n $\in \mathbb{N}$ mit n > 0 sind durch die Forderung (*) die Werte von r, y $\in \mathbb{N}$ eindeutig bestimmt. In einer prädikatenlogischen Formel zusammengefaßt fordert man für div:

$\forall$ **nat** m, **nat** n : n > 0 $\Rightarrow$ $\exists$ **nat** r : m = n * div(m, n)+r $\wedge$ m > r $\geq$ 0   □

Allgemein besteht eine prädikative Spezifikation für eine gesuchte Rechenvorschrift f in der Angabe einer prädikatenlogischen Formel, die f enthält, und die für die gesuchte Funktion erfüllt sein soll. Für viele Problemstellungen ist es allerdings nicht erforderlich – und zur Vermeidung einer „Überspezifikation" dann auch nicht ratsam – eine Funktion eindeutig zu spezifizieren. Es wird dann eine Klasse von Funktionen durch die Aufgabenstellung charakterisiert. Jede Rechenvorschrift, die eine Funktion aus dieser Klasse beschreibt, bildet eine Lösung der Aufgabenstellung.

Häufig werden speziellere Formalismen und Techniken der mathematischen Logik herangezogen, um Aufgabenstellungen zu beschreiben. Beispielsweise kann man alle wesentlichen Teile der Spezifikation in eine programmiersprachliche Form zusammenfassen.

Beispiel (Spezifikation der Aufgabenstellung Division (Fortsetzung)). Eine kompakte Spezifikation für div wäre etwa von der Form

> **fct** div = (**nat** n, **nat** m : m > 0) **nat**:
> $\quad$ **some nat** y : $\exists$ **nat** r : m = n*y+r $\wedge$ n > r $\geq$ 0 .

Dies ist gleichwertig mit der Kombination der obigen spezifizierenden Aussagen. $\square$

Allgemein kann eine Funktion f in kompakter Form

> **fct** f = ($\mathbf{m}_1$ x_1, ..., $\mathbf{m}_n$ x_n : $Q(x_1, \dots , x_n)$) $\mathbf{m}_{n+1}$:
> $\quad$ **some** $\mathbf{m}_{n+1}$ y : $R(x_1, \dots, x_n, y)$

spezifiziert werden. Hier sei $R(x_1, \dots , x_n, y)$ wieder eine prädikatenlogische Formel. Die kompakte Spezifikation ist gleichwertig mit den folgenden einzelnen Spezifikationen: Gesucht ist eine Funktion f mit Funktionalität

> **fct** f = ($\mathbf{m}_1$ x_1, ... , $\mathbf{m}_n$ x_n) $\mathbf{m}_{n+1}$

so daß gilt

$$\forall \ \mathbf{m}_1 \ x_1, \dots, \mathbf{m}_n \ x_n : \neg Q(x_1, \dots , x_n) \Rightarrow f(x_1, \dots , x_n) = \bot$$

sowie

$$\forall \ \mathbf{m}_1 \ x_1, \dots, \mathbf{m}_n \ x_n : Q(x_1, \dots , x_n) \Rightarrow R(x_1, \dots , x_n, f(x_1, \dots , x_n)) \ .$$

Hat man die Aufgabenstellung präzise beschrieben, so ist es möglich, über die Korrektheit einer Rechenvorschrift in Beziehung auf diese Aufgabenstellung zu sprechen.

Definition *(Partielle und totale Korrektheit)*. Eine Rechenvorschrift heißt *partiell korrekt bezüglich einer Aufgabenstellung,* wenn sie für alle zulässigen Argumente, für die sie terminiert, ein bezüglich der Aufgabenstellung korrektes Resultat liefert. Terminiert die Rechenvorschrift zusätzlich in allen durch die Aufgabenstellung geforderten Fällen mit einem Resultat ($\neq \bot$), so heißt sie *total korrekt bezüglich der Aufgabenstellung.* $\square$

In dieser Definition wird bewußt nicht gefordert, daß eine total korrekte Rechenvorschrift dann nicht terminiert, wenn dies in der Aufgabenstellung so spezifiziert ist. Total korrekte Rechenvorschriften dürfen also auch in Fällen terminieren, in denen die Aufgabenstellung $\bot$ als Resultat vorsieht.

Über Methoden, die Korrektheit einer Rechenvorschrift in bezug auf eine vorgegebene Aufgabenstellung zu zeigen, wird im letzten Abschnitt dieses Kapitels gesprochen.

Für umfangreichere Aufgabenstellungen umfaßt die Spezifikation häufig eine genauere Beschreibung der im Anwendungsgebiet auftretenden Sorten und Funktionen als Basis für die Beschreibung der eigentlich zu erstellenden Programme. Häufig stehen auch die genauen Anforderungen an ein umfangreiches zu erstellendes Programmsystem zu Beginn nicht im Einzelnen fest. Die Spezifikationsphase muß diese Anforderungen festlegen und eindeutig beschreiben. In einer *Validierungsphase* ist zu überprüfen, ob die erarbeiteten Anforderungen auch den anwendungsspezifischen Erfordernissen gerecht werden. In der späteren Entwicklung kann es auch erforderlich sein, gewisse Anforderungen zu revidieren. Es ist allerdings ratsam, solche Revisionen zu dokumentieren und konsistent auf alle vorliegenden Teile eines Programms anzuwenden.

4.5.2 Verallgemeinerung der Aufgabenstellung durch Einbettung

Es existieren Aufgabenstellungen, für die es schwieriger ist, unmittelbar eine Rechenvorschrift als Lösung anzugeben, als für verwandte, etwas allgemeinere Aufgabenstellungen, die als Spezialfall eine Lösung für die Ausgangsfragestellung einschließen. Hier findet sich eine gewisse Analogie zu bestimmten Induktionsbeweisen in der Mathematik, bei denen gelegentlich die Induktionshypothese etwas verallgemeinert werden muß, damit man den Induktionsbeweis führen kann. Die ursprüngliche Behauptung ergibt sich in diesen Fällen dann als Spezialfall.

In solchen Fällen ist es sinnvoll, die Aufgabenstellung zu verallgemeinern. Dies kann durch die Einführung weiterer Parameter in die Aufgabenstellung oder durch das Fallenlassen gewisser Parameterrestriktionen geschehen. Man spricht auch von *Einbettung* der Aufgabenstellung.

Beispiel (Einbettung). Die Aufgabenstellung Primzahltest kann durch Einbettung wie folgt verallgemeinert werden. Die Aufgabe isprim(n):

„Stelle fest, ob die gegebene Zahl n Primzahl ist"

ist formal spezifiziert durch

> **fct** isprim = (**nat** n) **bool**:
> $n \geq 2 \wedge \neg \exists$ **nat** m: $1 < m < n \wedge \mathrm{mod}(n, m) = 0$.

Diese Aufgabe kann auf die allgemeinere Aufgabe isdiv(k, n) zurückgeführt werden. Die Aufgabe isdiv(k, n):

„Stelle fest, ob die Zahl n von einer Zahl m mit $1 < m \leq k$ geteilt wird"

ist formal spezifiziert durch

> **fct** isdiv = (**nat** k, **nat** n) **bool**:
> $\exists$ **nat** m: $1 < m \leq k \wedge \mathrm{mod}(n, m) = 0$.

Es gilt, wie man leicht zeigt:

> $\forall$ **nat** n : isprim(n) = (n $\geq$ 2 $\wedge$ $\neg$isdiv(n+2, n)).

Die folgenden Rechenvorschriften lösen die gestellte Aufgabe.

> **fct** isprim = (**nat** n) **bool**: n $\geq$ 2 $\wedge$ $\neg$isdiv(n+2, n)
> **fct** isdiv = (**nat** k, **nat** n) **bool**:
>   **if** k $\leq$ 1 **then** false
>   **else**   mod(n, k) $\overset{?}{=} 0 \vee$ isdiv(k−1, n)
>   **fi**   □

Wird eine Aufgabenstellung durch die Einführung weiterer Parameter oder durch die Abschwächung einer Parameterrestriktion verallgemeinert, so wird dies als *Einbettung der Aufgabenstellung* bezeichnet.

Beispiele (Sortieren als Beispiel für Einbettung)

(1) Sortieren durch Einsortieren
    Die Sortieraufgabe läßt sich durch Einbettung auf das Einsortieren in eine gegebene absteigend sortierte Sequenz zurückführen:

fct insertsort = (**seq nat** s) **seq nat**: insertseq(empty, s),
fct insertseq = (**seq nat** s, **seq nat** r: sorted(s)) **seq nat**:
  if r $\stackrel{?}{=}$ empty **then** s
       else insertseq(insert(s, first(r)), rest(r))
  fi,

fct insert = (**seq nat** s, **nat** a: sorted(s)) **seq nat**:
  if   s $\stackrel{?}{=}$ empty   **then** ‹a›
  elif a ≥ first(s) **then** ‹a› ∘ s
       else ‹first(s)› ∘ insert(rest(s), a)
  fi.

(2) Sortieren durch Auswählen
    Die Sortieraufgabe läßt sich durch die Einbettung auf das Sortieren durch Auswählen und Anfügen an eine gegebene (absteigend sortierte) Sequenz zurückführen. Man beachte, daß alle auftretenden Rechenvorschriften repetitiv sind.

fct selectsort = (**seq nat** s) **seq nat**: appsortseq(empty, s),
fct appsortseq = (**seq nat** s, **seq nat** r) **seq nat**:
  if r $\stackrel{?}{=}$ empty **then** s
      else **nat** max = selmax(rest(r), first(r));
         appsortseq(s ∘ ‹max›, del(r, max))
  fi ,

fct selmax = (**seq nat** s, **nat** a) **nat**:
  if   s $\stackrel{?}{=}$ empty   **then** a
  elif a ≥ first(s) **then** selmax(rest(s), a)
       else selmax(rest(s), first(s))
  fi ,

fct del = (**seq nat** s, **nat** a) **seq nat**:
  if   s $\stackrel{?}{=}$ empty   **then** s
  elif   a $\stackrel{?}{=}$ first(s) **then** rest(s)
       else ‹first(s)› ∘ del(rest(s), a)
  fi .   □

Die Einbettung, d.h. die Einführung von zusätzlichen Parametern in eine Problemstellung, stellt eine der wichtigsten Techniken der Programmierung dar. Sie ist nicht nur angebracht, um einfachere Rekursionsformen zu finden. Sie ist auch aus ökonomischen Gründen bedeutungsvoll. Kann eine Aufgabenstellung sinnvoll verallgemeinert werden, so daß schließlich eine Aufgabe gelöst wird, deren Lösung auch für andere Aufgabenstellungen hilfreich sein kann, so wird unter Umständen ein beträchtlicher Aufwand bei späteren Aufgabenlösungen eingespart. Dies steigert die *Wiederverwendbarkeit* eines Programms. Um so allgemeiner die Aufgabenstellung ist, die ein Programm löst, um so wahrscheinlicher ist die Möglichkeit einer Wiederverwendung.

Die Technik der Einbettung kann auch hilfreich sein, um nichtrepetitive Rekursion in repetitive Rekursion zu überführen.

Beispiel (Repetitive Rekursion durch Einbettung). Die Fakultätsfunktion läßt sich durch die Einbettung auf repetitive Form bringen:

$$\textbf{fct } \text{fac} = (\textbf{nat } n) \textbf{ nat: } h(1, n),$$
$$\textbf{fct } h = (\textbf{nat } x, \textbf{nat } n) \textbf{ nat:}$$
$$\textbf{if } n \stackrel{?}{=} 0 \textbf{ then } x$$
$$\textbf{else } h(x*n, n-1) \textbf{ fi.} \qquad \square$$

Die Technik der Einbettung hat noch eine weitere Bedeutung für den Programmentwurf. Sollen viele ähnliche Aufgabenstellungen gelöst werden, so ist es manchmal möglich, alle diese Aufgabenstellungen als Spezialfall einer geschickt gewählten Verallgemeinerung in Gestalt einer Einbettung zu sehen. Mit einer Rechenvorschrift, die die durch Einbettung entstandene Aufgabenstellung löst, sind damit auch die übrigen Aufgabenstellungen gelöst.

4.5.3 Zur Strukturierung von Aufgabenstellungen

Umfangreichere Aufgaben werden zweckmäßigerweise in kleinere Teilaufgaben zerlegt („Divide-and-Conquer"). Dabei ist die Wahl der Zerlegung ein entscheidender Schritt im Programmentwurf.

Beispiel (Zerlegung der Aufgabenstellung). Als Teilaufgabe des Primzahltests ist festzustellen, ob eine Zahl n durch eine Zahl k geteilt wird. Die Berechnung des Wahrheitswertes von divides(k, n) ist definiert durch:

$$\textbf{fct } \text{divides} = (\textbf{nat } k, \textbf{nat } n : k > 0) \textbf{ bool:}$$
$$\text{mod}(n, k) \stackrel{?}{=} 0$$

Die Berechnung von divides(k, n) kann man als Teilaufgabe der vorangegangenen Aufgabenstellung zum Primzahltest auffassen und durch eine eigene Rechenvorschrift lösen:

$$\textbf{fct } \text{divides} = (\textbf{nat } k, \textbf{nat } n : k > 0) \textbf{ bool:}$$
$$\textbf{if } n < k \textbf{ then } n \stackrel{?}{=} 0$$
$$\textbf{else } \text{divides}(k, n-k)$$
$$\textbf{fi} \qquad \square$$

Die *Strukturierung der Aufgabenstellung* bedeutet allgemein die Zerlegung einer Problemstellung in eine Menge unabhängiger Teilprobleme, aus deren Lösungen sich die Lösung des Gesamtproblems komponieren läßt. Auf der Ebene der applikativen Programmierung ist diese Strukturierung in sehr einfacher Weise durch die Angabe unabhängiger Funktionsdeklarationen möglich.

Die Strukturierung der Aufgabenstellung hat

(1) die angemessene Zerlegung der Aufgabenstellung in kleine, unabhängige Programmeinheiten („Module") und

(2) eine klare Struktur des Gesamtprogramms als System von Aufrufen der Module zum Ziel. Damit werden folgende Aspekte der Programmierung positiv beeinflußt:

 – Lesbarkeit und Verifizierbarkeit,

 – Dokumentation und Dokumentierbarkeit,

 – unabhängige Bearbeitbarkeit der Teilaufgaben im Programmierteam,

 – leichtere Wart-, Änder- und Wiederverwendbarkeit.

Einzelne Programmkomponenten, die eine Teilaufgabe lösen, heißen *Module*. Wird eine Menge von Modulen zur Lösung einer Aufgabenstellung zusammengesetzt, so heißen die Verbindungspunkte zwischen diesen Modulen *Schnittstellen*. Bei der Untergliederung eines Programms in Module sind folgende Gesichtspunkte zu beachten:

 – überschaubare, beherrschbare Größe der einzelnen Module,

 – in sich geschlossene, präzise dokumentierte Funktion der Module (Schnittstellenbeschreibung.

Die angemessene Gliederung eines Systems in eine Familie von Modulen, deren Klassifizierung und Wiederverwendung ist ein besonderes Anliegen der *Objektorientierten Programmierung*.

Abhängig von den verwendeten Programmierstilen finden sich unterschiedliche Modulkonzepte. In der rein applikativen Programmierung werden Schnittstellen allgemein durch die Parameterübergabemechanismen und die Rückgabe von Resultaten repräsentiert, bzw. durch die wechselseitigen Aufrufe der verschiedenen Funktionen (verschränkte Rekursion). Die Beschreibung der Schnittstellen geschieht durch die Angabe der Funktionalitäten der auftretenden Rechenvorschriften und durch die Spezifikation der Aufgabenstellung (der zu berechnenden Funktion), die durch die jeweilige Rechenvorschrift gelöst wird. Auf der Ebene der Realisierung durch rekursive Systeme von Rechenvorschriften ist es aus Dokumentationsgründen auch wichtig, für jede Rechenvorschrift die von ihr aufgerufenen weiteren Rechenvorschriften anzugeben (und deren Spezifikation).

4.5.4 Ableitung von Rekursionen aus Spezifikationen

Ist eine Problemstellung genau beschrieben, so läßt sich diese Beschreibung nach Erstellung eines Programms nicht nur für den Nachweis der Korrektheit verwenden, sondern von Anfang an zur Grundlage des weiteren Vorgehens machen. Um von einer gegebenen Aufgabenstellung zu einem rekursiven Programm zu gelangen, werden zweckmäßigerweise aus der Spezifikation geeignete bedingte Gleichungen abgeleitet:

Beispiel (Ableitung von bedingten Gleichungen). Für die in Abschnitt 4.5.1 spezifizierte Abbildung div lassen sich folgende Gleichungen zeigen:

$$m < n \;\Rightarrow\; \mathrm{div}(m, n) = 0,$$
$$m \geq n \;\Rightarrow\; \mathrm{div}(m, n) = \mathrm{div}(m{-}n, n)+1.$$

Man erhält daraus die folgende rekursive Deklaration:

> **fct** div = (**nat** m, **nat** n) **nat**:
>   **if** m < n **then** 0
>   **else** div(m{-}n, n)+1 **fi**   □

Die partielle Korrektheit (d.h. die Korrektheit der errechneten Werte im Falle der Terminierung) eines rekursiven Programms läßt sich bereits aus dem Umstand folgern, daß die in der Problemstellung spezifizierte Funktion die mit der rekursiven Definition verbundene Funktionalgleichung erfüllt, d.h. einen Fixpunkt (wenn auch nicht notwendigerweise den kleinsten Fixpunkt) des entsprechenden Funktionals bildet. Dieser Umstand wird unter dem Stichwort „Verifikation" im letzten Abschnitt dieses Kapitels noch einmal aufgegriffen.

4.5.5 Parameterunterdrückung, untergeordnete Rechenvorschriften

Ist eine Rechenvorschrift im Rumpf einer anderen Rechenvorschrift vereinbart und damit unter der entsprechenden Bezeichnung nur in diesem Bindungsbereich verfügbar, so wird sie eine *untergeordnete Rechenvorschrift* genannt. Formale Parameter untergeordneter Rechenvorschriften, für die die gleichen Identifikatoren wie für die formalen Parameter der übergeordneten Rechenvorschriften gewählt worden, *verschatten* diese. Dies entspricht dem Prinzip der statischen Bindung.

Beispiel (Unterordnung von Rechenvorschriften). Man kann isdiv als untergeordnete Rechenvorschrift von isprim deklarieren und divides als untergeordnete Rechenvorschrift von isdiv.

> **fct** isprim = (**nat** n) **bool**:
> ⌈ **fct** isdiv = (**nat** k, **nat** n: k > 0) **bool**:
>   ⌈ **fct** divides = (**nat** k, **nat** n: k > 0) **bool**:
>   **if** n < k **then** (n $\overset{?}{=}$ 0)
>   **else** divides(k, n{-}k) **fi**;
>   **if** k ≤ 1 **then** false
>   **else** divides(k, n) ∨ isdiv(k{-}1, n) **fi** ⌋;
>   ¬isdiv(n + 2, n) ∧ n ≥ 2   ⌋   □

Zur Vermeidung zu langer Parameterlisten werden häufig untergeordnete Rechenvorschriften g im Rumpf anderer Rechenvorschriften f definiert, so daß gewisse Parameter von g, die sich in rekursiven Aufrufen von g nicht ändern, unterdrückt werden können. Dies heißt, daß der entsprechende Parameter aus der Liste der formalen und aktuellen Parameter gestrichen wird und seine Bindung aus der Parameterliste der übergeordneten Rechenvorschrift erhält. Dieses Vorgehen wird *Parameterunterdrückung* genannt.

Beispiel (Parameterunterdrückung). In der folgenden Rechenvorschrift sind gewisse Parameter unterdrückt.

```
fct isprim = (nat n) bool:
  ⌈  fct isdiv = (nat k: k > 0) bool:

        if k ≤ 1  then  false
                  else ⌈  fct divides = (nat n) bool:
                              if n < k  then  n ≐ 0
                                        else  divides(n–k)
                          fi ;
                          divides(n)              ⌋∨ isdiv(k–1) fi;
     ¬isdiv(n+2) ∧ n ≥ 2                                        ⌋
```

Durch Vergleich der Rechenvorschriften und insbesondere der Parameterlisten und Funktionalitäten mit den anderen oben angegebenen Versionen wird folgendes deutlich:

(1) in der Parameterliste von isdiv ist der formale Parameter n unterdrückt,

(2) in der Parameterliste von divides ist der formale Parameter k unterdrückt,

(3) in der Deklaration von isdiv kommt n frei (im Aufruf von divides) und gebunden vor (in der Vereinbarung von divides).   □

Die Parameterunterdrückung führt auf kürzere Parameterlisten. Dies erscheint im ersten Augenblick angenehm. Es ist jedoch folgende Warnung angebracht: Die Parameterunterdrückung macht Programme nicht unbedingt besser lesbar, da die Zuordnung der Parameteridentifikatoren nicht mehr lokal möglich ist. Dadurch wird die Programmierung fehleranfälliger. Das Prinzip der modularen Programmierung steht gewissermaßen im Widerspruch zur Parameterunterdrückung. Andererseits sind Parameterlisten ab einer bestimmten Länge kaum mehr lesbar und beherrschbar. Es muß also ein Kompromiß gefunden werden. In jedem Fall ist die Parameterunterdrückung zu dokumentieren.

Wie man schon den verwendeten Beispielen entnehmen kann, gibt es eine Vielzahl von unterschiedlichen Möglichkeiten, ein Programm, das eine bestimmte Aufgabenstellung löst, selbst bei Beibehalten der algorithmischen Grundidee, aufzuschreiben. Die konkrete Aufschreibung ist dabei von großer Bedeutung für die Lesbarkeit und Änderbarkeit von Programmen. Die Wahl der Programmstruktur durch die Zerlegung der Aufgabenstellung in Teilaufgaben, stellt einen entscheidenden Entwurfsschritt dar. Die adäquate und sorgfältige Durchführung dieser Wahl ist Ziel der *strukturierten Programmierung*.

Für den geschickten Einsatz der einzelnen Stilmittel der Programmierung gibt es zwar einige Prinzipien, aber keine festen (formalen) Regeln. Es existieren insbesondere unterschiedliche Programmierstile.

4.5.6 Effizienz applikativer Programme

Neben der Korrektheit von Programmen ist allgemein deren Effizienz, bestimmt durch den benötigten Speicheraufwand und Rechenaufwand, bei der Ausführung von (applikativen) Programmen von Bedeutung. Es müssen mehrere Aspekte der Effizienz unterschieden werden:

– Speicheraufwand,
– Rechenaufwand (identisch mit Rechenzeit bei sequentieller Verarbeitung),
– Rechenzeit („Antwortzeit").

Aus vielerlei Gründen sind möglichst effiziente Programme erwünscht, also Programme, die einen möglichst geringen Aufwand bei der Auswertung erfordern. Zum einen sind dafür ökonomische Gründe zu nennen. Rechenzeit und Speicherplatz kosten Geld. Andererseits sind Rechenzeit und Speicherplatz aus technologischen Gründen nicht unbegrenzt verfügbar. Somit sind bestimmte Aufgabenstellungen überhaupt nur dann durch Programme zu behandeln, wenn es gelingt, diese Programme so effizient zu gestalten, daß sie mit der verfügbaren Technologie abgearbeitet werden können. Schließlich sind überlange Rechenzeiten aus praktischen Gründen (Wartezeiten) nicht akzeptabel. Dies gilt verschärft für den Einsatz von Programmen in zeitkritischen Anwendungen.

Die Effizienz von Programmen, die das gleiche Problem lösen (die gleiche Abbildung berechnen), kann sehr unterschiedlich sein. Allerdings kann die Effizienz von Programmen, die eine gegebene Aufgabenstellung lösen, nicht über bestimmte Schranken gesteigert werden. Die Schranken ergeben sich aus der *Komplexität der Problemstellung*.

Beispiel (Effizienzverbesserung). Die Berechnungseffizienz des Programms für die Primzahldarstellung läßt sich noch verbessern. Ein Beispiel dafür liefern die folgenden Rechenvorschriften.

```
fct isprim = (nat n) bool: ¬ isdiv(sqrt(n), n) ∧ n ≥ 2,
fct isdiv = (nat k, nat n) nat:
    if     k ≤ 1           then  false
    elif   divides(k, n)  then  true
                           else  isdiv(k–1, n)
    fi.
```

Die Funktion sqrt(n) berechnet die größte ganze Zahl y mit $y^2 \leq n$, und damit die größte ganze Zahl y mit $y \leq \sqrt{n}$. Dies entspricht der Spezifikation:

```
fct sqrt = (nat n) nat:
    some nat y: y² ≤ n < (y+1)²
```

Eine rekursive Rechenvorschrift für sqrt lautet wie folgt:

```
fct sqrt = (nat n) nat:
    if n =? 0 then  0
             else  nat x = sqrt(n–1)+1;
                   if x*x ≤ n  then  x
                               else  x–1
                   fi
    fi
```

Die ganzzahlige Wurzel kann allerdings erheblich effizienter durch Binarisierung berechnet werden (die Korrektheit dieser Rechenvorschrift wird im Abschnitt 4.6.1 gezeigt):

fct sqrt' = (**nat** n) **nat**:
   if $n \stackrel{?}{=} 0$ **then** 0
         else **nat** x = 2*sqrt'(n÷4)+1;
             if $x*x \leq n$ **then** x
                   else x–1
            fi
  fi

Ein Aufruf der Rechenvorschrift sqrt' führt für große Zahlen als Parameter auf erheblich weniger rekursive Aufrufe als sqrt.   □

Der tatsächliche Speicheraufwand und Rechenzeitbedarf für die Auswertung eines Aufrufs einer Rechenvorschrift hängt natürlich auch stark von der Implementierung der Programmiersprache und den Leistungsdaten der verwendeten Rechenanlage ab. Allerdings können Programmen unabhängige Maßzahlen zugeordnet werden, die Anhaltspunkte für die Größenordnung des Speicherbedarfs und Rechenzeitbedarfs wiedergeben. Im folgenden werden für applikative Programme solche von Maschinen unabhängige Bewertungen der Effizienz eingeführt.

Üblicherweise werden drei Bewertungskriterien für den Auswertungsaufwand eines Programmausdrucks betrachtet:

(a) Anzahl der bei der Berechnung auszuwertenden Grundoperationen (d.h. Operationen aus der zugrundeliegenden Rechenstruktur, der algorithmischen Basis),

(b) (maximale) Anzahl der (geschachtelten, d.h. gleichzeitig andauernden, überlagerten oder gültigen) Bindungen von Identifikatoren an Datenelemente (in Funktionsaufrufen oder Elementdeklarationen),

(c) Aufruftiefe bei rekursiven Funktionen.

Das Kriterium (a) liefert einen Anhaltspunkt für den Rechenaufwand, (b) und (c) geben Anhaltspunkte für den Speicheraufwand. Für eine Rechenvorschrift zur Berechnung der Funktion

$$f: N \rightarrow N$$

ist der Berechnungsaufwand für f(n) allgemein sehr unterschiedlich für verschiedene Zahlen $n \in N$. Häufig steigt der Berechnungsaufwand mit der Größe des Parameters n an. Dabei sind asymptotische Abschätzungen für dieses Ansteigen des Aufwands von Interesse. Dies wird durch eine spezielle Notation ausgedrückt. Sei

$$f_a: N \rightarrow N$$

der Aufwand für eine spezielle Rechenvorschrift zur Berechnung von f, d.h. $f_a(n)$ bezeichne den Aufwand für die Berechnung von f(n), beispielsweise die Anzahl der bei der Auswertung anfallenden elementaren Operationen. Es wird

$$f_a(n) \approx O(g(n))$$

für eine Funktion

$$g: N \rightarrow N$$

geschrieben, falls gilt

$$\exists\, k, i, j \in \mathbb{N}, i > 0, k > 0: \quad \forall\, n \in \mathbb{N}, j \leq n: \ g(n) \leq i * f_a(n) \leq k * g(n).$$

Die Formel drückt aus, daß $f_a(n)$ asymptotisch unter einem Vielfachen von g liegt.

Beispiel (Aufwand bei der Berechnung der Division). Es wird wieder die rekursive Rechenvorschrift div betrachtet:

```
fct div = (nat m, nat n: n > 0) nat:
    if m < n  then  0
              else  1+ div(m–n, n)
    fi .
```

Die Anzahl von elementaren Operationen (einschließlich der Auswertung der Bedingung) bei der Auswertung von div(m, n) ist gegeben durch $div_a(m, n)$, wobei div_a durch folgende rekursive Deklaration bestimmt sei:

```
fct diva = (nat m, nat n: n > 0) nat:
    if m < n then  1
             else  3+ diva(m–n, n)
    fi .
```

Wichtig ist vor allem die Größenordnung, mit der $div_a(m, n)$ in Abhängigkeit von den Parametern m und n wächst. Es gilt:

$$div_a(m, n) = 3*(m + n)+1 \approx O(m + n) .$$

Die maximale Anzahl der (geschachtelten) Bindungen wird angegeben durch

```
fct divb = (nat m, nat n: n > 0) nat:
    if m < n  then 2
              else  2+divb(m–n, n)
    fi .
```

Es gilt:

$$div_b(m, n) = 2* (m + n)+2 \approx O(m + n).$$

Die Rekursionstiefe bestimmt sich durch:

```
fct divc = (nat m, nat n: n > 0) nat:
    if m < n  then  1
              else  1+divc(m–n, n)
    fi.
```

Es gilt:

$$div_c(m, n) = m+n+1 \approx O(m + n)$$

Die Effizienz der Division läßt sich weiter verbessern: Ein Beispiel stellt die *schnelle Division* durch Binarisierung dar:

```
fct bidiv = (nat m, nat n : n > 0) nat:
    if m < n  then  0
              else    nat d = 2*bidiv(m, 2*n);
                      if m – d*n < n    then d
                                        else d+1
                      fi
    fi
```

Den Rechenaufwand von bidiv wird durch die Rechenvorschrift $bidiv_a$ berechnet:

fct $bidiv_a$ = (**nat** m, **nat** n: n > 0) **nat**:
  if m < n **then** 1
     else **nat** d = 2∗bidiv(m, 2∗n);
       if m – d∗n < n **then** $bidiv_a$(m, 2∗n)+7
             else $bidiv_a$(m, 2∗n)+8
       fi
  fi

Es gilt (für n > 0):

$$bidiv_a(m, n) \approx O(\log_2(m + n))$$

Gleiches gilt für div_b und div_c.   □

Andere Komplexitätsbewertungen ergeben sich bei der Auswertung mit speziellen Maschinenmodellen. Durch die angegebenen Bewertungen lassen sich auch Problemstellungen Komplexitäten zuordnen. Man kann insbesondere untersuchen, mit welchem Aufwand eine Rechenvorschrift für die Berechnung der gegebenen Funktion im günstigsten Fall auskommt. Dieser Aufwand ist gegeben durch die effizientesten Programme, die man für eine Problemstellung finden kann.

Häufig stehen Maßnahmen zur Steigerung der Effizienz im Gegensatz zu den Prinzipien der guten Verständlichkeit, Lesbarkeit und Einfachheit. Eine Steigerung der Effizienz bedingt in der Regel auch eine Erhöhung des Programmieraufwands. Deshalb müssen weiterreichende Forderungen nach erhöhter Effizienz immer sorgfältig begründet sein.

4.5.7 Dokumentation

In der Praxis werden einmal erstellte Programme in der Regel nicht nur verwendet, um sie von einer Maschine abarbeiten zu lassen. Häufig werden Programme in anderen Anwendungen wiederverwendet oder auf Grund geänderter Anforderungen oder auftretender Fehler modifiziert und an neue Erfordernisse angepaßt. Diese Wartungsarbeiten für Programme bringen es mit sich, daß Programmierer, die unter Umständen die entsprechenden Programme nicht selbst geschrieben haben, diese lesen und verstehen müssen, um sie korrigieren und ändern zu können. Dazu ist eine umfassende Dokumentation hilfreich. Die Dokumentation ist auch ein entscheidendes Hilfsmittel bei der Programmerstellung selbst.

Geht man von Programmsystemen aus, die applikativ sind, und die in der Regel aus einer sehr umfangreichen Familie von teilweise verschränkt rekursiven Funktionsdeklarationen bestehen, so ist jede auftretende Funktionsdeklaration mit folgenden zusätzlichen Angaben zur Dokumentation zu versehen:

– erforderliche Beschränkung des Parameterbereichs,
– Spezifikation des Wertverlaufs,
– Angaben über Effizienz (Zeit- und Speicherbedarf),
– Angaben über unterdrückte Parameter,

- Angaben über im Rumpf aufgerufene Rechenvorschriften (Funktionsbezeichnungen, Angabe des Stützgraphen),
- Hinweise über verwendete algorithmische Konzepte.

Durch eine umfassende Dokumentation ist ein Programmsystem erheblich einfacher zu verstehen, zu warten, zu ändern und wiederzuverwenden.

4.5.8 Test und Integration von Programmen

Ein in der Praxis gängiges Verfahren, sich der Korrektheit eines Programms zu vergewissern, besteht im *Testen*. Das Programm wird mit einer Reihe von Parametersätzen ausgeführt. Für das jeweilige Ergebnis wird überprüft, ob es mit dem geforderten Ergebnis übereinstimmt. Ist das der Fall, so ist der Test erfolgreich, andernfalls ist das vorliegende Programm als fehlerhaft nachgewiesen. Zum Testen ist das Vorliegen einer Spezifikation erforderlich und eine Methode, die es erlaubt festzustellen, ob ein geliefertes Ergebnis die gegebene Spezifikation erfüllt. Insbesondere die zweite Forderung ist bei komplexen Aufgabenstellungen oft nur schwer zu realisieren.

Für Programme mit unendlichem Parameterbereich können erfolgreiche Tests niemals die Korrektheit eines Programms zeigen. Sie können nur die Inkorrektheit eines Programms zeigen und damit ein Programm falsifizieren. Trotzdem werden Tests in der Praxis vielfältig eingesetzt. Man versucht dabei systematisch die Testparametersätze so zu wählen, daß alle Zweige von Fallunterscheidungen zumindest einmal durchlaufen werden (*vollständige Testüberdeckung*). Umfassendere Tests versuchen nicht nur alle Zweige zu überdecken, sondern auch alle Zweige in gewissen Kombinationen (*Pfadüberdeckung*). Davon erhofft man sich, daß noch enthaltene Fehler eher entdeckt werden. Aber auch hier können Tests die Korrektheit nicht garantieren. Dies zeigt sich nicht nur durch grundsätzliche Überlegungen, sondern gilt in ganz praktischer Weise: Viele Programme enthalten nach erfolgreichem Abschluß der Testphase immer noch Fehler. Trotzdem werden Tests in der Praxis weiter eingesetzt. Oftmals wird der Nachweis der Korrektheit durch eine Verifikation für zu aufwendig gehalten, oder die zur Verfügung stehenden Programmierer sind nicht dafür ausgebildet, oder aber es wird mit Sprachen und Systemen gearbeitet, für die keine Verifikationsmethoden zur Verfügung stehen.

Grundsätzlich kann Testen helfen, das Zutrauen in die Korrektheit eines Programmsystems zu erhöhen. Es kann jedoch im Sinne zuverlässiger Programmierung sorgfältige Korrektheitsargumente niemals ersetzen.

Eine für die Praxis bedeutsame Teilaufgabe der Programmentwicklung ist die Integration eines Programms in eine vorgegebene Umgebung. Die Entwicklung vollständig neuer Programmsysteme ist eher die Ausnahme. Eine Integration ist auch erforderlich, um unabhängig erstellte Module zu einem Gesamtsystem zusammenzufügen. Testläufe von Programmen dienen in diesem Zusammenhang auch der Erprobung der Schnittstellen. Es wird dabei überprüft, ob das erstellte Teilprogramm sich korrekt in das vorhandene Programmsystem einfügt. Hierbei kann ein Test für das Aufdecken gewisser inkonsistenter Schnittstellen hilfreich sein.

4.6 Beweistechniken für rekursive Programme

Programme können als Formeln aufgefaßt werden. Da diese Formeln, selbst für die Maßstäbe der Mathematik, ungewöhnlich umfangreich und komplex sein können und in der Praxis häufig auch sind, ist die sorgfältige Prüfung der Frage, ob ein Programm die geforderten Eigenschaften aufweist, durchaus berechtigt. Um solche Fragen zuverlässig beantworten zu können, greift man zum mathematischen Beweis. Beweise sind insbesondere im Zusammenhang mit rekursiv deklarierten Rechenvorschriften angebracht, da deren Eigenschaften in der Regel alles andere als offensichtlich sind.

Im folgenden wird stets eine rekursive Deklaration einer Rechenvorschrift f der Form

fct f = (**m** x) **n**: E

betrachtet. Die Verallgemeinerung der im folgenden beschriebenen Techniken auf mehrstellige Funktionen und Systeme von Rechenvorschriften ist problemlos möglich.

4.6.1 Induktion und Rekursion

Wie schon die induktive Deutung rekursiver Funktionsvereinbarungen deutlich gemacht hat, sind Rekursion und Induktion eng verwandt. Zuerst wird deshalb eine Beweistechnik behandelt, die sich auf die induktive Deutung rekursiver Deklarationen stützt. Man spricht von *Berechnungsinduktion*. Sei

fct f = (**m** x) **n**: E

eine gegebene rekursive Vereinbarung. Um durch Berechnungsinduktion zu beweisen, daß die durch die Rechenvorschrift f dargestellten Funktion total korrekt bzgl. einer spezifizierten Abbildung f_S ist, d.h., daß für alle zulässigen Parameter x gilt:

$$f(x) = f_S(x),$$

beweist man (seien die f_i so definiert, wie im Abschnitt über die induktive Deutung von rekursiven Deklarationen):

(1) falls $f_S(x) = \bot$, dann $\qquad \forall\, i \in \mathbb{N}: f_i(x) = \bot,$

(2) falls $f_S(x) = a$ und $a \neq \bot$, dann $\quad \exists\, i \in \mathbb{N}: f_i(x) = a.$

Daß dies ein zuverlässiges Beweisverfahren ist, ergibt sich unmittelbar aus der induktiven Deutung rekursiver Funktionsdeklarationen.

Beispiel (Beweis durch Berechnungsinduktion). Es werden die Rechenvorschrift

fct even = (**nat** x) **bool**:
    if x ≤ 1 **then** (x $\overset{?}{=}$ 0)
           else even(x–2) **fi**

und die Spezifikation

$even_S(x) = (\exists\,\textbf{nat}\ n: n*2 = x)$

betrachtet. Mit den Definitionen, wie sie im Abschnitt über die induktive Deutung von Deklarationen verwendet wurden, gilt (sei $x \in \mathbb{N}$)

$$
\text{even}_i(x) = \begin{cases} \bot & \text{falls } x \geq 2*i, \\ \exists \, \mathbf{nat} \; n: n*2 = x & \text{falls } x < 2*i. \end{cases}
$$

Die Korrektheit dieser Gleichung für even_i beweist man unschwer durch Induktion über i. Die Anwendung der Berechnungsinduktion liefert sofort, daß even der Spezifikation even_s entspricht. $\square$

Die partielle Korrektheit von rekursiven Rechenvorschriften läßt sich auch durch allgemeine Induktion beweisen, wenn man die induktive Deutung zugrunde legt. Zu beweisen ist für die partielle Korrektheit:

$$f \sqsubseteq f_s \,.$$

Ist man in der Lage, für alle $i \in \mathbb{N}$ zu beweisen:

$$f_i \sqsubseteq f_s \;\Rightarrow\; f_{i+1} \sqsubseteq f_s \,,$$

dann ergibt die induktive Deutung sofort

$$f = f^\infty = \sup \{f_i: i \in \mathbb{N}\} \sqsubseteq f_s \,.$$

Eine andere Möglichkeit, die partielle Korrektheit einer Rechenvorschrift für eine spezifizierte Aufgabenstellung, die der Funktion f_s entspricht, zu beweisen, liefert die Fixpunktdeutung. Ist f_s (nicht notwendigerweise kleinster) Fixpunkt des durch den Rumpf E der Rechenvorschrift gegebenen Funktionals τ, d.h. gilt

$$f_s = \tau[f_s]$$

mit

$$\tau[f_s](a) = I_{\beta'}[E] \;\; \text{mit } \beta' = \beta[f_s/f, a/x],$$

so gilt ebenfalls

$$f \sqsubseteq f_s,$$

da die mit der Rechenvorschrift verbundene Funktion f kleinster Fixpunkt ist.

Beispiel (Partielle Korrektheit durch Fixpunkteigenschaft der Spezifikation). Die Funktion

$$\text{sqrt}_s: \mathbb{N} \to \mathbb{N},$$

die die ganzzahlige Wurzel einer Zahl berechnet, ist spezifiziert durch

$$\text{sqrt}_s(x) = y \Leftrightarrow y^2 \leq x < (y+1)^2.$$

Die Funktion sqrt_s erfüllt die Gleichung

$$
\text{sqrt}_s(4*n+i) = \begin{cases} 2*\text{sqrt}_s(n)+1 & \text{falls } (2*\text{sqrt}_s(n)+1)^2 \leq 4*n+i \\ 2*\text{sqrt}_s(n) & \text{sonst} \end{cases}
$$

mit $0 \leq i \leq 3$. Die Korrektheit dieser Gleichung ergibt sich durch folgende Schlußfolgerungen:

$$\text{sqrt}(n) = y \;\Leftrightarrow\; y^2 \leq n < (y+1)^2 \qquad \text{(Problemspezifikation)}.$$

Mit n = m+4 existiert ein i, so daß m = 4*n+i und $0 \leq i \leq 3$. Für z = sqrt$_s$(m) gilt:

$$z^2 \leq m < (z+1)^2.$$

Multiplikation mit 4 liefert:

$$(2*z)^2 \leq 4*m < (2*z+2)^2.$$

Sei nun x = 2*z+1. Dann gilt:

$$(x-1)^2 \leq 4*m < (x+1)^2 .$$

Diese Aussage ist äquivalent zu:

$$(x-1)^2 \leq 4*n+i < x^2 \vee x^2 \leq 4*n+i < (x+1)^2.$$

Dies entspricht im wesentlichen der Fixpunktgleichung, die der Rechenvorschrift

```
fct sqrt = (nat n) nat:
    if n =? 0   then 0
                else  nat x =  2*sqrt(n+4)+1;
                      if  x*x ≤ n  then  x
                                   else  x-1
                      fi
    fi
```

zugrunde liegt. Allein schon aus der Fixpunktgleichung ergibt sich die partielle Korrektheit der rekursiv deklarierten Rechenvorschrift sqrt bezüglich der gegebenen Spezifikation.   □

Andere Beweise lassen sich durch *strukturelle Induktion (Parameterinduktion)* über den Definitionsbereich der Funktion führen. Sei folgende rekursive Deklaration der Rechenvorschrift f gegeben:

fct f = (**nat** x) **m**: E.

Man beweist dann eine Aussage über den Wert des Aufrufs f(n) für n $\in$ $\mathbb{N}$ durch Induktion über n. Im einzelnen sind folgende Teilaussagen zu beweisen:

(1) Die Aussage gilt für n = 0.
(2) Gilt die Aussage für n (Induktionsannahme), so läßt sich die Aussage auch für n+1 beweisen.

Die Wahl der Beweismethode hängt jeweils stark von der Struktur der Aufgabenstellung und der vorliegenden Rechenvorschrift ab und bleibt dem Geschick des Programmierers überlassen.

Beispiel (Beweis der Korrektheit der Rechenvorschrift qsum). Die iterierte Quersumme einer natürlichen Zahl in Dezimaldarstellung wird durch die Funktion Quersumme Modulo 9 berechnet.

```
fct qsum = (nat n) nat:
    if    n < 9   then  n
    elif  n =? 9  then  0
                  else  qsum(qsum(n+10)+ (n mod 10))
    fi
```

Es gilt für n $\in$ $\mathbb{N}$:

$\quad$ 9 teilt n genau, falls qsum(n) = 0.

Dies läßt sich beweisen, indem man zeigt:

$\quad$ qsum(n) = n **mod** 9.

Der Beweis wird durch Induktion über n geführt:

Für n < 10 ist die Behauptung offensichtlich.
Für n $\leq$ 17 ergibt sich die Behauptung ebenfalls durch einfaches Nachrechnen.
Gilt die Behauptung für alle n' < n, und ist n $\geq$ 10, so gilt insbesondere

$\quad$ qsum(n+10) = (n+10) **mod** 9 .

Ferner gilt:

$\quad$ n **mod** 9 =
$\quad$ (9 $*$ (n+10) + n+10 + (n **mod** 10)) **mod** 9 =
$\quad$ ((9 $*$ (n+10)) **mod** 9 + ((n+10) **mod** 9) + ((n **mod** 10) **mod** 9)) **mod** 9 =
$\quad$ ((n+10) **mod** 9 + (n **mod** 10)) **mod** 9 .

Da ((n+10) **mod** 9) + (n **mod** 10) $\leq$ 17, ist dieser Ausdruck äquivalent zu:

$\quad$ qsum(((n+10) **mod** 9) + (n **mod** 10)) .

Nach Induktionsvoraussetzung ist dies gleichwertig zu:

$\quad$ qsum(qsum(n+10) + (n **mod** 10)) .$\qquad\qquad\qquad\qquad$ $\square$

Wichtige Eigenschaften, die man für rekursiv deklarierte Funktionen beweisen möchte, sind partielle und totale Korrektheit. Deshalb werden sie im folgenden speziell behandelt.

4.6.2 Partielle Korrektheit

Wie bereits festgelegt, nennt man ein Programm *partiell korrekt*, wenn es keine falschen Resultate produziert. Dies ist insbesondere gewährleistet, wenn alle die bedingten Gleichungen, die dem rekursiven Programm zugrunde liegen, insoweit korrekt sind, daß sie für die spezifizierten Funktionen gelten.

Man beachte: Ein Programm, das niemals terminiert und somit keinerlei Resultate (formal, alle Resultate sind $\perp$) produziert, ist (stets) für jede Aufgabenstellung entsprechender Funktionalität partiell korrekt.

Man kann formal die partielle Korrektheit einer durch eine Rechenvorschrift gegebene Abbildung f für die spezifizierte Abbildung (Aufgabenstellung) f_s durch

$\quad$ $f \sqsubseteq f_s$

ausdrücken. Dabei sei $\sqsubseteq$ die im Abschnitt über die Deutung rekursiver Funktionen eingeführte Ordnung.

Beispiel (Partielle Korrektheit der Division). Der rekursiven Funktionsvereinbarung

> **fct** div = (**nat** a, **nat** b) **nat**:
> **if** a $\overset{?}{=}$ 0 **then** 0
>   **else** div(a–b, b)+1 **fi**

liegen die bedingten Gleichungen

$$a = 0 \quad\quad \Rightarrow\ \ div(a, b) = 0,$$
$$\neg(a = 0) \quad \Rightarrow\ \ div(a, b) = div(a\text{–}b, b)+1$$

zugrunde. Die Rechenvorschrift div ist für die folgende Spezifikation der Division ohne Rest (nur) partiell korrekt:

$$div_S: \ \mathbb{N} \times \mathbb{N} \ \to\ \mathbb{N}$$

sei die Funktion, die die folgenden Gleichungen erfüllt:

$$div_S(a, 0) = 0,$$
$$div_S(a, b) = d,$$

wobei für $d \in \mathbb{N}$ gilt: Es existiert $r \in \mathbb{N}$ mit $0 \le r < b$ und

$$a = d*b+r.$$

Für $mod(a, b) \ne 0$ terminiert die obige Rechenvorschrift div nicht.[1] $\square$

Beweistechniken für die partielle Korrektheit von rekursiv deklarierten Rechenvorschriften hängen eng mit der semantischen Behandlung der Rekursion zusammen. Partielle Korrektheit einer Rechenvorschrift beweist man besonders einfach mit Fixpunkteigenschaften der Spezifikation in bezug auf das der Rechenvorschrift zugeordnete Funktional.

4.6.3   Terminierungsbeweise

Ist die partielle Korrektheit einer rekursiv definierten Funktion nachgewiesen, so ist damit noch keinerlei Aussage gemacht, daß die Rechenvorschrift für einen gegebenen Parametersatz überhaupt ein Resultat liefert und die Auswertung der Funktionsanwendung terminiert. Die Terminierung ist für bestimmte Klassen von Rechenvorschriften offensichtlich. Terminierungsbeweise können aber in vielen Fällen außergewöhnlich kompliziert sein.

Eine Methode, die Terminierung einer Rechenvorschrift nachzuweisen, besteht in der Angabe einer *Abstiegsfunktion*. Wir beschränken uns im weiteren auf nicht vernestete, nicht durch Parameterrestriktion eingeschränkte Rekursion. Sei also folgende rekursive Deklaration

> **fct** f = (**m** x) **n**: $E[f(E_1)/y_1, \ldots, f(E_n)/y_n]$

---

[1] Man beachte, daß wir aus Gründen der Einfachheit nicht zwischen Nichtterminierung im Sinne unendlicher Berechnungen und Abbruch der Berechnung bei endlichem Fehler unterscheiden.

gegeben, wobei in den Ausdrücken E, E_1, ..., E_n keine rekursiven Aufrufe von f auftreten. Man beachte, daß die y_1, ..., y_n im Ausdruck E Platzhalter für die rekursiven Aufrufe von f im Rumpf $E[f(E_1)/y_1, ..., f(E_n)/y_n]$ sind.

In der Regel findet ein rekursiver Aufruf im Rumpf innerhalb von bedingten Anweisungen, d.h. nur unter gewissen Bedingungen statt. Seien C_1, ..., C_n die Bedingungen, unter denen die rekursiven Aufrufe $f(E_1)$, ..., $f(E_n)$ im Rumpf der Deklaration stattfinden. Formal ausgedrückt, hat zu gelten (für alle $x \neq \perp$):

$$\neg C_i \Rightarrow f(x) = E[f(E_1)/y_1, ..., \perp/y_i, ..., f(E_n)/y_n] \ .$$

Sei M die Trägermenge zur Sorte **m**. Die Terminierung der Rechenvorschrift f kann nach folgendem Schema bewiesen werden. Existiert eine totale Abbildung

$$h: M \setminus \{\perp\} \ \rightarrow \ N,$$

so daß für alle $x \in M$ (mit $x \neq \perp$) folgende Aussage gilt:

$$C_i \Rightarrow h(x) > h(E_i) \quad \text{für alle i, } 1 \leq i \leq n,$$

(und die Werte der Ausdrücke C_i und E_i sind verschieden von $\perp$), so ist die Terminierung von f für alle Argumente gesichert. Die Funktion h liefert nämlich eine obere Schranke für die Höhe des Baums der rekursiven Aufrufe. Die Bedingung stellt sicher, daß für jeden rekursiven Aufruf die Schranke abnimmt und somit der Baum endlich ist. Ist $h(x) = 0$, so führt der Aufruf $f(x)$ ohne weitere rekursive Aufrufe zu einem Resultat $(\neq \perp)$, da dann aufgrund der geforderten Eigenschaft von h für alle i, $1 \leq i \leq n$, $\neg C_i$ gilt.

Beispiel (Terminierungsbeweis für die binarisierte Wurzelfunktion). Betrachtet wird wieder die Rechenvorschrift:

```
fct sqrt = (nat n) nat:
    if n =? 0  then  0
             else   nat x = 2*sqrt(n+4)+1;
                    if x*x ≤ n   then  x
                                  else  x–1
              fi
    fi
```

Die Rechenvorschrift sqrt enthält nur einen rekursiven Aufruf, der unter der Bedingung $n > 0$ angestoßen wird. Es gilt für $n \in N$:

```
¬(n > 0) ⇒ sqrt(n) =   if n =? 0 then   0
                        else   nat x = 2*⊥+1;
                               if x*x ≤ n then x
                                           else  x–1
                               fi
          fi.
```

Wir definieren die Terminierungsfunktion

$$h: N \ \rightarrow \ N$$

mit

$$h(n) = n.$$

Zu zeigen ist nun gemäß den obigen Forderungen:

$$n > 0 \Rightarrow n > n+4.$$

Die Korrektheit dieser Aussage liefert ein einfacher Induktionsbeweis.   □

Will man die Terminierung nicht für alle Argumente der rekursiven Rechenvorschrift, sondern nur für eine Teilmenge M' des Definitionsbereichs $M\backslash\{\bot\}$ beweisen, so wählt man

$$h\colon\ M'\ \to\ N$$

Allerdings muß nun zuerst gezeigt werden, daß für einen Aufruf f(x) mit dem Argument $x \in M'$ auch alle weiteren rekursiven Aufrufe mit Argumenten aus M' stattfinden. Es ist demnach für alle $x \in M\backslash\{\bot\}$ zu zeigen:

$$x \in M' \Rightarrow E_i \in M'.$$

Damit ist sichergestellt, daß für alle $x \in M'$ der Funktionswert $h(E_i)$ wohldefiniert ist. Es bleibt zu zeigen, daß für alle $x \in M'$

$$C_i \Rightarrow h(x) > h(E_i) \qquad\qquad \text{für alle } i,\ 1 \le i \le n,$$

gilt.

Beispiel (Binarisierte Division). Betrachtet wird die Rechenvorschrift der biniarisierten Division:

```
fct bidiv = (nat m, nat n: n > 0) nat:
        if m < n   then   0
                   else   nat d = 2*bidiv(m, 2*n);
                          if m – d*n < n   then   d
                                           else   d+1
                          fi
        fi
```

Die Rechenvorschrift bidiv enthält nur einen rekursiven Aufruf, der unter der Bedingung $m \ge n$ angestoßen wird. Wir definieren die Terminierungsfunktion

$$h\colon\ N \times N \backslash\{0\}\ \to\ N$$

mit (sei $n > 0$)

$$h(m, n) = \begin{cases} m{-}n{+}1 & \text{falls } m \ge n \\[2mm] 0 & \text{sonst} \end{cases}$$

Zu zeigen ist nun gemäß den obigen Forderungen:

$$m \ge n \Rightarrow h(m, n) > h(m, 2*n).$$

Dies ist nach der Definition von h gleichwertig zu:

$$m{-}n{+}1 > m{-}2n{+}1,$$

d.h. zu

$$0 > {-}n,$$

was für $n > 0$ trivialerweise gilt.   □

Wie bereits bemerkt, liefert die Abstiegsfunktion Schranken für die Rekursionstiefe. Allerdings brauchen diese Schranken nicht scharf zu sein. In der Regel gestalten sich die Terminierungsbeweise sogar einfacher, wenn man die durch die Terminierungsfunktion für die Rekursionstiefe gegebene Abschätzung großzügig wählt.

Natürlich läßt sich die Terminierung auch allgemein durch Berechnungsinduktion oder durch strukturelle Induktion beweisen.

5. Zuweisungsorientierte Ablaufstrukturen

Die heute gebräuchlichen Maschinenarchitekturen, nach dem Mathematiker John von Neumann auch *von-Neumann-Maschinen* genannt, sind Maschinen mit linear angeordneten Speichern, in denen Programme, wie auch Daten abgelegt sind. Die Inhalte des Speichers (und gewisser Register) kennzeichnen den Zustand der Maschine. Die Abarbeitung von Programmen durch diese Maschinen ist streng zustandsorientiert. Dementsprechend werden in den Maschinen Schritt für Schritt gewisse Anweisungen ausgeführt, die im Speicher stehen, und mit jedem Schritt ändert sich der Zustand des Speichers, d.h. die Inhalte gewisser Speicherzellen. Damit bestimmt der Speicherzustand die Folge der Berechnungsschritte, die Berechnungsschritte beeinflussen wiederum den Speicherzustand. Sequentielle Maschinen mit linear angeordneten Speichern arbeiten besonders effizient für eine bestimmte Klasse von Programmen. Dies sind Programme, die – grob gesagt – äquivalent sind zu der Klasse applikativer Programmen, die höchstens repetitive Rekursion verwenden.

Da gewisse spezielle Sprachelemente besonders effizient auf diesen Maschinen ausgeführt werden können und die typischen Einzelschritte der Maschinen widerspiegeln, wird dafür auch eine besondere Schreibweise verwendet. Diese Schreibweise unterstreicht die besondere Form der Abarbeitung.

5.1 Zuweisungsorientierte Sprachelemente: Anweisungen

Zuweisungsorientierte Programme setzen sich aus Anweisungen zusammen. Die Verwendung von Anweisungen zur Kontrolle und Steuerung von Abläufen ist jedermann wohlvertraut. Deshalb wird bei einem naiven Zugang zur Programmierung die zuweisungsorientierte Programmierung häufig als einfacher angesehen als die applikative Programmierung.

Anweisungen werden häufig in Abhängigkeit von der gegebenen Situation (dem Zustand) erteilt. Durch die Ausführung einer Anweisung ändert sich der Zustand. In zuweisungsorientierten Sprachelementen ist somit der Begriff des Speicher- und Ablaufzustands (auch Daten- und Kontrollzustand genannt) zentral. Jede Anweisung ändert gewisse Teile des Speicher- und Ablaufzustands.

5.1.1 Syntax

Für *Anweisungen* (engl. *statement*) verwenden wir die folgende Syntax, die sich in
verwandter Form in nahezu allen konventionellen Programmiersprachen findet:

```
<statement> ::=  nop |
                 abort |
                 <sequential composition> |
                 <assignment statement> |
                 <conditional statement> |
                 <while statement> |
                 <block> |
                 <procedure call>
```

Diese syntaktischen Einheiten stellen eine mittlerweile klassische Auswahl von relativ
beherrschbaren Anweisungen für die Formulierung sequentieller, zuweisungsorientierter Programme dar. Später werden wir noch eine Reihe von maschinennahen, in
ihrer Wirkungsweise schwerer zu verstehenden Anweisungen kennenlernen.

5.1.2 Programmvariable und Zuweisung

Verwendet man die klassische Notation der Funktionsabstraktion, so kann man die
Mehrfachverwendung von Zwischenergebnissen durch die hilfsweise Einführung gebundener Bezeichnungen ausdrücken. Man schreibt für

$$E1 * E1 - E2 * E2$$

beispielsweise

$$((\textbf{nat } a, \textbf{nat } b) \textbf{ nat: } a*a - b*b)\ (E1, E2)$$

oder mit Deklarationen (wobei die Identifikatoren a und b nicht frei in E1 und E2
vorkommen dürfen)

$$\lceil \textbf{nat } a = E1;\ \lceil \textbf{nat } b = E2;\ a*a - b*b \rfloor \rfloor.$$

Dadurch vermeidet man, daß die Ausdrücke E1 und E2 zweifach ausgewertet
werden. Ein typisches Beispiel sind Polynome. In der klassischen Schreibweise

$$a_n x^n + a_{n-1} x^{n-1} + \ldots + a_1 x + a_0$$

treten die x^i mehrfach auf. So tritt x^{i-1} in x^i auf und wird auch mehrfach berechnet.
Dies umgeht das Hornerschema zur Berechnung der Werte von Polynomen durch die
Form:

$$(\ldots(a_n*x + a_{n-1})*x + \ldots + a_1)*x + a_0.$$

Für das Hornerschema liefert das „Aufbrechen der Formel" in eine Folge von Vereinbarungen eine übersichtlichere Darstellung der Berechnung:

$$\lceil \quad \textbf{nat } y_{n+1} = 0;$$
$$\textbf{nat } y_n = y_{n+1}*x + a_n;$$
$$\dots$$
$$\textbf{nat } y_0 = y_1*x + a_0;$$
$$y_0 \qquad\qquad \rfloor$$

Man erhält ein gestaffeltes System von Deklarationen. Jeder der Hilfsidentifikatoren y_i wird nach seiner Einführung ausschließlich in der darauffolgenden Zeile verwendet. Es erscheint bequem, immer wieder den gleichen Identifikator zu verwenden. Dadurch werden geschachtelte Bindungen vermieden und der für all die Bindungen erforderliche Speicherplatz gespart.

Man schreibt für das obige System der gestaffelten Deklarationen in zuweisungsorientierter Darstellung wie folgt:

$$\lceil \quad \textbf{var nat } v := 0; \qquad\qquad \text{Variablendeklaration}$$
$$v := v*x + a_n; \qquad\qquad \text{Zuweisung}$$
$$\dots$$
$$v := v*x + a_0;$$
$$v \qquad\qquad\qquad \rfloor$$

Hierbei nennt man v eine *Programmvariable*, Anweisungen der Form

$$v := E$$

nennt man *Zuweisungen*.

Man beachte, daß das häufig intuitiv so einfach und klar empfundene Konzept der Programmvariablen und Zuweisung mit seiner Schreibweise wie

$$x := x+1$$

bei naiver Betrachtungsweise in der klassischen Mathematik auf Schwierigkeiten bei der Interpretation stößt. Das Gleichheitszeichen suggeriert die Gleichheit der linken und rechten Seite der Zuweisung, was mathematisch unmöglich ist. Die richtige Deutung erfordert es, von einem „alten" Wert von x (auf der rechten Seite) und einem „neuen" Wert von x auf der linken Seite des Zuweisungszeichens := zu sprechen. Die obige Anweisung besagt also: der neue Wert von x ergibt sich aus dem alten Wert von x plus 1. Damit entspricht die obige Zuweisung der Aussage

$$x_{neu} = x_{alt}+1 \ .$$

Man kann sich auch zwei Zustände vorstellen und von dem Wert von x im alten Zustand und von dem Wert von x im neuen Zustand sprechen. Anweisungen ändern demnach Zustände. Man ordnet ihnen deshalb als Bedeutung eine Zustandsänderungsfunktion zu, d.h. eine Funktion, die Zustände auf Zustände abbildet.

5.1.3 Zustände

Um die Bedeutung von Anweisungen besser fassen zu können, führen wir das Konzept des *Zustands* (engl. *State*) formal ein. In der Informatik werden viele unterschiedliche Mengen von Zuständen betrachten. Für unsere Zwecke reicht ein einfaches Zustandskonzept aus. Die im folgenden betrachteten Zustände sind Belegungen von Identifikatoren. Wir fügen jedoch zu der bereits eingeführten Menge ENV der Belegungen einen speziellen „Zustand" $\perp$ hinzu, der wieder den fiktiven „Endzustand" nichtterminierender Programme symbolisiert, so daß die wie folgt spezifizierte Zustandsmenge STATE betrachtet wird.

$$\text{STATE} = \text{ENV} \cup \{\perp\}.$$

Die Menge STATE wird wieder ein partielle Ordnung $\sqsubseteq$ eingeführt; für die Zustände $\sigma1, \sigma2 \in$ STATE definieren wir die Ordnung wie folgt:

$$\sigma1 \sqsubseteq \sigma2 \quad \Leftrightarrow_{def} \quad \sigma1 = \sigma2 \vee \sigma1 = \perp.$$

Man beachte, daß für gebräuchliche Programmiersprachen wie Pascal oder ALGOL die Struktur der Zustände im allgemeinen weit komplizierter gewählt werden muß, da die Überlagerung von Deklarationen von Variablen in geschachtelten Blöcken schwierigere Grundstrukturen erfordert.

Das eingeführte Zustandskonzept bezieht sich ausschließlich auf die Datenzustände eines Programms. Neben dem Datenzustand kann man noch über den Kontrollzustand eines Programms reden. Darauf wird im Kapitel 7 eingegangen.

5.1.4 Funktionale Bedeutung von Anweisungen

Die Ausführung einer Anweisung bewirkt funktional gesehen die Änderung eines Zustands. So kann ihre Bedeutung durch folgende Interpretationsfunktion angegeben werden:

$$\text{I: ‹statement›} \to (\text{STATE} \to \text{STATE}).$$

Man betrachtet also als Semantik einer Anweisung die Zustandsabbildung, die für jeden Anfangszustand („Zustand vor Ausführung der Anweisung") einen Endzustand („Zustand nach Ausführung der Anweisung") erzeugt.

5.1.5 Operationelle Semantik von Anweisungen

Um die charakteristischen Eigenschaften der operationellen Semantik von Anweisungen im Rahmen der Termersetzung voll zur Geltung zu bringen, ist es notwendig, die Rechenstruktur der Zustände in allen Einzelheiten zu beschreiben und ein Termersetzungssystem dafür anzugeben. Darauf soll jedoch verzichtet werden. Üblicherweise wird in der Regel die operationelle Semantik zuweisungsorientierter Sprachen nicht durch Termersetzungssysteme, sondern durch abstrakte Maschinenmodelle beschrieben. Dabei treten Kontrollzustände und Zustände für den Speicher explizit auf. Wir verzichten im folgenden darauf, ein solches Maschinenmodell explizit anzugeben. Dies wird im Zusammenhang mit maschinennahen Programmiersprachen erfolgen.

5.2 Einfache Anweisungen

Im folgenden werden drei Arten von einfachen Anweisungen eingeführt. Die Bedeutung einfacher Anweisungen kann durch die Angabe der damit verbundenen Zustandsänderungsabbildung erklärt werden.

5.2.1 Die „leere" Anweisung nop

Die Anweisung

nop

(„no operation", manchmal auch **skip** genannt), steht für die Anweisung, deren Ausführung den vorhandenen Zustand unverändert läßt. Für jeden Zustand $\sigma \in$ STATE gilt:

$$I[\textbf{nop}](\sigma) =_{def} \sigma.$$

Somit entspricht **nop** der leeren Anweisung. Diese steht semantisch für die Identitätsabbildung auf dem (Daten-)Zustandsraum.

5.2.2 Die nichtterminierende Anweisung abort

Die Anweisung

abort

steht für die Anweisung, deren Ausführung jeden gegebenen Zustand in den „undefinierten" Zustand $\perp$ überführt. Für jeden Zustand $\sigma \in$ STATE gilt:

$$I[\textbf{abort}](\sigma) =_{def} \perp.$$

Die Anweisung **abort** steht demnach für die nicht „erfolgreich" ausführbare Anweisung, d.h. für die Anweisung, bei deren Ausführung kein wohldefinierter Folgezustand erreicht wird. Für die praktische Programmierung ist **abort** natürlich wenig sinnvoll. Man betrachtet die Anweisung **abort** lediglich aus Gründen der Systematik.

5.2.3 Die Zuweisung

Die allgemeine Form der *kollektiven Zuweisung* ist gegeben durch die folgende Anweisung:

$$x_1, ..., x_n := E_1, ..., E_n$$

Das Symbol := nennt man *Zuweisungssymbol*. Identifikatoren, die in Anweisungen auf der linken Seite vom Zuweisungssymbol auftreten, nennt man *Programmvariable*.

Die Syntax der (kollektiven) Zuweisung wird durch folgende BNF-Regel formal beschrieben:

<assignment statement>::= <id> {, <id>}* := <exp> {, <exp>}*

Wir setzen die folgenden Kontextbedingungen voraus:

– Alle Identifikatoren auf der linken Seite der Zuweisung sind paarweise verschieden.

– Jedem auftretenden Identifikator läßt sich konsistent eine Sorte zuordnen, so daß die Sorten von x_i und E_i übereinstimmen.

– Die Anzahl der Identifikatoren auf der linken Seite der Zuweisung stimmt mit der Anzahl der Ausdrücke auf der rechten Seite überein.

Die Zuweisung ist für den in diesem Kapitel betrachteten Programmierstil das beherrschende Sprachelement. Man spricht deshalb auch von *zuweisungsorientierter (prozeduraler) Programmierung*.

Beispiel (Zuweisungen)

(1) Seien x, y verschiedene Identifikatoren. Die Zuweisung

$$x, y := y, x$$

bewirkt ein Vertauschen der Werte von x und y.

(2) Die Zuweisung

$$x := x+1$$

bewirkt, daß ausgehend vom gegebenen Zustand (einer Belegung σ mit $\sigma(x) = n$) ein neuer Zustand σ' erzeugt wird mit

$$\sigma'(x) = \sigma(x)+1, \quad \text{d.h.} \quad \sigma'(x) = n + 1,$$

und

$$\sigma'(y) = \sigma(y) \qquad \text{für Identifikatoren y verschieden von x.} \qquad \Box$$

Die Zuweisung $x := E$ bewirkt eine Zustandsänderung, die einen gegebenen Zustand (Ausgangszustand) in einen neuen Zustand (Nachfolgezustand) überführt, der mit dem gegebenen Ausgangszustand für alle Identifikatoren übereinstimmt, die verschieden von x sind, und für x den Wert von E liefert. Formal läßt sich das durch die folgende Definition (sei $\sigma \in$ STATE) ausdrücken:

$$I[x := E](\sigma) = \begin{cases} \sigma[I_\sigma[E]/x] & \text{falls } \sigma \neq \perp \wedge I_\sigma[E] \neq \perp \\ \perp & \text{falls } \sigma = \perp \vee I_\sigma[E] = \perp \end{cases}$$

Die Verallgemeinerung auf kollektive Zuweisung ist offensichtlich. Allgemein setzen sich zuweisungsorientierte Programme aus einer Folge von Zustandsänderungen zusammen, die einer Folge von Zuweisungen entsprechen.

5.3   Zusammengesetzte Anweisungen

Aus gegebenen Anweisungen kann man durch verschiedene Formen der Komposition wieder Anweisungen erhalten. Die im vorangegangenen Abschnitt eingeführten Anweisungen nennt man *einfach* (oder Einzelanweisungen), die durch

Komposition von Anweisungen erhaltenen Anweisungen nennt man *zusammengesetzt*.

5.3.1 Sequentielle Komposition

Sind S1 und S2 Anweisungen, so ist

S1 ; S2

eine (zusammengesetzte) Anweisung mit folgender operationeller Bedeutung: Man führe zuerst die Anweisung S1 aus und anschließend die Anweisung S2. Man spricht von der *sequentiellen Komposition* von S1 und S2.

Die Syntax der sequentiellen Komposition ist durch folgende BNF-Regel formal beschrieben:

<sequential composition> ::= <statement> ; <statement>

Dabei setzt man als Nebenbedingungen nur voraus, daß die Sorten der freien Identifikatoren in beiden Anweisungen verträglich sind.

Beispiel (Sequentielle Komposition). Die Anweisung

x := x+1; x := x*x

hat die gleiche Wirkung wie die Anweisung

x := (x+1) * (x+1) .   □

Als semantische Interpretation definieren wir:

$$I[S1 ; S2](\sigma) =_{def} I[S2](I[S1](\sigma))$$

Die sequentielle Komposition von Anweisungen entspricht also exakt der Funktionskomposition der mit den Anweisungen verbundenen Zustandsabbildungen.

Da die Komposition von Funktionen assoziativ ist, ist es gerechtfertigt, die sequentielle Komposition ohne Klammer zu schreiben: Die Folge von Anweisungen

S1 ; S2 ; S3

ist äquivalent zu

(S1 ; S2) ; S3 ,

aber auch zu

S1 ; (S2 ; S3).

Es ist somit unnötig und in vielen Sprachen sogar syntaktisch unzulässig, die Klammern zu schreiben.

5.3.2   Bedingte Anweisungen

Seien S1 und S2 Anweisungen und C ein Boolescher Ausdruck, dann ist

if C **then** S1 **else** S2 **fi**

eine *bedingte Anweisung*. Die Syntax der bedingten Anweisung ist analog zur Syntax der bedingten Ausdrücke definiert:

‹conditional statement› ::= **if** ‹exp› **then** ‹statement› **else** ‹statement› **fi**

Für bedingte Anweisungen werden die folgenden Nebenbedingungen vorausgesetzt:

– der Ausdruck C hat die Sorte **bool**,
– den im Ausdruck C und den Anweisungen S1 und S2 enthaltenen Identifikatoren kann man konsistent Sorten zuordnen.

Bedingte Anweisungen sind eng verwandt mit bedingten Ausdrücken.

Beispiel (Bedingte Anweisungen). Die bedingte Anweisung

if $x < 0$ **then** $y := -x$ **else** $y := x$ **fi**

hat die gleiche Wirkung wie die Zuweisung

$y :=$ **if** $x < 0$ **then** $-x$ **else** x **fi** $\Box$

Wie bedingte Ausdrücke führt man bedingte Anweisungen in ihrer Bedeutung auf die Fallunterscheidung zurück. Hat der Ausdruck C im Zustand unmittelbar vor Ausführung der bedingten Anweisung den Wert true, so wird die Anweisung im **then**-Zweig ausgeführt, hat sie den Wert false, wird der **else**-Zweig ausgeführt. Ist der Wert von C für den Anfangszustand weder true noch false, so ist der Endzustand der bedingten Anweisung der undefinierte Zustand $\bot$.

$$I[\text{if } C \text{ then } S1 \text{ else } S2 \text{ fi}](\sigma) =_{\text{def}}$$

$$= \begin{cases} I[S1](\sigma) & \text{falls } \sigma \neq \bot \text{ und } I_\sigma[C] = L, \\ I[S2](\sigma) & \text{falls } \sigma \neq \bot \text{ und } I_\sigma[C] = O, \\ \bot & \text{sonst.} \end{cases}$$

Es gibt eine Vielzahl von Spielarten der bedingten Anweisung in Programmiersprachen. Beispiele hierfür sind:

(1) Die bedingte Anweisung mit einem Zweig

if C **then** S1 **fi**

steht in Programmiersprachen in der Regel für

if C **then** S1 **else** nop **fi**.

Wir gebrauchen die bedingte Anweisung mit einem Zweig in diesem Sinn. In gewissen Programmiersprachen allerdings steht die bedingte Anweisung mit einem Zweig auch für

if C **then** S1 **else** **abort** **fi**

(2) Case-Anweisung

In manchen Programmiersprachen schreibt man etwa

case E **of**
E_1: S_1
...
E_n: S_n **endcase**

für

if $E \stackrel{?}{=} E_1$ **then** S_1 **else**

...

if $E \stackrel{?}{=} E_n$ **then** S_n **else nop fi** ... **fi**

Dadurch wird ein bestimmter Sonderfall der bedingten Anweisung ausgezeichnet und Schreibaufwand reduziert.

(3) Geschachtelte bedingte Anweisungen (analog geschachtelte bedingte Ausdrücke)

Betrachtet man Sequenzen von Fallunterscheidungen:

if C_1 **then** S_1
else   **if** C_2 **then** S_2
                 ...
else   **if** C_n **then** S_n
                 else S_{n+1} **fi** ... **fi,**

so beschreibt man in gewissen Programmiersprachen abkürzend etwa:

if C_1 **then** S_1
elif C_2 **then** S_2
           ...
elif C_n **then** S_n
                 else S_{n+1} **fi.**

Die Einführung spezieller Notationen für gewisse Fälle kann Schreibaufwand reduzieren helfen und die Lesbarkeit von Programmen verbessern. Allerdings kann eine zu große Vielfalt an Notationen eine Programmiersprache zu unübersichtlich erscheinen lassen.

5.3.3 Wiederholungsanweisungen

Häufig soll eine gegebene Anweisung S so lange wiederholt werden, solange der erreichte Zustand gewisse Eigenschaften hat (eine gewisse Bedingung erfüllt). Ist C ein Boolescher Ausdruck und ist S eine Anweisung, so bildet

while C **do** S **od**

eine Anweisung, genannt *Wiederholungsanweisung*. Der Ausdruck C heißt *Bedingung* und die Anweisung S der *Rumpf* der Wiederholungsanweisung. Die Wiederholungsanweisung wird ausgeführt, indem der Rumpf S wiederholt ausgeführt wird, solange die Bedingung C den Wert true liefert.

Die Syntax der Wiederholungsanweisungen ist gegeben durch:

<while statement> ::= **while** <exp> **do** <statement> **od**

Die folgenden Nebenbedingungen werden dabei vorausgesetzt:

– der Ausdruck C hat die Sorte **bool**,
– Die Sorten der freien Identifikatoren in C und S stimmen überein.

Durch die Wiederholungsanweisung kann man – ähnlich wie durch Rekursion – die wiederholte Ausführung gewisser Anweisungen programmieren.

Beispiel (Wiederholungsanweisung). Die Anweisung (seien x, y, r Programmvariable von der Sorte **nat**)

while $x \geq y$ **do** r, x := r+1, x–y **od**

hat die gleiche Wirkung wie die Zuweisung

r, x := r+div(x, y), mod(x, y) ,

wobei div wie im vorangegangenen Kapitel definiert ist, und mod durch folgende Rechenvorschrift definiert ist

fct mod = (**nat** x, **nat** y) **nat**:
    if $x \geq y$ **then**   mod(x–y, y)
                 else   x
  fi.   □

Insbesondere ist die Wiederholungsanweisung zu einer einfachen Form der Rekursion, der repetitiven Rekursion, verwandt. Dementsprechend wird die Wiederholungsanweisung semantisch gedeutet, indem sie auf eine rekursive Definition (Fixpunktdefinition) zurückgeführt wird:

I[**while** C **do** S **od**] = **fix** τ ,

wobei **fix** τ den kleinsten Fixpunkt von τ bezeichnet. Dabei sei τ ein Funktional auf Zustandsabbildungen:

τ: (STATE $\rightarrow$ STATE) $\rightarrow$ (STATE $\rightarrow$ STATE).

τ ist definiert durch

$$\tau[f](\sigma) = \begin{cases} f(I[S](\sigma)) & \text{falls } \sigma \neq \bot \text{ und } I_\sigma[C] = L \\ \sigma & \text{falls } \sigma \neq \bot \text{ und } I_\sigma[C] = O \\ \bot & \text{sonst} \end{cases}$$

Die **while**-Wiederholung genügt demnach der „Fixpunktgleichung"

while B **do** S **od** = **if** B **then** S; **while** B **do** S **od else** nop **fi** ,

wobei = für die semantische Äquivalenz von Anweisungen, d.h. für die Relation zwischen Anweisungen „hat gleiche Wirkung auf den Zustand" steht.

Grundsätzlich entspricht die Wiederholungsanweisung der repetitiven Form der Rekursion, d.h. (sei x Programmvariable der Sorte **m**) die spezielle Wiederholungsanweisung

while C **do** x := E **od**

ist stets wirkungsgleich mit

x := f(x),

wobei die Rechenvorschrift f durch die folgende Deklaration gegeben sei:

fct f = (**m** x) **m**: **if** C **then** f(E) **else** x **fi** .

Die Wiederholung entspricht einem eingeschränkten Gebrauch der Rekursion, in einer Form, die sich besonders einfach und effizient abarbeiten, läßt.

Natürlich lassen sich Wiederholungsanweisungen auch schachteln. Im Rumpf einer Wiederholungsanweisung darf wieder eine Wiederholungsanweisung auftreten.

Beispiel (Programme mit geschachtelten Wiederholungsanweisungen). Die folgende Anweisung, die eine geschachtelte Wiederholungsanweisung enthält,

a, b := x, y;
while ¬(a $\stackrel{?}{=}$ b) **do**   **while** a < b **do** b := b–a **od**;
a, b := b, a   **od**

berechnet den größten gemeinsamen Teiler („ggT") von x und y (sofern x > 0, y > 0). Nach Beendigung der Ausführung des Programms enthalten sowohl die Programmvariable a als auch die Programmvariable b den ggT von x und y.   □

Neben der **while**-Wiederholung, die wohl die fundamentalste Form der Wiederholungsanweisung darstellt, gibt es noch eine Reihe von anderen Versionen von Wiederholungsanweisungen. So finden sich beispielsweise folgende Spielarten von Wiederholungsanweisungen. Die *„nicht-abweisende" Wiederholung*

repeat S **until** C

ist bedeutungsgleich mit der zusammengesetzten Anweisung, die die **while**-Wiederholung verwendet:

S; **while** ¬ C **do** S **od**

Es wird bei der nichtabweisenden Wiederholungsanweisung der Rumpf stets einmal ausgeführt, bevor die Bedingung C überprüft wird. Die nichtabweisende Wiederholungsanweisung wird abgebrochen, sobald C erfüllt ist.

Beispiel (Mischung aus **while**-Wiederholung und nichtabweisender Wiederholung). Das Programm

while ¬(a $\stackrel{?}{=}$ b) **do**   **if** a < b **then**   **repeat** b := b–a **until** b ≤ a
                                else   **repeat** a := a–b **until** a ≤ b **fi od**

berechnet den ggT der Anfangswerte von a, b (sofern am Anfang a > 0, b > 0).   □

Die *gezählte Wiederholung* ist eine besondere Form der Wiederholungsanweisung, die über natürlichen Zahlen arbeitet. Seien E1, E2 Ausdrücke der Sorte **nat**. Die Anweisung

> **for** i := E1 **to** E2 **do** S **od**

steht für folgende zusammengesetzte Anweisung (i darf in der Regel in E2 nicht auftreten und in S nicht geändert werden; es empfiehlt sich auch S so zu wählen, daß E2 durch Anweisungen in S nicht geändert wird):

> i := E1; **while** i $\leq$ E2 **do** S; i := i+1 **od**.

Hat E1 den Wert a und E2 den Wert b (a, b $\in$ $\mathbb{N}$), so wird durch die gezählte Wiederholung der Rumpf S (b–a+1)-mal ausgeführt (falls a $\leq$ b), wobei die Programmvariable i die Werte a, a+1, ..., b durchläuft. Gilt a > b, so wird der Rumpf der Wiederholungsanweisung überhaupt nicht ausgeführt.

Unter der angeführten Nebenbedingung, daß i in E2 nicht auftritt und in S nicht geändert wird, ergibt sich für die **for**-Anweisung, daß vor ihrer Ausführung am Wert von E2-E1+1 (falls nur E1 $\leq$ E2; sonst wird der Rumpf überhaupt nicht ausgeführt) abgelesen werden kann, wie oft der Rumpf S ausgeführt wird. Dies macht deutlich, daß die **for**-Anweisung insbesondere immer terminiert. Für die **while**-Anweisung gilt dies nicht.

In manchen Programmiersprachen muß die Zählvariable i vorher vereinbart werden (siehe unten), in anderen wird durch die **for**-Wiederholung die Vereinbarung implizit mit vorgenommen. Man beachte, daß in manchen Programmiersprachen und deren Realisierungen die Zählvariable i nach Abarbeitung der Wiederholung einen anderen Wert hat, als nach der obigen Erklärung zu erwarten wäre.

Beispiel (Gezählte Wiederholung). Die Berechnung der Fakultät von n auf der Programmvariablen r kann durch eine gezählte Wiederholung ausgedrückt werden:

> r := 1; **for** i := 1 **to** n **do** r := i*r **od**   □

Die gezählte Wiederholung spielt insbesondere bei Programmen, die bestimmte Aufgaben aus der linearen Algebra (in der Numerischen Mathematik) lösen, eine wichtige Rolle.

5.4 Variablendeklarationen und Blöcke

Programmvariablen werden häufig nur hilfsweise in begrenzten Programmbereichen verwendet. Diese Eingrenzung der Verwendung von Programmvariablen wird durch die Deklaration einer Programmvariablen und der Begrenzung des Gültigkeitsbereichs durch einen Block ermöglicht.

Eine einfache *initialisierende Variablendeklaration* hat folgende Form (E sei ein Ausdruck der Sorte **m**):

> **var m** x := E.

Dabei darf x nicht frei in E vorkommen. Die kollektive (initialisierende) Variablendeklaration hat die Form

var m_1 x_1, ... , **var** m_n x_n := E_1, ..., E_n.

Dabei seien die E_i Ausdrücke der Sorte m_i und die Identifikatoren x_i paarweise verschieden und nicht frei in den E_j.

Beispiel (Initialisierende Variablendeklaration). Eine einfache Variablenvereinbarung für eine natürliche Zahl hat folgende Form:

var nat x := 1.

Eine kollektive Vereinbarung einer Variablen b für Boolesche Werte und einer Variablen n für natürliche Zahlen hat die Form:

var bool b, **var nat** n := true, –5. □

Für die Vereinbarung von Programmvariablen gilt folgende Syntax:

‹variable declaration› ::= **var** ‹sort› ‹id› {**var** ‹sort› ‹id›}∗ {:= ‹exp› {, ‹exp›}∗}

Folgende Nebenbedingung wird für Variablendeklarationen vorausgesetzt:

– Die deklarierten Identifikatoren treten nicht auf der rechten Seite (in E) auf.

Ansonsten werden die gleichen Nebenbedingungen wie bei der Zuweisung vorausgesetzt.

Man unterscheidet initialisierende und nichtinitialisierende Variablendeklarationen. Nichtinitialisierende Variablendeklarationen haben die folgende Form:

var nat x .

Es ist im Fall der nichtinitialisierenden Variablendeklaration in vielen Programmiersprachen nicht genau festgelegt, welchen Wert eine durch eine nichtinitialisierende Variablendeklaration vereinbarte Variable x vor der Ausführung der ersten Zuweisung an x hat. In manchen Implementierungen solcher Sprachen hat x einen willkürlich festgelegten Wert, in manchen Implementierungen hat x einen artifiziellen Wert (vergleichbar zu $\bot$), so daß ein Zugriff auf den Wert der Variablen x, bevor ein erster definierter Wert zugewiesen wird, zu einem Abbruch des Programms mit Fehlermeldung führt.

Aus diesem Grund sind nichtinitialisierende Variablendeklarationen mit Vorsicht zu behandeln, da sich das Verhalten von Programmen von Implementierung zu Implementierung ändern kann. Dies ist der Fall, wenn auf eine nichtinitialisierte Programmvariable zugegriffen wird, bevor sie eine Zuweisung erfährt, und die Implementierungen unterschiedliche Initialisierungskonzepte für nichtinitialisierte Programmvariablen verwenden.

Um die Bedeutung einer Variablendeklaration als Zustandsabbildung ausdrücken zu können, würden kompliziertere Versionen von Zuständen benötigt als wir sie bisher betrachtet haben. Man benötigt ein Konzept von Zuständen, in denen beispielsweise vermerkt ist, ob ein Identifikator deklariert ist oder nicht. Im folgenden wird auf die explizite Einführung solch eines komplizierteren Zustandskonzepts verzichtet und auch auf eine Angabe einer formalen Interpretation für die Variablendeklaration.

Deklarationen stehen allgemein am Beginn von Blöcken. Ein Block hat die folgende Form

$\ulcorner$ D ; S1 $\lrcorner$,

wobei D eine (oder Sequenz von) Deklaration(en) darstellt und S1 eine Anweisung. Die in D deklarierten Programmvariablen heißen *lokale Variable* des Blocks. Die übrigen im Block auftretenden, nicht im Block deklarierten Variablen heißen *globale Variablen* des Blocks.

Beispiel (Verwendung lokaler Variablen). Das Vertauschen der Werte der Programmvariablen x und y ohne Verwendung einer kollektiven Zuweisung wird durch folgenden Block erzielt:

$\ulcorner$ **var nat** h := x; x := y; y := h $\lrcorner$

Dieser Block ist semantisch äquivalent zu der kollektiven Zuweisung x, y: = y, x. $\square$

Die Blockklammern begrenzen die Lebensdauer und den Gültigkeitsbereich einer lokalen Bindung für eine Programmvariable völlig analog zu Elementdeklarationen.
Die Syntax von Blöcken ist durch folgende BNF-Regeln gegeben:

‹block› ::= $\ulcorner$ ‹inner block› $\lrcorner$ |

        while ‹inner› **do** ‹inner block› **od** |
        if ‹inner› **then** ‹inner block› **else** ‹inner block› **fi**
‹inner block› ::=   { ‹declaration› ; }* ‹statement›

‹declaration› ::=   ‹variable declaration› |
        ‹procedure declaration› |
        ‹element declaration› |
        ‹function declaration› |
        ‹sort declaration›

Folgende Nebenbedingungen setzen wir für Blöcke und Deklarationen voraus:

– Die Sorten der auftretenden Variablen und Identifikatoren sind konsistent und stimmen mit den in der Deklaration angegebenen Sorten überein.
– Ein Identifikator für eine deklarierte Variable wird erst nach der Deklarationsstelle gebraucht.
– Jeder Identifikator wird in einem Block höchstens einmal deklariert.

Blockstrukturierte Sprachen erlauben die geschachtelte Deklaration von Variablen. Dies führt auf ganz besondere Formen der Realisierung auf Rechenanlagen durch das „Kellerprinzip". Dabei werden Speicherplätze für die Werte der lokalen Programmvariablen (und der Konstantenbezeichnungen) beim Betreten eines Blocks (Beginn der Ausführung eines Blocks) reserviert und beim Verlassen des Blocks (Beendigung der Ausführung des Blocks) wieder freigegeben.

5.5 Prozeduren

Sollen gewisse (zusammengesetzte) Anweisungen des öfteren ausgeführt werden, so kann man für sie abkürzend eine Prozedur einführen. Eine Prozedur ist eine zuweisungsorientierte Rechenvorschrift.

5.5.1 Prozedurdeklaration

Wie Funktionen können Prozeduren deklariert werden. Allerdings ist es unnötig eine Resultatssorte anzugeben, da eine Prozedur kein explizites Resultat besitzt. Prozeduren entsprechen Abkürzungen für Anweisungen. Prozeduren können parameterisiert sein.

Beispiel (Prozedurvereinbarung). Eine Vereinbarung der Prozedur vertausche lautet:

proc vertausche = (**var m** x, **var m** y): $\lceil$ **m** h = x; x := y; y := h $\rfloor$ $\qquad$ $\square$

Eine Prozedurvereinbarung hat die allgemeine Form

proc p = (m_1 x_1, ..., m_n x_n): S

wobei S eine beliebige Anweisung darstellt und die m_1, ..., m_n entweder für Sorten stehen oder für **var** s_i mit gewissen Sorten s_i.

Die Syntax der Prozedurdeklaration wird durch folgende BNF-Regeln beschrieben:

‹proc declaration› ::= **proc** ‹id› = {((‹par› {, ‹par›}*) }: ‹statement›
‹par› ::= {**var**} ‹sort› ‹id›

Als Nebenbedingungen werden vorausgesetzt:

– Die Sorten der Identifikatoren x_1, ..., x_n in S müssen der Angabe in der Parameterliste entsprechen (insbesondere dürfen in S Zuweisungen an x_i nur erfolgen, wenn m_i von der Form **var** s_i ist, d.h. als Programmvariable gekennzeichnet ist).
– Die Parameteridentifikatoren sind paarweise verschieden.

Treten in einer Prozedur Programmvariable als Parameter auf, so kann man für sie drei Verwendungsarten unterscheiden:

(1) *Eingabeparameter*: Die Programmvariable tritt im Rumpf der Prozedur nicht auf der linken Seite von Zuweisungen auf, sondern nur in Ausdrücken. Insbesondere wird sie durch den Aufruf nicht geändert.
(2) *Ausgabeparameter* (*Resultatparameter*): Die Programmvariable tritt im Rumpf der Prozedur nur auf der linken Seite von Zuweisungen auf. Insbesondere ist der Wert der Programmvariablen vor Ausführung der Prozedur bedeutungslos.
(3) *Transiente Parameter*: Die Programmvariable tritt im Rumpf der Prozedur sowohl in Ausdrücken als auch auf der linken Seite von Zuweisungen auf.

Manche Programmiersprachen erlauben oder fordern sogar eine zusätzliche Kennzeichnung der Verwendungsart der Parameter. Dies ist aus Gründen der Dokumentation und für die Lesbarkeit sicherlich hilfreich. In der Regel kann sonst nur eine gründliche Analyse des Rumpfes einer Prozedur die Zuordnung eines Variablenparameters zu einer der obigen Kategorien klären.

Beispiel (Verwendungsarten von Parametern). Gegeben sei die Prozedurvereinbarung

$\quad$ **proc** p = (**var nat** x, **var nat** y, **var nat** z): $\lceil$ z := x+z; y := x $\rfloor$

Hier ist x Eingabeparameter, y Ausgabeparameter und z transienter Parameter. $\square$

Man beachte, daß es neben den hier erwähnten Parametermechanismen (Programmvariable oder Konstantenbezeichnung) noch eine Vielzahl von Spielarten von Parameterbehandlungen in zuweisungsorientierten Sprachen gibt.

Programmvariable, die im Rumpf einer Prozedur auftreten, und die nicht im Rumpf der Prozedur deklariert oder formale Parameter sind, heißen *globale* Variable.

5.5.2   Prozeduraufruf

Ist eine Prozedur wie folgt vereinbart

$\quad$ **proc** p = (m_1 x_1, ..., m_n x_n): S

so kann sie innerhalb des Blocks, in dem sie vereinbart ist, bzw. genauer gesagt innerhalb ihres Gültigkeitsbereichs, durch einen *Prozeduraufruf* der folgenden Form aufgerufen werden:

$\quad$ $p(E_1, ..., E_n)$

Dabei muß E_i (ein Identifikator für) eine Programmvariable der Sorte s_i sein, falls m_i von der Form **var** s_i ist, und ein Ausdruck der Sorte s_i, falls m_i von der Form s_i ist. Ein Prozeduraufruf stellt wiederum eine Anweisung dar.

Die Ausführung eines Prozeduraufrufs ist gleichbedeutend mit der Ausführung des Rumpfes der Prozedur nach Umbenennung der formalen Variablenparameter in die aktuellen Programmvariablen und der Einführung entsprechender Deklarationen für Konstantenparameter. Sei die Prozedurvereinbarung (seien s und m beliebige Sorten):

$\quad$ **proc** p = (**var** s v, **m** x): S

gegeben. Der Aufruf

$\quad$ p(w, E)

ist nur zulässig, wenn w eine Programmvariable der Sorte s ist und E ein Ausdruck der Sorte **m** ist. Dieser Aufruf ist semantisch äquivalent mit dem Block

$\quad$ $\lceil$ **m** x = E; S[w/v] $\rfloor$,

d.h. der Aufruf ist semantisch äquivalent zu dem Block, der eine Deklaration von x der Sorte **m** mit Bindung an den Wert von E (falls E weiter außen gebundene Auftreten des Identifikators enthält, muß x in der Deklaration und in S lokal umbenannt werden) und die Anweisung enthält, die durch Ersetzen der Programmvariablen v in S durch w entsteht.

Besondere Vorsicht ist bei der Verwendung von globalen Programmvariablen in Prozedurrümpfen geboten, da dann Aufrufe diese Programmvariable ändern können, ohne daß dies an der Aufrufstelle sichtbar wird. Unbedingt zu vermeiden sind aus Gründen der Durchsichtigkeit von Programmen Aufrufe von Prozeduren mit aktuellen Variablenparametern, die gleichzeitig globale Programmvariable der Prozedur sind. Dies würde dazu führen, daß bei der Abarbeitung des Rumpfes die gleiche Programmvariable unter unterschiedlichen Bezeichnungen auftritt (*Aliasing*, Verletzung des *Aliastabus*).

Beispiel (Prozeduraufrufe). Der Block

⌐ **proc** vertausche = (**var m** a, **var m** b): a, b := b, a;
   vertausche(x, y); vertausche(y, z)   ⌐

ist semantisch äquivalent zu der Anweisung

   x, y, z := y, z, x   □

Die Syntax für den Aufruf einer Prozedur ist durch folgende BNF-Regel gegeben:

   ‹procedure call› ::= ‹id› {(‹exp› {,‹exp› }*)}

Als Nebenbedingungen werden vorausgesetzt:

– Die Sorten der Identifikatoren sind konsistent.
– Die Sorten der aktuellen Parameter entsprechen den Sorten der formalen Parameter der Prozedur.
– Für formale Variablenparameter werden als aktuelle Parameter Variable (keine Ausdrücke) eingesetzt.
– Die Variablenidentifikatoren, die für Variablenparameter eingesetzt werden, sind paarweise verschieden und verschieden von globalen Variablen im Prozedurrumpf (Aliastabu, Gleichbesetzungsverbot).

Der Aufruf vertausche(x, x) für die Prozedur aus obigen Beispiel verstößt gegen das Gleichbesetzungsverbot.

Wir setzen bei Prozeduraufrufen einen ähnlichen Parameterübergabemechanismus voraus, wie bei Funktionsaufrufen: Aktuelle Parameter (Ausdrücke auf Parameterposition) werden ausgewertet, bevor mit der Auswertung des Rumpfes begonnen wird („Wertaufruf", „Call-by-Value").

In manchen Programmiersprachen gelten allerdings andere Regeln: Manchmal werden Parameterausdrücke nicht sofort beim Aufruf ausgewertet, sondern jeweils, wenn der Wert des entsprechenden formalen Parameters bei der Ausführung des Rumpfes benötigt wird („Call-by-Name"). Dies kann bei mehrfachen Auftreten des formalen Parameters zu unterschiedlichen Werten führen, wenn der Ausdruck Programmvariablen enthält, deren Wert sich während der Ausführung des Rumpfes ändern können (vgl. die Programmiersprache ALGOL 60).

5.5.3 Globale Programmvariablen in Prozeduren

Wie bei Funktionen kann man auch in Prozeduren Parameter unterdrücken. Werden Parameter für Programmvariable unterdrückt, so spricht man von *globalen Programmvariablen*. Globale Programmvariable sind also Programmvariable im Rumpf von Prozeduren, die nicht lokal vereinbart und nicht in der Parameterliste aufgeführt sind.

Beispiel (Globale Programmvariable in Prozedurdeklarationen). Gegeben sei der Block mit der Prozedurvereinbarung für die Prozedur vertausche.

```
⌈ var nat h := 0;
  proc vertausche = (var nat a, var nat b): ⌈ h := a; a := b; b := h ⌋;
  vertausche(x, y) ⌋
```

Hier ist h eine globale Programmvariable in der Prozedur vertausche.   □

Beim Gebrauch von globalen Variablen ist folgende Warnung angebracht:

– Globale Variable führen leicht zu Programmfehlern, da beim Aufruf die Änderung der globalen Variablen durch das fehlende Auftreten der Variablen im Aufruf nicht explizit sichtbar wird. .
– Tritt eine globale Variable gleichzeitig als aktueller Parameter auf (im obigen Beispiel bei Aufruf vertausche(h, x)), dann besitzt die Variable bei Ausführung des Rumpfes zwei „Identifikatoren" (*Aliasing*). Dies kann zu unerwarteten Effekten führen und sollte deshalb vermieden werden. Wir haben Aliasing durch Nebenbedingungen ausgeschlossen.

Häufig werden globale Variable in Kauf genommen, um überlange (und schwer überschaubare) Parameterlisten zu vermeiden. Dann sollte allerdings die Verwendung globaler Variablen entsprechend dokumentiert sein.

5.5.4 Rekursive Prozeduren

Wie Funktionen kann man auch Prozeduren rekursiv definieren.

Beispiel (Division durch eine rekursive Prozedur). Folgendes Programm berechnet unter Verwendung der rekursiven Prozedur pdiv den Wert der Division von a durch b auf der Variablen r sofern $a \geq 0$, $b > 0$.

```
x, y, r := a, b, 0;
proc pdiv =:
    if x < y then nop
            else  x, r := x–y, r+1; pdiv fi;
pdiv
```

Hier sind x und r unterdrückte (globale) Programmvariable in der Prozedur pdiv. Der Identifikator y steht für einen unterdrückten Eingabeparameter.   □

Analog zu rekursiv definierten Funktionen kann man rekursiv definierten Prozeduren durch Fixpunktdeutung eine Semantik zuordnen. Wir verzichten an dieser Stelle jedoch bewußt auf die Durchführung dieser technisch aufwendigeren Definition.

5.6 Abschnitte, Bindungen, Gültigkeit, Lebensdauer

Man kann Anweisungen auch lokal in Ausdrücken verwenden. Dabei ist eine sinnvolle Forderung, daß in Anweisungen in einem Ausdruck nur lokale (d.h. innerhalb des Ausdrucks deklarierte Variable) durch Zuweisungen geändert werden dürfen (Verbot von *Seiteneffekten* in Ausdrücken).

Beispiel (Abschnitte). Die Funktion mod läßt sich durch Anweisungen berechnen:

> **fct** mod = (**nat** x, **nat** y : y > 0) **nat**:
> ⌈　**var nat** z := x;
> 　**while** z ≥ y **do** z := z–y **od**;
> 　z　　　　　　　　　　　　　　　　　⌋

Man beachte, daß die einzige auftretende Programmvariable z lokal ist.　　　　□

Die Syntax des Inneren eines zuweisungsorientierten Abschnitts wird durch folgende BNF-Regel beschrieben:

> ‹procedural inner› ::= {‹declaration›;} * {‹statement›;} ‹exp›

Die folgenden Nebenbedingungen werden vorausgesetzt:

- Alle deklarierten Identifikatoren sind verschieden. Ihre Verwendung ist konsistent in bezug auf ihre Sorten.
- Es treten keine Zuweisungen an globale Programmvariable auf.

In vielen Programmiersprachen wird die genannte Forderung, daß in Ausdrücken keine Zuweisungen an globale Variable erfolgen dürfen, nicht erhoben. Tritt dann in einem Ausdruck eine Zuweisung an eine nicht lokal vereinbarte Variable auf, so spricht man von einem *Seiteneffekt*.

Beispiel (Seiteneffekte). Im folgenden Abschnitt tritt ein Seiteneffekt für die Programmvariable y auf. Dieser Abschnitt erfüllt die geforderten Nebenbedingungen nicht.

> ⌈ **var nat** x := y*y; y := 1; x ⌋　　　　　　　　　　　　　　□

Man beachte, daß Seiteneffekte schwer zu kontrollieren und daher ein Musterbeispiel für fehleranfällige Programmierung sind. Auch Eingabe- und Ausgabeanweisungen in Ausdrücken (vgl. Abschnitt 8.1.2) müssen als Seiteneffekte verstanden werden. Seiteneffekte in Ausdrücken sind besonders unangenehm, da in vielen Fällen ihres Auftretens eine eindeutige Semantik nur durch sehr spezielle Festlegung der Abarbeitungsreihenfolge von Ausdrücken angegeben werden kann.

Beispiel (Seiteneffekte in arithmetischen Ausdrücken). Der Wert des Ausdrucks

$$\lceil\ x := x{+}1;\ x\rfloor + \lceil\ y := 2{*}x;\ y\ \rfloor$$

hängt von der Reihenfolge der Auswertung der auftretenden Anweisungen ab. Dabei ist völlig unklar, in welcher Reihenfolge die auftretenden Zuweisungen ausgeführt werden. Eine willkürliche Festlegung (wie Ausführung von links nach rechts) würde der Kommutativität des Operators + widersprechen. Dieser Abschnitt erfüllt die geforderten Nebenbedingungen nicht. $\qquad\Box$

Besonders tückisch sind Seiteneffekte in Funktionsaufrufen auf unterdrückte Variablenparameter von Funktionen. Deshalb haben wir diese durch Nebenbedingungen ausgeschlossen.

Abschnitte stellen die Verbindung zwischen Anweisungen und Ausdrücken her. Jedes applikative Programm mit lokalen Anweisungen (Abschnitten) läßt sich durch eine Reihe einfacher Umformungen in ein semantisch äquivalentes, rein applikatives Programm transformieren. Man beachte, daß wir dabei voraussetzen, daß keine Seiteneffekte auftreten.

Wie bereits ausführlich demonstriert, kann man sich Programmvariable durch mehrfach geschachtelte Vereinbarungen eines Identifikators entstanden denken. Bei Identifikatoren ist die Lebensdauer der Bindung durch Abschnittsklammern begrenzt.

Beispiel (Lebensdauer und Gültigkeit in Deklarationen). Für folgendes Programm sind Lebensdauer und Gültigkeitsbereich angegeben.

	Lebensdauer			Gültigkeitsbereich		
	x	y	x	x	y	x
$\lceil$ **nat** x = 1;	•			•		
$\quad\lceil$ **nat** y = 2;	•	•		•	•	
$\quad\quad\lceil$ **nat** x = 4;	•	•	•		•	•
$\quad\quad$ x*x $\qquad\rfloor$	•	•	•		•	•
$\quad\quad\quad$ +y $\rfloor$	•	•		•	•	
$\quad\quad\quad$ +x $\rfloor$	•			•		

$\qquad\Box$

Man ist auch bei Programmvariablen daran interessiert, die Lebensdauer von Bindungen zu beschränken, weil bei der Abarbeitung des Programms nur für den Zeitraum der Abarbeitung des entsprechenden Abschnitts (für die Lebensdauer) Speicherplatz bereitgestellt werden muß. Darüber hinaus ist es aus Gründen der Lesbarkeit und Übersichtlichkeit hilfreich, den Gültigkeitsbereich von Programmvariablen zu begrenzen. Dadurch ergeben sich auch Schutzmöglichkeiten, da bei statischer Bindung eine außerhalb des Gültigkeitsbereichs vereinbarte Prozedur oder Funktion nicht auf eine Programmvariable zugreifen kann, ohne daß diese explizit im Aufruf als aktueller Parameter in der Parameterliste aufgeführt wird.

Identifikatoren treten in Programmen als Platzhalter für Datenelemente, Funktionen, Programmvariable und Prozeduren auf. Ein Identifikator tritt entweder frei auf, oder er ist gebunden, und wird nur eingeschränkt („lokal") verwendet. Bindungen werden durch Deklarationen und formale Parameterlisten erzeugt. Jeder in einer Anweisung oder einem Ausdruck auftretende Identifikator ist entweder frei (d.h. ungebunden) oder es existiert genau eine gültige Deklaration oder eine gültige Angabe in einer Parameterliste, durch die der Identifikator gebunden ist.

Jede Bindung bezieht sich auf einen genau beschränkten Bereich, genannt *Bindungsbereich* oder *Lebensdauer der Bindung*. Für Deklarationen ist die Lebensdauer gegeben durch die unmittelbar umfassenden Block- oder Abschnittsklammern, für formale Parameter durch den Rumpf der Funktion oder Prozedur. Der Gültigkeitsbereich einer Bindung entspricht der Lebensdauer, ausgenommen sind dabei jedoch jene Teile der Lebensdauer, in denen neue Bindungen für den betreffenden Identifikator auftreten. Jedem gebundenen Identifikator können wir nach obiger Regel genau eine Bindung zuordnen, die Bindung, in deren Gültigkeitsbereich das Auftreten zu finden ist. Diese Regel für die Zuordnung von Bindungen entspricht dem Prinzip der statischen Bindung.

Beispiel (Zuordnung der Bindungen). Diese Zuordnung von auftretenden Identifikatoren zu Bindungen ist an einem Beispiel durch Pfeile in Abb. 5.1 illustriert.

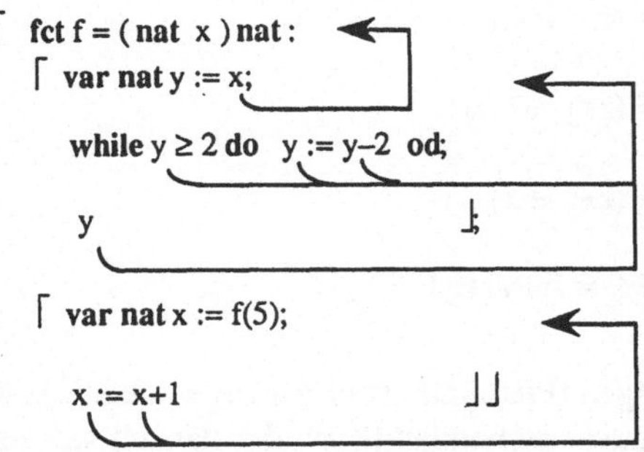

Abb. 5.1. Zuordnung von Identifikatoren zu Bindungen

Es ist ein Anliegen der strukturierten Programmierung, die Bindungsstruktur so einfach und durchschaubar wie nur möglich zu halten.

5.7 Programmiertechniken für zuweisungsorientierte Programme

Grundsätzlich lassen sich die für applikative Programme angegebenen Programmiertechniken auf zuweisungsorientierte Programme übertragen. Allerdings bringen in vielen gängigen Programmiersprachen Seiteneffekte und die Überlagerung von Bezeichnungen eine Reihe von Schwierigkeiten. Zusätzlich zu den für applikative Programme beschriebenen Verfahren existieren sehr spezielle Formen von Programmiertechniken für zuweisungsorientierte Programme, insbesondere für deren Spezifikation und Verifikation.

5.7.1 Die Methode der Zusicherung

Bei der Methode der Zusicherung werden in zuweisungsorientierten Programmen
Prädikate als formale Kommentare eingestreut. Diese Prädikate enthalten Programmvariablen als freie Identifikatoren. Die Kommentare sind gültig, falls diese Prädikate
für jeden an der entsprechenden Stelle möglicherweise auftretenden Zustand erfüllt
sind (C.A.R. HOARE 69, R. FLOYD 66/67).

Beispiel (Formale Kommentare durch Zusicherungen). Reichert man ein Programm
zur Berechnung der Division durch Zusicherungen an, so erhält man etwa (die
Zusicherungen werden in geschweifte Klammern gesetzt) unter der Annahme $x \geq 0$
und $y > 0$ das folgende „*annotierte*" Programm:

$$
\begin{array}{ll}
r := x; & \{r = x\} \\
q := 0; & \{q = 0 \wedge r = x\} \\
& \{r \geq 0 \wedge x{+}y = (r{+}y){+}q\} \\
\textbf{while}\ r \geq y & \\
\textbf{do} & \{r \geq y \wedge x{+}y = (r{+}y){+}q\} \\
\quad r := r{-}y; & \\
& \{r \geq 0 \wedge x{+}y = (r{+}y){+}1{+}q\} \\
\quad q := q{+}1 & \\
& \{r \geq 0 \wedge x{+}y = (r{+}y){+}q\} \\
\textbf{od} & \\
& \{0 \leq r < y \wedge x{+}y = (r{+}y){+}q\} \\
& \{x{+}y = q\}
\end{array}
$$

Die einzelnen auftretenden Zusicherungen (Prädikate) sind Aussagen über Zustände,
die nach (bzw. vor) Ausführung der davor stehenden (bzw. der danach stehenden)
Anweisung für die entsprechenden Zustände zutreffend sind.   □

Seien Q, R beliebige Boolesche Ausdrücke in denen unter anderem die Programmvariablen aus der Anweisung S frei auftreten dürfen, und sei S eine Anweisung. Man
schreibt

$$\{Q\}\ S\ \{R\}$$

für die Aussage:

> „Für jeden (Eingangs-)Zustand, für den vor Ausführung von S die Zusicherung
> Q gilt, gilt bei Terminierung der Ausführung von S für den (Nachfolge-)Zustand
> die Zusicherung R"

oder formaler für die Aussage

$$\forall\ \sigma, \sigma' \in \text{STATE}: I_\sigma[Q] = L \wedge I[S](\sigma) = \sigma' \wedge \sigma' \neq \perp \Rightarrow I_{\sigma'}[R] = L.$$

Man beachte, daß hier nur die partielle Korrektheit betrachtet wird; terminiert die Ausführung von S nicht, so ist die obige Aussage trivialerweise richtig.

Die Einstreuung formaler Kommentare in der Form von Zusicherungen stellt ein
nützliches Hilfsmittel für die Programmdokumentation dar. Insbesondere können Zusicherungen zu Spezifikationszwecken benutzt werden. Beispielsweise könnte man
eine Programmieraufgabe für die Erstellung eines zuweisungsorientierten Programms

wie folgt formulieren: Gesucht ist ein Programm S, das unter Verwendung der Programmvariablen x, y, z, ... folgende Zusicherung erfüllt

{Q} S {R}.

Man nennt Q auch die *Vorbedingung* und R die *Nachbedingung* zur Anweisung S.

Beispiel (Spezifikation durch Zusicherungen). Ein Programm, das die Fakultät berechnet, könnte wie folgt spezifiziert werden:

> Gesucht ist ein Programm S, das unter Verwendung der Programmvariablen x und y der Sorte **nat** für beliebige natürliche Zahlen a die im folgenden angegebenen Zusicherungen erfüllt:
>
> $$\{x = a\}\ S\ \{y = a!\}$$ □

Allerdings ist durch die reine Anreicherung eines Programms mit Zusicherungen keineswegs sichergestellt, daß der durch die Zusicherungen gegebene formale Kommentar auf das Programm zutrifft. Den Nachweis, daß gewisse Zusicherungen („Spezifikationen") für ein zuweisungsorientiertes Programm gelten, nennt man *Programmverifikation*.

Die Programmverifikation entspricht einem mathematischen Beweis, einer Ableitung. Für die Durchführung der Beweisschritte verwendet man spezielle Ableitungsregeln. Diese Regeln werden für eine Reihe einfacher zuweisungsorientierter Sprachkonstrukte im folgenden angegeben.

Seien R und Q beliebige Prädikate. Es gelten die Ableitungsregeln („Zusicherungsaxiome") für Zusicherungen:

Axiom für die leere Anweisung

{R} **nop** {R}

Die leere Anweisung **nop** ändert den Zustand nicht. Vor und nach Ausführung gelten die gleichen Zusicherungen.

Axiom für die nichtterminierende Anweisung

{Q} **abort** {false}

Die nichtterminierende Anweisung **abort** terminiert für keinen Anfangszustand. Für beliebige Vorbedingungen gelten nach Terminierung beliebige Nachbedingungen, da es nie zur Terminierung kommt. Also gilt auch für jede Vorbedingung Q die stärkste Nachbedingung false.

Zuweisungsaxiom

{R[E/x]} x := E {R}

Das Zuweisungsaxiom führt die Zuweisung auf die Substitution zurück. Dabei wird vereinfachend angenommen, daß der Wert von E im Anfangszustand verschieden von $\perp$ ist.

Beispiel (Anwendung des Zuweisungsaxioms). Es gilt

{x+1 = a} x := x+1 {x = a} □

Das Zuweisungsaxiom ordnet jeder Nachbedingung eine „schwächste" Vorbedingung zu, die ausreicht, um die Nachbedingung zu garantieren.

Regel für die Abschwächung von Zusicherungen (Rule of Consequence):

$$\frac{Q1 \Rightarrow Q \qquad \{Q\}\ S\ \{R\} \qquad\qquad R \Rightarrow R1}{\{Q1\}\ S\ \{R1\}}$$

Die Regel der Abschwächung spiegelt eine Beobachtung wieder, die sich aus der Definition der Bedeutung der Aussage $\{Q\}\ S\ \{R\}$ ergibt; Q ist eine Prämisse („Voraussetzung"). Wenn wir Q durch eine stärkere Voraussetzung Q1 ersetzen, ist mit Q1 auch Q erfüllt. R ist eine Schlußfolgerung. Wenn wir R durch eine schwächere Aussage R1 ersetzen, ist dies ein zulässiger Schritt im Sinne der Schlußfolgerung.

Durch die Regel für die Abschwächung von Zusicherungen lassen sich für alle bisher behandelten Sprachkonstrukte durch Abschwächung der Nachbedingung oder Verstärkung der Vorbedingung weitere Zusicherungen ableiten.

Beispiel (Anwendung der Regel für die Abschwächung von Zusicherungen). Es gelten folgende Aussagen:

$$x = a \Rightarrow x^2 = a^2$$
$$\{x^2 = a^2\}\ x := x^2\ \{x = a^2\}$$
$$x = a^2 \Rightarrow x \geq 0$$

Nach der Abschwächungsregel gilt somit auch:

$$\{x = a\}\ x := x^2\ \{x \geq 0\} \qquad\qquad \Box$$

Regel für die sequentielle Komposition

$$\frac{\{Q\}\ S1\ \{R1\} \qquad\qquad \{R1\}\ S2\ \{R\}}{\{Q\}\ S1\ ;\ S2\ \{R\}}$$

In der Regel für die sequentielle Komposition wird die Nachbedingung der zuerst auszuführenden Anweisung mit der Vorbedingung der anschließend auszuführenden Anweisung gleichgesetzt.

Beispiel (Anwendung der Regel für die sequentielle Komposition). Es gilt

$$\{x+1 = a\}\ x := x+1;\ \{x = a\}\ x := 2*x\ \{x = 2*a\} \qquad\qquad \Box$$

Durch die Anwendung der Regel für die sequentielle Komposition erhält man über Zusicherungen für Zwischenzustände Zusicherungen für die zusammengesetzte Anweisung. Es ist dabei sehr bequem die Zusicherungen für die auftretenden Zwischenzustände einfach als formale Kommentare mit in das Programm aufzunehmen.

Regel für die bedingte Anweisung

$$\frac{\{C \wedge Q\} \; S1 \; \{R\} \qquad\qquad \{\neg C \wedge Q\} \; S2 \; \{R\}}{\{Q\} \quad \textbf{if } C \textbf{ then } S1 \textbf{ else } S2 \textbf{ fi } \{R\}}$$

In der Regel für die bedingte Anweisung betrachtet man den Fall, daß die Bedingung gilt, sowie den Fall, daß die Negation der Bedingung gilt. Dies kann zur Vorbedingung der Zweige hinzugenommen werden.

Beispiel (Anwendung der Regel für die bedingte Anweisung). Es gilt

$$\{x = a\} \; \textbf{if } x > 0 \textbf{ then } y := x$$
$$\textbf{else } y := -x \textbf{ fi} \quad \{x = a \wedge y = |a|\} \qquad\qquad \Box$$

In der Regel für die bedingte Anweisung werden die Bedingungen bedingter Anweisungen in Zusicherungen umgewandelt. Man beachte, daß hier genaugenommen die Definiertheit dieser Bedingungen gegeben sein muß. Wieder wird vereinfachend angenommen, daß der Wert des Ausdrucks C stets wohldefiniert ($\neq \perp$) ist.

Regel für die Wiederholungsanweisung

$$\frac{\{C \wedge R\} \; S \; \{R\}}{\{R\} \quad \textbf{while } C \textbf{ do } S \textbf{ od } \{R \wedge \neg C\}}$$

Die Regel für die Wiederholungsanweisung beruht auf folgender Beobachtung: Gilt die Zusicherung R vor Ausführung der Wiederholungsanweisung und gilt ferner, daß die Anweisung S einen Zustand erzeugt (falls S terminiert), für den R gilt, falls für den Eingangszustand $R \wedge C$ gilt, so ist sichergestellt, das nach jeder Ausführung des Rumpfes S der Wiederholungsanweisung die Zusicherung R gilt. Man beachte, daß die Zuweisung S nur ausgeführt wird, wenn C gilt. Terminiert die Wiederholungsanweisung, so gilt $\neg C$ (andernfalls hätte kein Abbruch der Wiederholung stattgefunden) und R (da R nach jedem Durchlauf gilt). Die Zusicherung R heißt dann auch *Invariante* für die Wiederholungsanweisung.

Beispiel (Anwendung der Regel für die Wiederholungsanweisung). Mit der Invariante $x+y = a$ erhalten wir für folgende Wiederholungsanweisung die eingestreuten Zusicherungen:

```
          {x+y = a}
while x > 0
do    {x+y = a ∧ x > 0}
      x := x–1;
      {x+y = a–1}
      y := y+1
      {x+y = a}
od    {x ≤ 0 ∧ x+y = a}
```

Ein weiteres Beispiel für eine Invariante liefert das eingangs angegebene, mit Zusicherungen versehene Programm für die Division. $\qquad\qquad \Box$

Das Finden einer geeigneten Invarianten stellt in der Programmverifikation in der Regel den schwierigsten Schritt dar.

Ein Korrektheitsbeweis für ein Programm besteht nach der Methode der Zusicherung darin, daß man für jede im Programmtext auftretende Anweisung entsprechende Vor- oder Nachbedingungen einfügt und zeigt, daß alle eingestreuten Zusicherungen sich aus den oben angegebenen Ableitungsregeln ergeben. Man spricht von einem korrekt annotierten Programm. Folgen in dem annotierten Programm zwei Zusicherungen R1 und R2 unmittelbar aufeinander, ohne durch eine Anweisung getrennt zu sein, so muß R1 $\Rightarrow$ R2 gelten. Dies entspricht einer Anwendung der Abschwächungsregel. Dadurch ist sichergestellt, daß die dabei entstandene Vorbedingung des Programms und die dabei entstandene Nachbedingung korrekte (zutreffende) Zusicherungen für das Programm darstellen.

Wie bereits gesagt, kann mit obigen Regeln nur die partielle Korrektheit von Anweisungen bewiesen werden. Die totale Korrektheit erfordert den Nachweis, daß die Werte aller auftretenden Ausdrücke definiert sind und die Wiederholungsanweisungen terminieren.

5.7.2   Terminierungsbeweise

Analog zu Terminierungsbeweisen in applikativen Programmen kann auch die Terminierung von Wiederholungsanweisungen bewiesen werden. Der Nachweis der Terminierung der Wiederholungsanweisung

while C **do** S **od**

unter der Vorbedingung Q kann wie folgt erbracht werden: Benötigt wird ein beliebiger ganzzahliger Ausdruck E, eine Invariante R und ein Identifikator i der Sorte **nat**, der nicht in E und in der Wiederholungsanweisung auftritt. Für E und i sind folgende Aussagen zu zeigen:

(0) $Q \Rightarrow R$
(1) $E \leq 0 \wedge R \Rightarrow \neg C$
(2) $\{E = i+1 \wedge C \wedge R\} \; S \; \{E \leq i \wedge R\}.$

Gelten diese Aussagen, so terminiert die Wiederholungsanweisung, falls nur jede Ausführung von S terminiert. Der Ausdruck E ist hierbei der Terminierungsfunktion h beim Terminierungsbeweis rekursiver Funktionen vergleichbar.

Beispiel (Terminierungsbeweis für die schnelle (binarisierte) Division)

```
fct div = (nat a, b: b > 0) nat:
⌈ var nat x, y, d := a, b, 0;
   while x ≥ y   do  y := 2*y od;
   while y > b   do  d := 2*d;  y := y+2;
                     if x ≥ y then x := x–y; d := d+1 fi
                 od;
   d                                                    ⌋
```

Wir wählen für die erste Wiederholungsanweisung unter der durch die Restriktion gültigen Voraussetzung b > 0:

$x-y$

für den Terminierungsausdruck E. Als Invariante wählen wir y > 0. Trivialerweise gilt:

(0) $y > 0 \Rightarrow y > 0,$

(1) $x-y \leq 0 \wedge y > 0 \Rightarrow \neg(x > y),$

(2) $\{x-y = i+1 \wedge x > y \wedge y > 0\}$
         $\{x-2*y \leq i \wedge 2*y > 0\}$
         $y := 2*y$
         $\{x-y \leq i \wedge y > 0\}$.

Wir beweisen die Terminierung für die zweite Wiederholungsanweisung unter der Voraussetzung $y > 0 \wedge b > 0$ und wählen den Ausdruck $y-b$ für E. Als Invariante wählen wir $y \geq 0 \wedge b > 0$.

(0) $y \geq 0 \wedge b > 0 \Rightarrow y \geq 0 \wedge b > 0$

(1) $y-b \leq 0 \wedge y \geq 0 \wedge b > 0 \Rightarrow \neg(y > b)$

(2) $\{y-b = i+1 \wedge y > b \wedge y \geq 0 \wedge b > 0\}$
         $\{(y+2)-b \leq i \wedge y+2 > 0 \wedge b > 0\}$
         $d = 2*d; y := y+2;$
         $\{y-b \leq i \wedge y > 0 \wedge b > 0\}$
         if $x > y$ **then** $x: = x-y; d: = d+1$ **fi**
         $\{y-b \leq i \wedge y > 0 \wedge b > 0\}$ □

Man beachte, daß die obige Technik der Zusicherungen vereinfachend voraussetzt, daß alle in einem Programm auftretenden Ausdrücke stets definierte Werte haben. Darüberhinaus wird angenommen, daß das Gleichbesetzungstabu gilt. Verschiedene Identifikatoren stehen für verschiedene Programmvariable. Diese Annahmen gelten in den meisten Programmiersprachen nicht und müssen gesondert sichergestellt werden, wenn mit der Zusicherungslogik gearbeitet werden soll. Allerdings existieren kompliziertere Versionen des Zusicherungskalküls, die die Abprüfung der Definiertheit von Werten der auftretenden Ausdrücke mitbehandeln.

6. Sortendeklarationen

Neben den bisher eingeführten Rechenstrukturen wie BOOL, NAT und SEQ gibt es noch eine große Reihe von weiteren grundlegenden Rechenstrukturen, die in der Programmierung Verwendung finden. Diese Rechenstrukturen und ihre Varianten können allgemein nicht sämtlich in einer Programmiersprache direkt vorgegeben werden. Vielmehr sehen problemorientierte Programmiersprachen Rechenstrukturschemata vor, die es erlauben, eine Vielzahl von individuellen Rechenstrukturen durch Kombination der Rechenstrukturschemata mit Hilfe von Sortendeklarationen zu erzeugen. Mit der Deklaration neuer Sorten werden gleichzeitig bestimmte Funktionen implizit mitdeklariert, die dann zur Verfügung stehen, um mit den Elementen der deklarierten Sorten entsprechend rechnen zu können.

6.1 Deklarationen von Sorten

Viele Programmiersprachen erlauben die Deklaration neuer Sorten (und damit neuer Elementmengen) abgestützt auf die bereits verfügbaren. Allgemein werden im folgenden Sortendeklarationen betrachtet, die nachstehender BNF-Regeln entsprechen:

```
‹sort declaration› ::=    sort ‹sort› = ‹sort construct›
‹sort construct› ::=      ‹enumeration sort›  |
                          ‹product sort›      |
                          ‹sum sort›          |
                          ‹subrange sort›     |
                          ‹array sort›        |
                          ‹set sort›          |
                          ‹file sort›         |
                          ‹sort›
```

Durch eine Sortendeklaration wird nicht nur eine neue Sorte vereinbart, sondern es werden in der Regel gewisse Funktionssymbole implizit mitdeklariert. Eine der einfachsten Möglichkeiten, eine neue Sorte zu deklarieren, besteht in der Enumeration der zu ihr gehörigen Elemente.

6.1.1 Skalare Elemente: Enumeration

Rechenstrukturen mit endlichen Trägermengen können durch einfache Aufzählung der Elemente eingeführt werden. Seien $x_1, ..., x_n$ beliebige, paarweise verschiedene Identifikatoren, dann wird durch die Deklaration

sort $s = \{x_1, ..., x_n\}$

eine Sorte s vereinbart. Die Trägermenge zur Sorte s besteht aus einer Menge von n Elementen, die durch $x_1, ..., x_n$ bezeichnet werden, und dem Element $\bot$. Durch die Deklaration der Sorte s durch obige Aufzählung werden implizit auch die Identifikatoren $x_1, ..., x_n$ als Bezeichnungen für die Elemente der Sorte deklariert. Die x_i sind im Gültigkeitsbereich der Deklaration *keine* freien Identifikatoren mehr, sondern deklarierte Konstante („nullstellige Funktionssymbole").

Beispiel (Sortendeklaration durch Aufzählung). Eine Einführung der Sorte **color** und von Identifikatoren für Farben wird durch folgende Deklaration erreicht:

sort color = {blue, red, green, yellow}.

In der Programmiersprache Pascal schreibt man beispielsweise ganz ähnlich

type color = (blue, red, green, yellow) . $\qquad\qquad\qquad$ $\Box$

Auf den durch Enumeration eingeführten Sorten ist allgemein die Gleichheit $\stackrel{?}{=}$ eine verfügbare Operation, manchmal ist daneben auch eine Vergleichsoperation $\le$ vorgegeben, festgelegt durch die Aufschreibungsreihenfolge der x_i in der Sortendeklaration. Für die Sorte s gilt demnach

$$(x_i \stackrel{?}{=} x_j) \Leftrightarrow (i = j) \qquad \text{und} \qquad (x_i \le x_j) \Leftrightarrow (i \le j)$$

Klassische Beispiele für Enumerationssorten sind Alphabete und Zeichensätze. So kann man sich die Sorte aller Zeichen als wie folgt deklariert denken:

sort char = {'+', '−', '0', ..., '9', 'a', 'b', 'c', 'd', ..., 'z', ...}.

Die Anführungszeichen werden benötigt, um die Verwendung von a als Identifikator von der Verwendung von a als Zeichen zu unterscheiden.

Für die Angabe einer Sorte durch Enumeration ist die Syntax durch folgende BNF-Regel festgelegt:

<enumeration sort> ::= $\underline{\{}$ {<id> {, <id> }*} $\underline{\}}$.

Als Nebenbedingung für die Sortenvereinbarung durch Enumeration wird lediglich gefordert, daß alle auf der rechten Seite auftretenden Identifikatoren paarweise verschieden sind.

6.1.2 Direktes Produkt: Tupel

Seien $s_1, ..., s_n$ Sorten, seien $sel_1, ..., sel_n$ paarweise verschiedene Identifikatoren und sei **construct** ein weiterer, von diesen verschiedener Identifikator; dann wird durch die Sortendeklaration

$$\textbf{sort product} = \text{construct}(s_1 \; sel_1, \ldots, s_n \; sel_n)$$

die Produktsorte **product** deklariert sowie die Funktionssymbole $sel_1, \ldots, sel_n$ und construct. Zur Sorte **product** gehört die Trägermenge, die durch die folgende Menge

$$(M_1^- \times \ldots \times M_n^-) \cup \{\bot\}$$

gegeben ist, wobei die $M_1, \ldots, M_n$ die Mengen der Elemente der Sorten $s_1, \ldots, s_n$ seien und die M_i^- wie folgt definiert seien:

$$M_i^- =_{def} M_i \backslash \{\bot\}.$$

Die Sorte **product** entspricht dem direkten Produkt (auch Mengenprodukt oder Kartesisches Produkt genannt) der Trägermengen $M_1^-, \ldots, M_n^-$. Mit der Deklaration der Sorte **product** werden implizit gleichzeitig die Funktionssymbole construct und sel_i ($1 \leq i \leq n$) eingeführt. Diese Funktionssymbole haben die folgenden Funktionalitäten:

$$\textbf{fct construct} = (s_1, \ldots, s_n) \; \textbf{product} \, ,$$
$$\textbf{fct} \; sel_i = (\textbf{product}) \; s_i \, .$$

Sind die Elemente $t_1, \ldots, t_n$ der Sorten $s_1, \ldots, s_n$ gegeben, dann bezeichnet

$$\text{construct}(t_1, \ldots, t_n)$$

ein Element der Sorte **product**. Das Funktionssymbol construct bezeichnet man als *Konstruktor*. Gilt $t_i = \bot$ für wenigstens ein i, $1 \leq i \leq n$, so gilt nach dem Striktheitsprinzip auch $\text{construct}(t_1, \ldots, t_n) = \bot$. Damit sind Tupel, in denen $\bot$ als Komponente auftritt, ausgeschlossen. Sobald versucht wird, ein Tupel mit $\bot$ als Komponente zu bilden, kollabiert das Resultat zu $\bot$ (man spricht vom „Smash-Product").
Für beliebige Elemente $a_1, \ldots, a_n$ mit $a_1 \in M_1^-, \ldots, a_n \in M_n^-$ ergibt die Funktionsanwendung

$$\text{construct}(a_1, \ldots, a_n)$$

das n-Tupel $(a_1, \ldots, a_n) \in M_1^- \times \ldots \times M_n^-$. Die Funktionssymbole sel_i bezeichnet man als *Selektoren*. Es gilt (mit $a_j \neq \bot$ für alle $1 \leq j \leq n$):

$$sel_i(\text{construct}(a_1, \ldots, a_n)) = a_i \qquad \text{für } 1 \leq i \leq n.$$

Ferner gilt:

$$sel_i(\bot) = \bot.$$

Durch eine Sortendeklaration werden somit gleichzeitig die Sortenbezeichnung und die Bezeichnungen für Konstruktor und Selektoren eingeführt.
Die Syntax der Produktsortenbildung ist durch folgende BNF-Regel formal beschrieben:

<product sort> ::= <id>({ <sort> {<id>} {, <sort> <id>}* })

Wieder setzen wir als Nebenbedingung voraus, daß alle auftretenden Identifikatoren (Funktionssymbole) für Konstruktor und Selektoren paarweise verschieden sind.

Beispiel (Produktsorten: Rationale Zahlen als Tripel). Mit der Deklaration

sort bruch = strich(**bool** vorz, **nat** zähler, **nat** nenner) steht

    strich(true, 1, 2)

für das Tripel $(L, 1, 2) \in \mathbb{B} \times \mathbb{N} \times \mathbb{N}$; mit der Deklaration

    bruch p = strich(true, 1, 2)

liefert zähler(p) die Zahl 1 und nenner(p) die Zahl 2. Eine Rechenvorschrift, die einen
Bruch auf gekürzte Normalform bringt, hat die Form:

    fct kürze = (**bruch** x: nenner(x) $\neq$ 0 $\wedge$ zähler $\neq$ 0) **bruch** :
      ┌ **nat** y = ggt(nenner(x), zähler(x));
         strich(vorz(x), zähler(x)+y, nenner(x)+y)   ┐   □

Verwendet man Produktsorten in Variablendeklarationen ohne Initialisierung wie
etwa in

    var product x,

so kann man auch auf die Einführung expliziter Konstruktorfunktionen verzichten
und die Komponenten $sel_i(x)$ selbst wie Programmvariable auf der linken Seite von
Zuweisungen verwenden. Man schreibt dann etwa

    $sel_i(x) := E.$

Dies hat die gleiche Wirkung wie

    $(*)\quad x := \text{construct}(sel_1(x),..., sel_{i-1}(x), E, sel_{i+1}(x),..., sel_n(x)).$

Man spricht von *selektiver Änderung* (*selective updating*) von Programmvariablen für
Elemente aus Produktsorten.

    Die Schreibweise des selektiven Änderns verwendet man einmal als Schreibab-
kürzung, aber auch, um den Umgang mit Programmvariablen, die für große Strukturen stehen, effizient gestalten zu können: Will man nur eine Komponente eines Elements einer Produktsorte ändern, so ist es ineffizient, die gesamte Elementstruktur
neu aufzubauen, wie das durch die Zuweisung (*) bewirkt wird. Man beachte, daß
bei der nichtinitialisierten Variablendeklaration mit selektivem Ändern naturgemäß
Zustände auftreten, bei denen gewisse Komponenten einen wohldefinierten Wert besitzen, während andere aber keinen wohldefinierten Wert besitzen (falls nicht eine
bestimmte implizite Initialisierung stets vorgegeben ist). Ein Zugriff auf nicht besetzte
Komponenten führt in der Regel zum Abbruch der Programmausführung.

Beispiel (Produktsorten mit selektivem Ändern). Sei folgende Deklaration der Sorte
gz gegeben, die man zur Repräsentation ganzer Zahlen verwenden kann (die
Komponente p gibt an, ob das Vorzeichen positiv ist oder nicht):

    sort gz = g(**bool** p, **nat** n).

Man schreibt dann beispielsweise

    var gz x;
    b(x) := true;
    n(x) := 5;

statt der initialisierenden Deklaration

var gz x := g(true, 5).

Anschließend hat x den Wert g(true, 5)   □

In der Programmiersprache Pascal schreibt man (unter Vertauschung der Reihenfolge von Selektoren und Sortenbezeichnungen):

type product = **record** sel_1: m_1;

$$\ldots$$

$$sel_n: m_n$$

end

Die Anwendung von Selektoren schreibt man (sei x von der Sorte product) x.sel_i statt $sel_i(x)$. Dadurch läßt sich insbesondere die mehrfache Anwendung von Selektoren elegant schreiben (ohne Klammern). Man beachte, daß Pascal keine Bezeichnungen für Konstruktoren kennt.

Eine besondere Rolle wird häufig dem *leeren Produkt* zugewiesen. Dazu wird folgende Sortendeklaration verwendet:

sort empty = empty().

Im weiteren wird beim Aufruf vom Konstruktor empty unter Weglassung der (leeren) Aufrufklammern einfach empty für das leere Tupel geschrieben werden. Zur Vereinfachung schreiben wir für das einstellige Produkt statt

sort product = construct(s sel)

auch

sort product = construct(s).

Damit wird die Einführung eines expliziten Selektors vermieden. Für Elemente der Sorte **product** schreiben wir statt sel(x) dann construct : x. Diese Möglichkeit ist insbesondere im Zusammenhang mit Variantensorten von Bedeutung.

6.1.3 Direkte Summe: Variantensorten

Seien s_i^j beliebige, nicht notwendigerweise verschiedene Sorten und $construct_j$, sel_i^j paarweise verschiedene Identifikatoren, und ferner $product_j$ Produktsorten der Form

$$construct_j(s_1^j \; sel_1^j, \ldots, s_{k_j}^j \; sel_{k_j}^j) \, ,$$

dann wird durch

sort sum = $product_1$ | ... | $product_n$

eine Sorte **sum** und die Funktionssymbole $construct_j$, sel_i^j deklariert. Für jeden Satz von Elementen x_i^j der Sorte s_i^j ergibt

$$construct_j(x_1^j, \ldots, x_{k_j}^j)$$

dann ein Element der Sorte **sum**. Die $product_j$ sind also die Konstruktorfunktionen für die Sorte **sum**.

Neben den Funktionssymbolen construct_i, sel_i^j werden folgende weitere Funktionsbezeichnungen als durch die Deklaration vereinbart vorausgesetzt. Für jedes Element y der Sorte **sum** kann die Frage nach der Variante des Elements y durch

y **in** construct_i

formuliert und eindeutig beantwortet werden. Dabei gilt:

$$\text{construct}_j(x_1^j , \ldots, x_{k_j}^j) \text{ in construct}_i \Leftrightarrow (i \stackrel{?}{=} j).$$

Ist y ein Element der Sorte **sum**, so ist $\text{sel}_i^j(y)$ ein Element der Sorte s_i^j, wobei

$$\text{sel}_i^j(y) = \begin{cases} x_i^j & \text{falls } y \text{ in construct}_i = \text{true} \wedge y = \text{construct}_j(x_1^j , \ldots, x_{k_j}^j), \\ \bot & \text{sonst.} \end{cases}$$

Durch $\text{sel}_i^j(y)$ wird also das Element y der Sorte **sum** wieder in seine Komponenten zerlegt. Das Resultat ist aber höchstens dann verschieden von $\bot$, falls y durch den Konstruktor construct_j konstruiert wurde. Sind $M_1, \ldots, M_n$ die Trägermengen zu den Produktsorten $\text{product}_1, \ldots, \text{product}_n$, so steht **sum** für die Sorte mit Trägermenge

$$\{y: 1 \leq i \leq n \wedge y \in M_i^-\} \cup \{\bot\}.$$

Folgende Funktionssymbole sind also auf Summensorten verfügbar ($j = 1, \ldots, n$):

fct $\text{construct}_j = (s_j)$ **sum**   *Injektion,*
fct . **in** $\text{construct}_j = (\textbf{sum})$ **bool**   *Variantentest,*
fct sel_i^j . $= (\textbf{sum})\, s_i^j$ *Projektion.*

Diese Operationen werden implizit bei der Deklaration von der Sorte **sum** mitdeklariert.

Für (abgesehen von $\bot$) paarweise disjunkte Mengen $M_1, \ldots, M_n$ entspricht die Variantensorte der Vereinigung der Mengen $M_1, \ldots, M_n$.

Beispiel (Variantensorte). Sei folgende Vereinbarung einer Variantensorte

sort currency $= \text{dollar}(\textbf{nat}\ \text{dol}) \mid \text{dmark}(\textbf{nat}\ \text{dma}) \mid \text{pound}(\textbf{nat}\ \text{pou}) \mid \ldots$

gegeben. Damit kann man ein Element x vereinbaren durch:

currency $x = \text{dollar}(5)$.

Danach kann man fragen

x **in** dollar   (ergibt true)
x **in** dmark   (ergibt false)

und durch

$\text{dol}(x)$

die Zahl 5 zurückzubekommen, während $\text{dma}(x) = \bot$ gilt. Will man die vorliegende Währung in D-Mark umrechnen, so kann man dafür folgende Funktion verwenden.

```
fct change_to_dmark = (currency x) currency:
    if   x in dollar  then    dmark(dol(x)*aktueller_dollar_kurs)
    elif x in dmark  then   x    ...
    fi
```
□

Besonders häufig kommen Kombinationen von Produkt- und Summensorten vor.

Beispiel (Kombination von Produkt- und Summensorten). Die Sorte von Zahlen mit oder ohne Vorzeichen könnte vereinbart werden durch

sort zahl = number(**nat** n) I signed(**bool** b, **nat** y) ,

dann liefert

signed(true, 1)

ein Element der Sorte **zahl**. Die Abfrage der Variante lautet

x **in** signed .

Die Aufrufe b(x) bzw. y(x) liefern dann die Komponenten, falls die Variante zutrifft, d.h. x **in** signed gilt. Zum Beispiel für

zahl x = signed(true, 1)

gilt

x **in** signed = true,
x **in** number = false,
b(x) = true,
y(x) = 1.
□

Allgemein lautet die Syntax für Variantensorten wie folgt:

‹sum sort› ::= ‹product sort› { _I_ ‹product sort› }*.

Man beachte, daß durch die folgende Deklaration einer Sortenbezeichnung **copynat** für eine einstellige Produktsorte

sort copynat = copy(**nat** n)

eine neue Trägermenge entsteht, die von der Trägermenge N zur Sorte **nat** verschieden ist. Das durch den Ausdruck

copy(1)

repräsentierte Element ist keine Zahl, man kann keine arithmetischen Operationen darauf anwenden. Es entsteht mit der Trägermenge der Sorte **copynat** eine Kopie der natürlichen Zahlen, auf der die klassischen Operationen der Zahlen nicht verfügbar sind.

Es sei auf den Unterschied zwischen Produktsorte und Variantensorte hingewiesen. Bei Produkten zweier Sorten s_1 und s_2 mit Trägermengen M_1 und M_2

sort product = construct(s_1 sel$_1$, s_2 sel$_2$)

wird die Menge der Paare

$$\{(x, y): x \in M_1^- \wedge y \in M_2^-\} \cup \{\bot\}$$

gebildet, bei der Variantensorte

sort variant = construct$_1$(s$_1$ sel$_1$) | construct$_2$(s$_2$ sel$_2$)

erhalten wir als Trägermenge die disjunkte Vereinigung

$$\{construct_1(x) : x \in M_1^-\} \cup \{construct_2(x) : x \in M_2^-\} \cup \{\bot\}.$$

Man beachte, daß hier die Bezeichnungen construct$_1$ und construct$_2$ auch dazu verwendet werden, um für M_1 und M_2 durch Kopien disjunkte Mengen zu erzeugen.

Beispiel (Unterschied zwischen Produktsorte und Variantensorte). Sei folgende Vereinbarung einer Enumerationssorte **color1** gegeben:

sort color1 = {red, green, blue}

Die Produktsorte **product** sei gegeben durch die Vereinbarung:

sort product = construct(**bool** b, **color1** c)

Die Trägermenge zur Sorte **product** umfaßt (neben $\bot$) die sechs Elemente:

construct(true, red),   construct(false, red),
construct(true, green),   construct(false, green),
construct(true, blue),   construct(false, blue).

Die Variantensorte **variant** sei gegeben durch die Sortenvereinbarung:

sort variant = vb(**bool** b) | vc(**color1** c)

Die Trägermenge zur Sorte **variant** umfaßt (neben $\bot$) die 5 Elemente:

vb(true), vb(false), vc(red), vc(green), vc(blue).   □

Insbesondere kann man Variantensorten durch Produktsorten darstellen. Dazu führt man nur eine Komponente ein, die die gültige Variante anzeigt. Dazu wird eine Enumerationssorte für die Diskriminatoren eingeführt. Diese Darstellung findet sich in der Programmiersprache Pascal.

In Pascal vereinbart man statt der einfachen Angabe der Projektionsfunktionen zuerst eine Enumerationssorte:

```
type discriminator = (construct₁, ..., constructₙ)
     sum = record   case dis: discriminator of
                     construct₁: (sel₁ : s₁);
                     ...
                     constructₙ: (selₙ : sₙ)
           end
```

Man schreibt dann

var x: sum

für die Deklaration und

x.construct = construct$_i$	für	x **in** construct$_i$
x.sel$_i$	für	sel$_i$(x)
x.construct := construct$_i$; x.v$_i$:= y	für	x := sel$_i$(y)

Man beachte, daß in Pascal die Diskriminatoren, d.h. die Elemente der Sorte **diskriminator** wie Komponenten einer Produktsorte behandelt werden und auch durch selektive Zuweisung gesetzt werden müssen.

6.1.4 Teilbereiche

Häufig will man nur einen *Teilbereich*, wie beispielsweise ein Intervall, einer gegebenen Menge M, beispielsweise einer Enumerationssorte oder der Zahlen, in einer Sorte zusammenfassen. Wichtig ist dabei nur, daß auf der gegebenen Sorte eine lineare Ordnung definiert ist.

Sind x_1 und x_2 die Interpretationen der Ausdrücke E_1 und E_2 (und verschieden von $\perp$), so bezeichnet die Teilbereichssorte

$$E_1 : E_2$$

die Menge $\{y \in M: x_1 \leq y \leq x_2\}$.

Beispiel (Teilbereichssorten). Die Menge der Ziffern als Teilbereich der Zahlen

    sort digit = 0 : 9 .   □

Die Syntax für Teilbereiche lautet:

    ‹subrange sort› ::= ‹exp› : ‹exp›

Beispiel (Teilbereichssorten)

    sort letter = 'a' : 'z'

    sort nat = 0 : $2^{48} - 1$

    sort tage = {sonntag, montag, dienstag, mittwoch, donnerstag, freitag, samstag}

    sort werktag = montag : freitag   □

Teilbereiche sind von besonderem Interesse für die Indexierung von Feldern. Auf Teilbereichen nimmt man in der Regel an, daß sich alle auf den Grundbereichen verfügbaren Operationen auf die Teilbereiche vererben.

6.2 Felder

Um größere Mengen von gleichartigen Elementwerten einfach verarbeiten und speichern zu können, verwendet man zusammengesetzte Elementstrukturen. Die für heutige Rechenanlagen typische Struktur sind Felder. Sie entsprechen Tabellen oder Vektoren, auf deren Elemente über Indexwerte zugegriffen werden kann.

6.2.1 Einstufige Felder

Sei s eine beliebige Sorte und seien i und j ganze Zahlen mit $i \leq j$. Dann bezeichnet

    [i : j] **array s**

die Sorte der Felder über **s** der Länge j–i+1 falls i ≤ j (bzw. 0 falls j < i), auf die durch Indizes aus {i, i+1, ..., j} zugegriffen werden kann.

Sei M die Menge der Elemente der Sorte **s**. Ein Feld a ($\neq \perp$) der Sorte

[i : j] **array s**

ist durch folgende Informationen repräsentiert:

(i)   Feldgrenzen: die „obere Grenze" j und die „untere Grenze" i,
(ii) Eine Abbildung {i, i+1, ..., j} $\to$ M, wobei M die Menge der Elemente einschließlich $\perp$ der Sorte **s**, bezeichne.

Felder gestatten es, Abbildungen mit einfachen endlichen Definitionsbereichen als Elemente zu verwenden. Man verwendet folgende grundlegende Funktionen für Felder (sei **int** die Sorte der ganzen Zahlen)

fct init = [i : j] **array s**,
fct get = ([i : j] **array s**, **int**) **s**,
fct update = ([i : j] **array s**, **int**, **s**) [i : j] **array s**.

Die nullstellige Funktion init liefert das Feld ohne definierte Komponenten. Durch get(a, i) wird die i-te Komponente des Feldes a selektiert. Durch update(a, i, m) wird aus a ein neues Feld a' erzeugt, das sich von a genau in der i-ten Komponente unterscheidet, d.h. die i-te Komponente von a' ist m.

Sei a ein Element ($\neq \perp$) von der Sorte [i : j] **array s**, seien ferner k, n Elemente der Sorte **int** und x ein Element der Sorte **s**. Dann gilt:

get(init, k) = $\perp$,

$$get(update(a, n, x), k) = \begin{cases} x & \text{falls } k = n \wedge k \neq \perp \wedge i \leq n \leq j \\ get(a, k) & \text{falls } k \neq n \wedge x \neq \perp \wedge k \neq \perp \wedge i \leq n \leq j \\ \perp & \text{sonst} \end{cases}$$

Man kann sich ein Feld der Sorte

[i : j] **array s**

als eine Tabelle, wie in Abb. 6.1 angegeben, vorstellen.

i	i+1	...	j–1	j
a_i	a_{i+1}		a_{j-1}	a_j

Abb. 6.1. Darstellung eines Feldes als Tabelle

Für jeden Index k $\in$ {i, i+1, ..., j–1, j} existiert ein Eintrag a_k in der Tabelle. Im Feld init haben alle Einträge a_k den Wert $\perp$. Durch update(a, k, x) wird aus a eine neue Tabelle a' geschaffen, die sich (für a $\neq \perp$, k $\neq \perp$, x $\neq \perp$) genau beim k-ten Eintrag von a unterscheidet, d.h. $a_n = a_n'$, falls n $\neq$ k und $a_k = x$.

In der Mathematik schreibt man häufig a_i statt get(a, i), in Programmiersprachen schreibt man a[i]. In Pascal schreibt man für die Sorte des Feldes **array** [i..j] **of** m.

Beispiel (Feldvereinbarung). Gegeben sei die Elementvereinbarung

[1:29] **array nat** mw = update(update(update(init, 1, 67), 4, 66), 3, 67).

Dann gilt

get(mw, 1) = 67,   d.h.   mw[1] = 67,
get(mw, 4) = 66,   d.h.   mw[4] = 66,
get(mw, 17) = $\bot$,   d.h.   mw[17] = $\bot$.

Man erhält als mögliche Repräsentation für mw die in Abb. 6.2 angegebene Tabelle.

1	2	3	4	5	...	29
67	$\bot$	67	66	$\bot$	...	$\bot$

Abb. 6.2. Darstellung eines Feldes als Tabelle

Algorithmen auf Feldern haben spezifische Formen.

Beispiel (Sortieren in Feldern durch Auswählen). Sei n von der Sorte **nat** fest gegeben (als „unterdrückter Parameter"). Folgendes Programm sortiert ein gegebenes Feld der Länge n durch wiederholtes Auswählen des maximalen Elements im jeweils restlichen Feld:

fct insort = ([1:n] **array int** a) [1:n] **array int**: insert(a, 1),

fct insert = ([1:n] **array int** a, **nat** i)[1:n] **array int**:
    if i < 1 $\vee$ n $\leq$ i **then** a
                else   **nat** m = maxindex(a, i, i+1);
                        insert(exch(a, i, m), i+1)
    fi,

fct exch = ([1: n] **array int** a, **int** i, **int** j: 1$\leq$i$\leq$n $\wedge$ 1$\leq$j$\leq$n) [1:n] **array int**:
    update(update(a, i, a[j]), j, a[i]),

fct maxindex = ([1: n] **array int** a, **int** max, **int** j: 1 $\leq$ max $\leq$ n $\wedge$ 1 $\leq$ j) **int**:
    if j > n **then** max
            else **if** a[j] > a[max]   **then** maxindex(a, j, j+1)
                        else maxindex(a, max, j+1) **fi fi**.

Der Funktionsaufruf exch(a, i, j) liefert ein Feld, in dem die Werte von a in den Komponenten i und j vertauscht sind. Die Funktion maxindex(a, i, j) liefert den Index eines maximalen Elements des Feldes a im Bereich [j:n], falls dieser Wert größer ist als a[i], und i sonst.

Felder sind typische Rechenstrukturen für zuweisungsorientierte Sprachen, da für sie das selektive Ändern durch Zuweisungen besonders naheliegend ist.

6.2.2 Felder in zuweisungsorientierten Sprachen: Selektives Ändern

In vielen zuweisungsorientierten Sprachen schreibt man nichtinitialisierende Vereinbarungen der Form

    var [i : j] **array** m a

mit der Vorstellung, daß jede Komponente von a eine *individuelle Programmvariable* darstellt. Man schreibt beispielsweise

a[k] := E

statt

a := update(a, k, E).

Man spricht wieder von *selektivem Ändern* (komponentenweiser Zuweisung).

Beispiel (Sortieren durch Auswählen (in zuweisungsorientierter Form)). Das Feld

[1 : n] **array int** a

sei gegeben. Folgendes Programm erzeugt ein sortiertes Feld auf der Programmvariablen va zum gegebenen Feld a:

```
⌈   var [1 : n] array int va := a;
    for i := 1 to n do
        var int max := i;
        for j := i+1 to n do
            if va[j] > va[max] then max := j fi
        od;
        if ¬(i =? max) then va[i], va[max] := va[max], va[i] fi
    od;
    va                                          ⌋        □
```

Man beachte, daß für diese Schreibweise des selektiven Änderns die einfachen Ableitungsregeln für Zusicherungen nicht mehr ohne weiteres anwendbar sind. Der Grund dafür ergibt sich aus der Tatsache, daß bei dieser Notation a[i] und a[j] die gleiche Programmvariable bezeichnen können, falls nur die Werte von i und j gleich sind. Deshalb wird das Zuweisungsaxiom, das sich auf die Variablensubstitution abstützt, in seiner einfachen Form unbrauchbar. Betrachten wir die Zuweisung mit Vor- und Nachbedingung:

$\{x = a[j]\}\quad a[i] := a[i]+1\quad \{x = a[j]\}$,

so sind diese Zusicherungen natürlich unzutreffend für $i = j$ und somit die Regeln für den Nachweis von Zusicherungen unbrauchbar. Man benötigt kompliziertere Zusicherungsregeln. Verwendet man hingegen die ausführliche Notation für Zuweisungen an Felder, so erhält man (für die äquivalente Nachbedingung):

$\{x = get(update(a, i, get(a, i)+1), j)\}\ a := update(a, i, get(a, i)+1)\ \{x = get(a, j)\}$

Für diese Form der Zuweisung arbeitet die Methode der Zusicherungen korrekt. Allerdings ist die explizite Notation aufwendiger und schwerer lesbar.

Felder werden insbesondere verwendet, um Vektoren zu repräsentieren. Für die Darstellung von endlichdimensionalen Matrizen verwendet man mehrstufige Felder.

6.2.3 Mehrstufige Felder und allgemeine Indexmengen

Häufig erlaubt man auch weitere Indexmengen als gerade nur endliche Intervalle ganzer Zahlen. Im Prinzip kann man jede endliche Menge als Indexmenge für Felder verwenden.

Beispiel (Felder mit Wahrheitswerten als Indexmenge). Der Sortenausdruck

    [bool] array s

ergibt Felder der Länge 2, die durch die Wahrheitswerte indiziert werden.   □

Von besonderer Bedeutung insbesondere für die numerische Mathematik sind mehrstufige Felder. Seien n_1, ..., n_k, m_1, ..., m_k ganze Zahlen. Die Sorten mehrstufiger Felder entsprechen dem Schema

    $[n_1 : m_1, ..., n_k : m_k]$ **array s**

Elemente von Feldern a dieser Sorte können durch

    $a[i_1, ..., i_k]$

angesprochen werden.

Beispiel (Mehrstufige Felder). Die Sorte zweidimensionaler Felder führt auf eine Darstellung von Matrizen. So kann die Sorte **matrix** wie folgt vereinbart werden:

    sort matrix = [1: n, 1: m] **array s**   □

Allgemein ist die Syntax der Sorten von Feldern durch folgende BNF-Regeln beschrieben:

    ‹array sort› ::= [‹index› {, ‹index› }*}] **array** ‹sort›.

    ‹index› ::= ‹subrange sort› | ‹sort›

Als Nebenbedingung für Felder wird vorausgesetzt: Ein Sortenidentifikator in den Klammern [...] einer Feldsorte steht für eine Enumerationssorte bzw. eine Sorte mit endlicher Trägermenge.

Mehrstufige Felder und Felder über Enumerationssorten werden in Pascal analog behandelt.

Beispiel (Felder in Pascal). In Pascal vereinbart man Felder mit Hilfe von Sortenausdrücken der Form:

    array [1..n, 1..m] **of** integer
    array [boolean] **of** integer   □

Zuweisungsorientierte Algorithmen für mehrstufige Felder enthalten typischerweise geschachtelte gezählte Wiederholungen.

Beispiel (Algorithmen mit mehrstufigen Feldern). Das Transponieren einer Matrix kann für gegebenes n durch folgende Prozedur vorgenommen werden

```
proc transpose = (var [1: n, 1 : n] array m a):
    for i := 1 to n do
        for j := i+1 to n do
            a[i, j], a[j, i] := a[j, i], a[i, j]
        od
    od.                                              □
```

Mehrstufige Felder lassen sich auf einstufige Felder abbilden. Man spricht von einer *Linearisierung* der Felder. Beim Gebrauch von Feldern muß insbesondere darauf geachtet werden, daß kein Index verwendet wird, der außerhalb der Feldgrenzen liegt. Abschließend werden kurz Implementierungsfragen für Felder behandelt.

6.2.4   Dynamische und flexible Felder

In zuweisungsorientierten Sprachen ist es für die Fragen der Implementierung wichtig festzulegen, zu welchem Zeitpunkt der Ausführung eines Programms die Indexgrenzen eines Feldes als explizite Werte berechnet werden. Man unterscheidet folgende Techniken der Angabe und Berechnung der Feldgrenzen:

(1) *statisch*, d.h. vor Ausführung des Programms sind alle Feldgrenzen durch Zahlenwerte festgelegt (dies gilt in Pascal),

(2) *dynamisch*, d.h. die Indexgrenzen einer Feldvereinbarung sind durch Ausdrücke gegeben, die auch Programmvariablen enthalten können, und bei Auswertung zur Ausführungszeit einen Wert ergeben; diese so während der Auswertung der Felddeklaration festgelegten Indexgrenzen ändern sich während der Lebensdauer der deklarierten Feldvariablen nicht (vgl. ALGOL 60),

(3) *flexibel*, d.h. die Indexgrenzen einer Programmvariablen der Sorte **array** können sich während des Programmablaufs ändern (vgl. die Programmiersprache ALGOL 68).

Die Frage, welche Form von Feldern in einer Programmsprache vorgesehen sind, ist in erster Linie auch eine Implementierungsfrage: Statische Felder sind erheblich leichter zu implementieren als dynamische- und diese wiederum erheblich leichter als flexible. Allerdings erlauben statische Felder und auch dynamische Felder gewisse, gelegentlich nützliche Programmausdrucksformen nicht.

6.3   Endliche Mengen als Rechenstrukturen

Mengen sind grundlegende Strukturen in der Mathematik, die in der Informatik beim Programmentwurf und der Formulierung gewisser abstrakter Programme eine bedeutsame Rolle spielen. Man betrachtet in der Regel in der Informatik mit Mengensorten nur *endliche* Mengen über einer Sorte.

Sei **m** eine beliebige Sorte. Dann bezeichnet **set m** die Sorte der endlichen Mengen mit Elementen aus $M \setminus \{\bot\}$. Genauer gesagt gilt: Bezeichnet die Sorte **m** die Elemente der Menge M, so bezeichnet **set s** die Sorte der Elemente aus der Menge

$$\{s \subseteq M \setminus \{\bot\} : s \text{ endlich}\} \cup \{\bot\} .$$

Folgende Grundoperationen sind auf Mengen verfügbar:

fct emptyset = **set m**   leere Menge
fct singleton = (**m**) **set m**   einelementige Menge=
fct union, meet = (**set m, set m**) **set m**   Vereinigung, Durchschnitt
fct iselem = (**m, set m**) **bool**   Elementrelation

Der Wertverlauf dieser Funktionen ist durch folgende Gleichungen gegeben (sei x von der Sorte **m**, seien s, s1, s2 von der Sorte **set m** und verschieden von $\perp$):

emptyset = $\emptyset$,
singleton(x) = {x},
union(s1, s2) = s1 $\cup$ s2, meet(s1, s2) = s1 $\cap$ s2,
iselem(x, s) = (x $\in$ s)

Sämtliche Operationen sind wieder strikt:

singleton($\perp$) = $\perp$,
union($\perp$, s) = union(s , $\perp$) = $\perp$.

Weitere Funktionen sind die Mengendifferenz:

fct diff = (**set m, set m**) **set m**

und der Test auf Teilmenge und Gleichheit:

fct issubset, iseq.= (**set m, set m**) **bool**

Ihr Wertverlauf wird durch folgende Gleichungen beschrieben (seien s1 und s2 Mengen):

$$\text{diff}(s1, s2) = \{x \in s1 : \neg(x \in s2)\},$$

$$\text{issubset}(s1, s2) = \begin{cases} L & \text{falls für alle } x \in s1 \text{ gilt } x \in s2 \\ O & \text{sonst.} \end{cases}$$

$$\text{iseq}(s1, s2) = (\text{issubset}(s1, s2) \wedge \text{issubset}(s2, s1)).$$

Auch die Kardinalität ist eine nützliche Operation auf (endlichen) Mengen:

fct card = (**set m**) **nat** ,
card(s) = |s| .

Aus Gründen der besseren Lesbarkeit schreiben wir in Programmen die üblichen Mengenoperationen in Infixschreibweise.

Es ist natürlich möglich, noch eine Anzahl weiterer Operationen auf Mengen einzuführen. Man kann als weitere Konstruktoren die Funktionen Enumeration und Subrange einführen. Sie werden notiert durch

{E1, E2, ..., En}   bzw.   {E1..E2}

mit den Eigenschaften ($a_1, ... , a_n \neq \perp$, s1, s2 $\neq \perp$)

$\{a_1, a_2, ... , a_n\} = \{a_1\} \cup ... \cup \{a_n\}$,

$\{a_1..a_2\} = \{x \in M: a_1 \leq x \leq a_2\}$.

Durch die Verwendung von Mengen als Datenelemente lassen sich eine Reihe von Algorithmen erfreulich abstrakt notieren. Häufig ist es dabei nützlich, eine Auswahlfunktion

fct any = (**set m**) **m**

für Mengen zur Verfügung zu haben. Eine Funktion any heißt *Auswahlfunktion*, wenn sie folgende Gesetze für die Menge s erfüllt:

$$\text{any}(\varnothing) = \bot \, ,$$
$$\text{any}(s) \in s \qquad \text{für } s \neq \varnothing, s \neq \bot \, .$$

Es gibt natürlich viele verschiedene Funktionen, die diese Gleichungen erfüllen. Für gewisse Aufgabenstellungen ist es jedoch unwichtig, welche dieser Funktionen gegeben ist. Jede Funktion, die die gegebenen Bedingungen erfüllt, kann als Auswahlfunktion Verwendung finden.

Beispiel (Programme über der Rechenstruktur Menge). Sei **m** eine Sorte mit endlicher Trägermenge. Sei die Funktion

fct g = (**m**) **set m**

gegeben, die für jedes Element x der Sorte **m** die endliche Menge g(x) seiner Nachfolgerknoten liefert. Die Funktion g definiert damit einen gerichteten Graphen. Man nennt eine Sequenz ‹x_0 ... x_n› von Knoten x_0, ..., x_n der Sorte **m** einen *Pfad* von x_0 nach x_n in dem durch g repräsentierten Graphen, falls für alle i, $0 \leq i < n$, gilt

$$x_{i+1} \in g(x_i).$$

Gesucht sei für einen gegebenen Knoten x die Menge derjenigen Knoten y, für die ein Pfad von x nach y in g existiert. Der Graph ist endlich, da die Trägermenge zur Sorte **m** als endlich vorausgesetzt ist. Der Aufruf tfc({x}, emptyset) berechnet für jedes Element x die Menge der von x aus erreichbaren Elemente. Dabei sei tfc definiert durch:

```
fct tfc = (set m n, set m m) set m:
    if    n =? Ø          then  m
    elif  any(n) ∈ m     then  tfc(n\any(n)}, m)
                          else  tfc(n ∪ g(any(n)), m ∪ {any(n)})
    fi
```

Die Korrektheit des angegeben Verfahrens beweist man, indem man folgenden Satz durch Induktion zeigt: Ist die Trägermenge zur Sorte **m** endlich, so gilt für beliebige Mengen s1, s2 der Sorte **set m**: der Aufruf tfc(s1, s2) berechnet die Menge der Elemente x der Sorte **m**, für die gilt:

(1) $x \in s2$ oder
(2) es existiert ein $y \in s1$ und ein Pfad in g von y nach x, der nur Elemente enthält (einschließlich y), die nicht aus s2 sind.

Sei k die Anzahl der Elemente der Sorte **m**. Man beweist den Satz durch Induktion über

$$n = k - |s2| \qquad \qquad \qquad \square$$

In vielen Programmiersprachen kommen Mengen als Rechenstruktur nicht explizit vor oder können nur sehr eingeschränkt verwendet werden. Häufig werden deshalb Algorithmen auf Mengen durch Algorithmen über anderen Strukturen (wie beispielsweise Feldern) dargestellt, die zur Repräsentation von Mengen dienen können. Neben Mengen existieren noch eine Vielzahl weiterer, für die Programmierung hilfreicher Rechenstrukturen. Einige von ihnen werden im Kapitel 7 behandelt.

7. Maschinennahe Sprachelemente: Sprünge und Referenzen

Heutige Maschinen verwenden im wesentlichen für die Speicherorganisation einen linearen Speicher (ähnlich einer Variablen der Sorte **array**), in dem sowohl Programme in der Form von Folgen von Befehlen (Anweisungen), als auch Datenelemente, beides repräsentiert durch Bitmuster, abgelegt sein können. Diese Form der Darstellung von Programmen führt auf sehr spezielle Programmstrukturen.

7.1 Kontrollfluß

Für ein Programm in einer zuweisungsorientierten (prozeduralen) Sprache wird bei der Abarbeitung im allgemeinen streng sequentiell eine Anweisung nach der anderen ausgeführt. Welche Anweisung jeweils als nächstes auszuführen ist, wird über spezielle Bedingungen gesteuert. Das Überwechseln von Anweisung zu Anweisung während der Ausführung eines Programms heißt *Programmablauf* oder auch *Kontrollfluß*. Bisher wurden vor allem bedingte Anweisungen und Wiederholungsanweisungen als Sprachelemente für die Steuerung des Programmablaufs behandelt. Im folgenden werden eine Reihe spezieller ablaufbestimmender Elemente eingeführt.

7.1.1 Marken und Sprünge

Es ist möglich, einzelne Anweisungen durch Namen (Identifikatoren, genannt *Marken*) zu kennzeichnen. Damit kann eine spezielle Anweisung **goto** m (genannt *Sprung*) formuliert werden, sodaß die Abarbeitung eines Programms nach Ausführung der Anweisung **goto** m mit der entsprechend durch m markierten Anweisung (und den im Programmablauf folgenden) fortzusetzen ist. Ein für die Kennzeichnung einer Anweisung eingesetzter Identifikator m heißt *Marke* (engl. *Label*).

Beispiel (Suchen in einem Feld). Zu erstellen ist ein Programm, das in einem Feld

    [1 : n] **array nat** a

nach einem Element x sucht, so daß die Programmvariable y den Wert des entsprechenden Index zugewiesen bekommt, und den Wert 0, falls x nicht in a ist.

```
        y := 1;
   m :  if y ≤ n  then  if a[y] =? x  then nop
                                      else y := y+1; goto m
                        fi
              else  y := 0
   fi
```
□

Allgemein werden markierte Anweisungen wie folgt eingeführt. Ist S eine Anweisung, so ist für jeden Identifikator m

   m: S

eine durch die Marke m markierte Anweisung. Durch diese Schreibweise einer Anweisung wird für ein Programm auch die Marke m eingeführt. Innerhalb eines Blocks darf eine Marke (außer in inneren Blöcken) höchstens einmal vereinbart werden. Für einen Identifikator m ist

   goto m

eine *Sprunganweisung*, deren Ausführung bewirkt, daß mit der Abarbeitung derjenigen Anweisung fortzusetzen ist, die in einem, die Sprunganweisung umfassenden Block, mit m markiert ist. Existieren mehrere solche Marken, so wird jene im nächstumfassenden Block herausgegriffen.

Das „Hineinspringen" in Blöcke ist durch Nebenbedingungen ausgeschlossen. Dies stellt sicher, daß Deklarationen nicht übersprungen werden können: Jeder Block kann nur ohne Sprung regulär über die Deklarationen betreten werden. Allerdings können Blöcke durch Sprünge „irregulär" verlassen werden. Durch Sprünge und Marken können andere Anweisungsformen ersetzt werden. Jede Art von Wiederholungsanweisungen ist durch bedingte Anweisungen, Sprünge und Marken ausdrückbar.

Beispiel (Die **while**-Wiederholung als Programm mit Sprungbefehlen). Die Wiederholungsanweisung

   while B **do** S **od**

entspricht (S enthalte keine Marken und keine Sprünge auf die Marke m, m1) dem Programm

   m : **if** B **then** S; **goto** m **fi**

oder dem Programm:

   m1: **if** ¬B **then goto** m **fi**;
        S;
        goto m1;
   m: **nop**

In ähnlicher Weise werden **while**-Wiederholungen in heutigen Rechenanlagen realisiert.
□

Es wird darauf verzichtet, eine explizite Syntax für markierte Anweisungen und Sprünge anzugeben. Die Nebenbedingungen fordern im allgemeinen: Innerhalb eines Blocks tritt für jeden Identifikator m eine mit m markierte Anweisung – außer in inneren Blöcken – höchstens einmal auf. Damit ist der Gültigkeitsbereich von Marken gegeben und es ist eindeutig festgelegt, auf welche Marke sich ein Sprung bezieht.

Vom umfangreichen Gebrauch von Sprüngen in Programmen ist abzuraten, da dies die Lesbarkeit und Überschaubarkeit drastisch verschlechtert. Empirische Untersuchungen haben gezeigt, daß die Fehlerhäufigkeit von Programmen mit der Zahl der enthaltenen Sprunganweisungen signifikant ansteigt.

Die Zuordnung einer funktionalen Semantik (einer Interpretation durch eine semantische Funktion) zu Programmen mit Sprüngen erfordert komplexe mathematische Konzepte. Es wird deshalb auf die Angabe einer formalen semantischen Interpretation für Programme mit Sprunganweisungen im weiteren verzichtet. Die Komplexität der semantischen Behandlung gibt einen weiteren Hinweis auf die allgemeine Komplexität von Sprüngen und Marken.

7.1.2   Kontrollflußdiagramme

Eine graphische Darstellung des Kontrollflusses kann durch sogenannte Kontrollflußdiagramme (Ablaufdiagramme) gegeben werden. Mathematisch gesehen ist ein Kontrollflußdiagramm ein gerichteter Graph mit verschiedenen Arten von Knoten, die mit bestimmten Ausdrücken bzw. Anweisungen markiert sind.

Beispiel (Kontrollflußdiagramm). Die schnelle Division kann durch folgendes Kontrollflußdiagramm ausgedrückt werden. Das Programm arbeitet mit den Programmvariablen vx, vy und d. Sei vx = x und vy = y die gegebene Vorbedingung für das Programm und d = x+y die geforderte Nachbedingung. Die Abb. 7.1 beschreibt ein Programm für die schnelle Division durch ein Kontrollflußdiagramm.

Kontrollflußdiagramme kamen in den frühen Jahren der Programmierung häufig zur Anwendung, weil man sich durch sie eine anschauliche Darstellung der Programmstruktur (genauer der Programmablaufstruktur) erhoffte. Auch heute noch finden sich in sehr pragmatisch arbeitenden Bereichen der Programmierung Kontrollflußdiagramme.

Entscheidend für den heutigen nur noch sporadischen Gebrauch von Kontrollflußdiagrammen ist ein fundamentaler Mangel: Sie enthalten zu wenig Struktur, und insbesondere keine graphische Wiedergabe des Datenflusses. Bei etwas umfangreicheren Programmen geht darüber hinaus der Vorteil der übersichtlichen Darstellung des Kontrollflusses sofort verloren. Deshalb werden Programmstrukturen besser textuell mit Wiederholungsanweisungen und bedingten Anweisungen ausgedrückt. Allerdings sind nicht alle Kontrollflußdiagramme problemlos direkt durch Wiederholungsanweisungen formulierbar. Im allgemeinen müssen dazu Sprünge verwendet oder zusätzliche Kontrollvariable eingeführt werden.

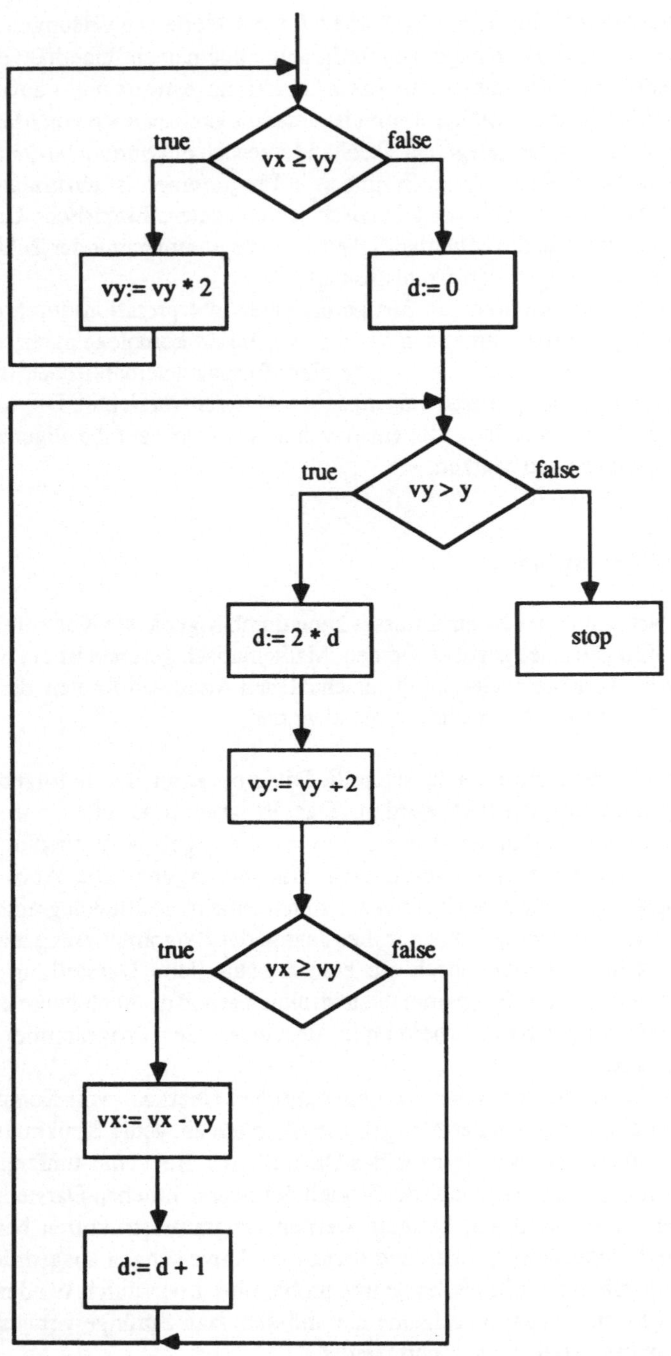

Abb. 7.1. Ablaufdiagramm

Beispiel (n+1/2-Schleife). Das Ablaufdiagramm aus Abb. 7.2 gibt das Programmschema für die sogenannte n+1/2-Schleife wieder.

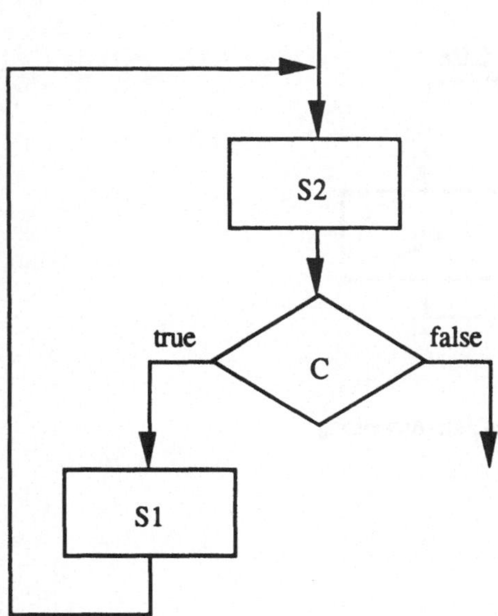

Abb. 7.2. Ablaufdiagramm der n+1/2-Schleife

Sie kann auf verschiedene Weise in ein Programm in textueller Aufschreibung umgesetzt werden. Mit Sprüngen kann ein Programm gleicher Wirkung geschrieben werden:

> m: S2; **if** C **then** S1; **goto** m **else nop fi** .

Für eine Formulierung durch while-Wiederholung ist jedoch eine Duplizierung der Anweisung S2 nötig:

> S2; **while** C **do** S1; S2 **od** .   □

Ein Kontrollflußdiagramm für ein zuweisungsorientiertes Programm läßt sich systematisch aus dem Programm ableiten. Hier wird

> **if** C **then** S1 **else** S2 **fi**

durch das in Abb. 7.3 angegebene Ablaufdiagramm für die bedingte Anweisung ausgedrückt. Zuweisungen (und auch Prozeduraufrufe) werden in Kästen geschrieben, Boolesche Ausdrücke, die den Ablauf steuern, werden in Rauten geschrieben. Linienführungen entsprechen Sprüngen mit Marken.

Die sequentielle Komposition S1; S2 entspricht der Verbindung der S1 bzw. S2 entsprechenden Kontrollflußdiagramme mit einer Kante von S1 nach S2. Die Wiederholungsanweisung

> **while B do S od**

entspricht dem in Abb. 7.4 angegebenen Kontrollflußdiagramm.

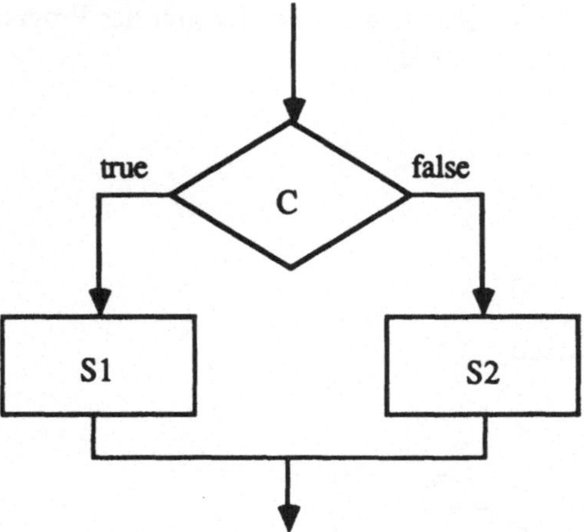

Abb. 7.3. Ablaufdiagramm für die bedingte Anweisung

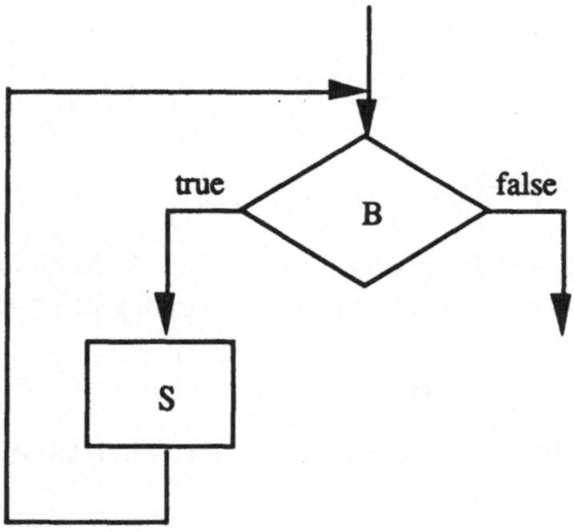

Abb. 7.4. Ablaufdiagramm für die bedingte Anweisung

Ablaufdiagramme können umgekehrt systematisch in lineare Schreibweise mit Sprüngen und Marken überführt werden. Für jede Eingangs- und Ausgangskante wird eine Marke eingeführt und die Knoten werden in beliebiger Reihenfolge hintereinander geschrieben. Dabei wird für die in Abb. 7.5 angegebene bedingte Verzweigung die Anweisung

m0: **if** C **then goto** m1 **else goto** m2 **fi**

und für die in Abb. 7.6 angegebene Anweisung die Anweisung

m0: S; **goto** m1

geschrieben. Dies ergibt bei der Umsetzung von Ablaufdiagrammen in textuelle Programme eine sehr uniforme Programmstruktur der Gestalt:

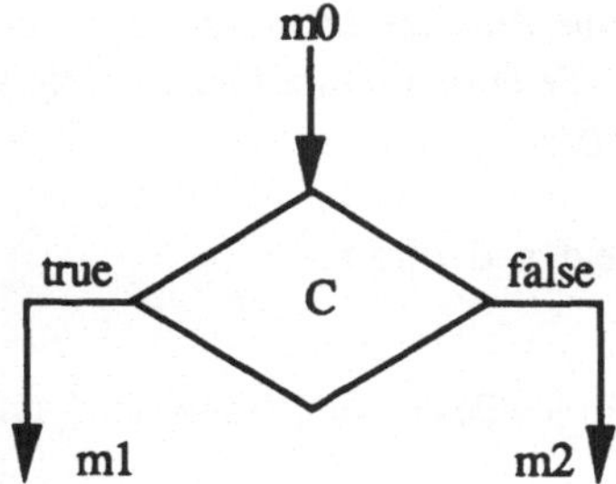

Abb. 7.5. Bedingte Verzweigung

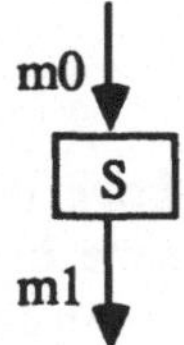

Abb. 7.6. Anweisung

m_0: S_0; **if** C_0 **then goto** n_0 **else goto** k_0 **fi**;
m_1: S_1; **if** C_1 **then goto** n_1 **else goto** k_1 **fi**;
m_2: S_2; **if** C_2 **then goto** n_2 **else goto** k_2 **fi**;
m_3: S_3; **if** C_3 **then goto** n_3 **else goto** k_3 **fi**;

Diese Programmstruktur macht die Struktur des linearen Speichers (eine array-artige Struktur, die Marken m_i entsprechen Indizes, die Anweisungen bilden die Feldelemente) sichtbar. Allerdings ist bei dieser Repräsentation eines Programms die Programmstruktur (Ablaufstruktur) durch die Schreibweise keinesfalls unmittelbar wiedergegeben. Die Reihenfolge der Aufschreibung ist unerheblich.

Ablaufdiagramme hingegen machen die Ablaufstruktur graphisch sichtbar. Allerdings ist die graphische Repräsentation bei großen („unstrukturierten") Ablaufdiagrammen wenig nützlich. Sie werden unübersichtlich und somit weitgehend unbrauchbar.

7.2 Referenzen und Zeiger

Bisher wurden (abgesehen von der Kurzschreibweise für das selektive Ändern von Elementen von Produktsorten und Feldern) nur Identifikatoren als Namen für Elemente und Programmvariable verwendet. Dabei ist die Menge der in einem Programm auftretenden Identifikatoren statisch (d.h. durch die Aufschreibung) festgelegt. In gewissen Fällen soll eine anonyme Menge von (dynamisch erzeugbaren) Namen zur Verfügung stehen. Dazu können *Referenzen* oder *Verweise* verwendet werden.

Ohne daß das Referenzkonzept explizit in eine Programmiersprache eingeführt wird, kann die zugrundeliegende Idee bereits bei Feldern angewendet werden. Dies soll an einem einfachen Beispiel demonstriert werden.

Beispiel (Referenztechniken durch Felder). Ein Feld a der Sorte

    [1: n] **array int**

mit Einträgen a[i], $1 \leq a[i] \leq m$ für $1 \leq i \leq n$, kann als Feld von „Verweisen" auf ein Feld b der Sorte

    [1: m] **array s**

aufgefaßt werden, d.h. für jeden Index i, $1 \leq i \leq n$ kann a[i] als *Verweis* (*Referenz*) auf das Element

    b[a[i]]

der Sorte s aufgefaßt werden. Der Übergang von i zu b[a[i]] entspricht dem *Dereferenzieren*, dem Zugriff auf das durch die Referenz i verwiesene Element. Bei klassischen Referenzstrukturen fallen die Felder a und b zusammen. An dem Beispiel können alle Techniken und Probleme des Programmierens mit Referenzen demonstriert werden.   □

In vielen Programmiersprachen sind Referenzen allerdings als Konzept vorhanden. Dabei wird das eben im Beispiel über Felder mit a benannte Feld nicht explizit eingeführt, sondern wird implizit mitgeführt. Im folgenden wird das allgemeine Konzept der Referenzen, wie es sich in ähnlicher Form in vielen Programmiersprachen findet, eingeführt. Sei REF die Menge der Referenzen („Verweise") auf Elemente der Menge M mit Sorte **m**. Dabei wird bewußt darauf verzichtet, eine Struktur oder spezielle Operationen auf REF vorauszusetzen. REF wird zur Menge von Verweisen durch Angabe von Bezügen. Der Bezug der Referenzen ist gegeben durch eine Abbildung

    deref: REF $\rightarrow$ M .

Für jede Referenz $x \in$ REF bezeichnet deref(x) das Element, auf das x verweist. deref wird weder als surjektiv noch als injektiv angenommen. Die Elemente der Menge REF, d.h. der Verweise oder Referenzen auf Elemente der Sorte **m** haben die Sorte

    ref m

Für Referenzen, d.h. für Elemente x der Sorte **ref m**, sind nur drei Operationen verfügbar:

- *Dereferenzieren*: deref(x) liefert das Element der Sorte **m**, auf das x verweist.
- *Identitätsvergleich*: Seien x und y Elemente der Sorte **ref m**, dann kann durch

    $x \overset{?}{=} y$

die Identität der Verweise x und y abgefragt werden. Falls x und y gleiche Identität besitzen, so folgt deref(x) = deref(y) aus der Annahme, daß deref eine Funktion ist. Die Umkehrung stimmt nicht. Es können verschiedene Referenzen auf das gleiche Element existieren.

— *Generieren (Erzeugen) von Referenzen:* Im allgemeinen wird keinerlei zusätzliche Struktur auf der Menge von Referenzen vorausgesetzt. Jede Angabe von Funktionen zur Erzeugung von Referenzen würde eine zusätzliche Struktur implizieren. Deshalb existieren in Programmiersprachen spezielle Konstruktionen für das Erzeugen von „neuen" Referenzen, d.h. für das Bereitstellen eines neuen (bisher nicht gebrauchten) Elements aus der Menge REF. Ein Beispiel wird anschließend behandelt.

Eine ausgezeichnete Rolle spielt die Referenz **nil**. Die Referenz **nil** bezeichnet ein vorgegebenes Referenzelement, deren Bezugselement undefiniert ($\perp$) ist. Es gilt

$$\mathrm{deref}(\mathbf{nil}) = \perp,$$

d.h. die Referenz **nil** hat kein wohldefiniertes Bezugselement. Allerdings kann man **nil** in wohldefinierter Weise mit anderen Referenzen vergleichen.

Referenzen erlauben insbesondere die Realisierung komplexer Datenstrukturen auf Maschinen mit linear organisierten Speichern. Deshalb werden Referenzen meistens in der Kombination mit Programmvariablen verwendet. Referenzen auf Programmvariable nennt man auch *Zeiger* (engl. *pointer*). Statt

ref var m

wird abkürzend

pt m

oder auch (in Pascal) $\uparrow$ **m** geschrieben. In Pascal wird ferner statt deref(x) kürzer x$\uparrow$ geschrieben. Referenzen kommt eine besondere Bedeutung bei der Darstellung gewisser Rechenstrukturen in Speichern, d.h. in „array-artigen" Strukturen, zu.

Beispiel (Pointer in Pascal). Sei **m** eine gegebene Sorte. Sei (in Pascal-Notation) ferner

var v: $\uparrow$**m**

eine Deklaration für eine Programmvariable. Der Prozeduraufruf

new(v)

weist v die „nächste freie" (bisher nicht benutzte) Referenz auf eine (im vorangegangenen Programmablauf) bisher nicht verwendete Programmvariable zu. Somit wird durch new(v) nicht nur eine neue Referenz an v zugewiesen, sondern über diese Referenz ist eine bisher im Programm nicht aufgetretene Programmvariable verfügbar.

Sei α_{n+1}, α_n, ... eine Sequenz von anonymen Programmvariablen der Sorte **int**, d.h. von Programmvariablen, die nicht durch einen in Programmen gebrauchten expliziten Identifikator bezeichnet werden (können). α_{n+1} sei die nächste auf Anforderung durch new freizugebende Programmvariable. Sei adref(v_i) ein Verweis auf die Programmvariable v_i. Um für jeden Zustand des Programms die nächste freie (d.h. bisher nicht gebrauchte) anonyme Variable erkennen zu können, wird eine verdeckte

Programmvariable vorausgesetzt, die nicht explizit im Programm auftritt. Sei *neu* eine implizite Programmvariable der Sorte **nat** mit *neu* = n.

Die Wirkungsweise des Referenzmechanismus kann wie folgt beschrieben werden: Mit

$$\textbf{var } v1, v2: \uparrow integer$$

gilt (sei zum Zeitpunkt des Aufrufs der Wert von *neu* gleich n):

new(v1)   bewirkt $v1 := adref(\alpha_{neu})$; *neu* := *neu*+1

Nun ist α_{neu}, d.h. α_{n+1}, die nächste freizugebende Programmvariable. Der Aufruf new(v1) der Prozedur new bewirkt, daß eine Referenz auf die nächste verfügbare (bisher nicht verwendete) implizite Programmvariable α_n an v1 zugewiesen wird und die implizite Variable *neu* den Wert n+1 bekommt, da α_{n+1} die nächste freie (noch nicht verwendete) implizite Programmvariable bildet. Die anonyme Programmvariable kann (über den Bezug) in Zuweisungen verwendet werden:

$v1\uparrow := 1$ bewirkt $\alpha_n := 1$

Der Bezug auf die anonyme Programmvariable kann auch an eine Programmvariable zugewiesen werden. Die Zuweisung

$$v2 := v1$$

bewirkt, daß der Wert von v2 in dem Verweis auf α_n besteht. Zuweisungen an die anonyme Variable können dann über v1 oder v2 vorgenommen werden (Aliasing). Die Zuweisung

$v2 \uparrow := 2$ bewirkt $\alpha_n := 2.$

Es läßt sich ein neuer Bezug auf eine neue anonyme Programmvariable an v1 zuweisen.

new(v1)   bewirkt $v1 := adref(\alpha_{neu})$; *neu* := *neu*+1
                          (α_{n+2} wird nächste freie anonyme Programmvariable)

$v1 \uparrow := 2$ bewirkt $\alpha_{n+1} := 2$

Nach der Ausführung dieser Programmsequenz liefert die Abfrage

$v1 \stackrel{?}{=} v2$ (Pointervergleich in Pascal)

den Wert „falsch" und das Prädikat

$v1\uparrow \stackrel{?}{=} v2\uparrow$

den Wert „wahr".   □

Bei der Programmierung mit Zeigern ist sorgfältig zu unterscheiden, ob die Referenzen selbst oder die Werte der Bezugselemente (in unserem Fall die Werte der anonymen Variablen) verglichen werden.

Die Art und Weise, wie in Pascal Referenzen auf anonyme Programmvariable generiert und Programmvariable mit Zeigern als Wert verwendet werden können, führt auf einen sorgfältig beschränkten Gebrauch. So können keine verschiedenen Referenzen für die gleiche anonyme Programmvariable existieren. Diese Beschränkung des Gebrauchs von Verweisen und Zeigern begründet sich in der Tatsache, daß Programme, die mit Verweisen und Zeigern arbeiten, häufig nur sehr schwer zu durchschauen sind. Verweise führen – ähnlich wie Sprünge bei Kontrollstrukturen – bei Datenstrukturen zu sehr schwer beherrschbaren Programmkonzepten. Allerdings kann man bei der Erstellung effizienter Programme nach dem heutigen Stand der Technik nicht auf das Konzept der Referenzen verzichten.

Verweise werden häufig in Zusammenhang mit rekursiven Datenstrukturen gebraucht. Darauf wird am Ende des folgenden Abschnitts ausführlich eingegangen. Die Bedeutung der Referenzen erklärt sich aus der speziellen Struktur heutiger Rechenanlagen. Sie stellen wie Sprünge ein maschinenorientiertes Konzept dar. Langfristig muß es ein Anliegen neuartiger Programmiersprachen und Programmiermethoden sein, den expliziten Umgang mit Referenzen auf das Nötigste zu beschränken oder – besser noch – dem Programmierer völlig zu ersparen, und damit eine entscheidende Fehlerquelle zu umgehen.

8. Rekursive Sortendeklarationen

Alle bisher behandelten zusammengesetzten Sorten (mit Ausnahme der dynamischen Felder) haben die Eigenschaft, daß die (maximale) Anzahl der in einem Element einer solchen Sorte enthaltenen („gespeicherten") einfachen Elemente stets statisch beschränkt ist, d.h. schon zum Zeitpunkt der Deklaration feststeht. Im folgenden werden Sorten betrachtet, die diese Eigenschaft nicht besitzen. Diese Sorten entsprechen zusammengesetzten Elementen, die in einer strukturierten Weise aus gewissen einfachen Elementen aufgebaut sind. Die Form dieses Aufbaus ergibt sich aus den Zugriffsstrukturen. Diese sind wiederum durch die charakteristischen Funktionen festgelegt.

8.1 Sequenzartige Rechenstrukturen

Es gibt eine Vielzahl von Rechenstrukturen, die zu einer gegebenen Menge M die Menge M^* der endlichen Sequenzen als Trägermenge enthalten. Wie die Menge M^*, die mit ihren charakteristischen Operationen im ersten Kapitel eingeführt wurde, wird nun die Rechenstruktur der Sequenzen und Spielarten davon eingeführt, so daß man Programme über Sequenzen formulieren kann.

8.1.1 Die Rechenstruktur der Sequenzen

Wir betrachten Rechenstrukturen, die zu einer gegebenen Menge M die Menge M^* der endlichen Sequenzen als Trägermenge enthalten. Sei eine beliebige Menge M von Elementen der Sorte **m** gegeben. Wie bereits als Beispiel für Rechenstrukturen eingeführt wird die Sorte der Sequenzen über M durch die Sorte **seq m** bezeichnet. Mit dieser Sorte wird die Trägermenge $(M \setminus \{\bot\})^* \cup \{\bot\}$ verbunden.

Beispiele (Funktionen über Sequenzen)

(1) *Revertieren einer Sequenz*

In einer Sequenz s wird die Reihenfolge der Elemente durch den Aufruf rev(s) der folgenden Rechenvorschrift revertiert (umgekehrt):

fct rev = (**seq m** s) **seq m**:
  if s $\overset{?}{=}$ ε   **then** ε
          else rev(rest(s)) ∘ ‹first(s)› **fi**

Die Wirkungsweise der Funktion rev wird durch folgendes Beispiel demonstriert:

  rev(‹1 2 3 4›) = ‹4 3 2 1›

Es gilt allgemein das Gesetz:

  rev(rev(s)) = s,

wie man einfach durch Induktion über die Länge der Sequenz s beweist.

(2) *Minimum in einer Sequenz über den natürlichen Zahlen*

Das minimale Element in einer Sequenz von natürlichen Zahlen wird durch folgende Rechenvorschrift berechnet:

fct seqmin = (**seq nat** s: ¬(s = ε)) **nat**:
    if rest(s) $\overset{?}{=}$ ε   **then** first(s)
                  else min(first(s), seqmin(rest(s))) **fi**,

wobei die Funktion min definiert wird durch:

fct min = (**nat** x1, **nat** x2) **nat**:
    if x1 ≤ x2   **then** x1
                else x2 **fi**

In zuweisungsorientierter Form liest sich das Programm wie folgt:

fct seqmin = (**seq nat** s: ¬(s = ε)) **nat**:
  ⌈ **var seq nat** v, **var nat** x: = rest(s), first(s);
    while ¬ (v $\overset{?}{=}$ ε) **do** v, x: = rest(v), min(first(v), x) **od**
    x   ⌋   □

Eine effiziente Implementierung von Sequenzen, bei der die Funktionen first, rest, last, lrest und die Konkatenation (unabhängig von der Länge der Sequenz) nur konstanten Aufwand benötigen, erhält man durch zweifach verkettete Listen mit Listenkopftechnik (vgl. Abschnitt 8.4.4). Allerdings führt dies auf gemeinsame Teilstrukturen und destruktive Operationen (d.h. auf zuweisungsorientierte Rechenvorschriften, die beim Aufruf die Werte ihrer Parameter modifizieren).

Durch die Einschränkung der Rechenstruktur der Sequenzen auf gewisse Operationen und die Hinzunahme gewisser anderer Operationen erhält man eine Reihe praktisch wichtiger Rechenstrukturen. Man beachte, daß die Wahl der Zugriffsfunktionen eine Rechenstruktur grundlegend prägt, da eine spezielle Wahl der Datenstruktur effiziente Realisierungen gewisser Zugriffsfunktionen zuläßt oder aber ausschließt.

Sei eine beliebige Menge M von Elementen der Sorte **m** gegeben. Die Sorte **stack m** der *Stapel* über M steht wieder für die Menge $(M\backslash\{\bot\})^{*} \cup \{\bot\}$. Folgende charakteristische Funktionen sind für Stapel verfügbar:

fct empty = **stack m,**
fct append = **(m, stack m) stack m,**
fct first = **(stack m** s: ¬ isempty(s)) **m,**
fct rest = **(stack m** s: ¬ isempty(s)) **stack m,**
fct isempty = **(stack m) bool** .

Die Wirkungsweise der Funktion append ist durch folgende Gleichung beschrieben:

append(a, s) = ‹a› ∘ s.

Die Wirkungsweise der übrigen Funktionen beschreiben folgende Gleichungen:

first(append(m, s)) = m,
rest(append(m, s)) = s,
isempty(empty) = true,
isempty(append(m, s)) = false .

Die Werte der Aufrufe first(empty) und rest(empty) liefern ⊥, ihr Resultat ist undefiniert.

Natürlich kann die Struktur der Stapel durch Hinzunahme rekursiv definierter Operationen wieder mit den typischen Sequenzoperationen angereichert werden:

fct conc = **(stack m** x, **stack m** y) **stack m** :
   if isempty(x) **then** y
                  else   append(first(x), conc(rest(x), y)) **fi** .

Allerdings benötigt die Konkatenation dann einen Berechnungsaufwand, der proportional zur Länge des ersten Parameters ist.

Programmvariable für Elemente der Rechenstruktur Stapel heißen auch *Keller*. Stapel sind nach dem sogenannten LIFO-Prinzip aufgebaut („Last-in-first-out"). Aufgrund der gegebenen Zugriffsoperationen wird durch first auf das jeweils zuletzt eingefügte Element zugegriffen.

Die Rechenstruktur der Stapel wird in vielen Anwendungsbereichen als Hilfsstruktur verwendet. Beispiele dafür sind:

– Auswertung arithmetischer und Boolescher Ausdrücke,
– Auflösung von Rekursionen in Iteration,
– Abarbeitung rekursiver Funktionen und Prozeduren.

Stapel dienen dem systematischen Ablegen einer Folge von Elementen und dem Zugriff in der umgekehrten Reihenfolge des Ablegens.

Beispiel (Nichtrekursive Variante von Quicksort). Gegeben sei das Feld

   var [1 : n] **array m** a,

wobei auf der Sorte **m** eine lineare Ordnung ≤ gegeben sei. Wir sortieren das Feld durch folgendes nichtrekursives Programm nach dem Prinzip des Quicksort. Dazu verwenden wir die Hilfsprozedur partition. Diese Prozedur nimmt ein Feld mit Indexbereich [1 : n] als Eingabe, sowie natürliche Zahlen min und max, wobei wir

   $1 \leq min < max \leq n$

voraussetzen. Die Variable r dient als Resultatparameter. Nach Abarbeitung des Aufrufs

    partition(a, min, max, r)

gelte: Die Einträge im Feld werden im Bereich [min, max] so permutiert, daß für den Ergebnisparameter r

    $min \le r \le max$

und für alle k

    $min \le k < r \implies a[k] \le a[r],$
    $r < k \le max \implies a[r] \le a[k].$

gelten. Die Deklaration der Rechenvorschrift partition lautet wie folgt:

proc partition = (**var** [1 : n] **array m** a, **nat** min, **nat** max, **var nat** r:
$$1 \le min \le max \le n):$$

```
⌈   var nat i, j, x := min+1, max, a[min];
    while i ≤ j do
            if    a[i] ≤ x   then   i := i+1
            elif  x ≤ a[j]   then   j := j-1
                             else   a[i], a[j]:= a[j], a[i]
            fi
    od;
    if min < j then   a[min], a[j], r := a[j], a[min], j
               else   r := min
    fi                                                      ⌋
```

Die Terminierung der Wiederholungsanweisung ergibt sich aus dem Umstand, daß in jedem Durchlauf eine Vertauschung vorgenommen wird oder j-i abnimmt.

Nun geben wir eine Rechenvorschrift quicksort an, die ein gegebenes Feld durch schrittweise Partitionierung aufsteigend sortiert.

proc quicksort = (**var** [1 : n] **array m** a):

```
⌈   var nat r, min, max;
    var stack nat s := append(1, append(n, empty));
    while ¬isempty(s)
    do  s, min, max := rest(rest(s)), first(s), first(rest(s));
        partition(a, min, max, r);
        if min < r–1 then s := append(min, append(r-1, s)) fi;
        if r+1 < max then s := append(r+1, append(max, s)) fi
    od                                                              ⌋
```

Der Stapel s in der Rechenvorschrift quicksort enthält eine Folge von Zahlen, die paarweise disjunkte Intervalle spezifizieren. In jedem Durchlauf nimmt die Menge der Zahlen aus [1 : n], die in einem der Intervalle in s enthalten sind, ab. Daraus ergibt sich die Terminierung. Weiter gilt folgende Invariante: Das Feld a kann sortiert werden, indem man die durch die Intervalle in s aufgeführten Teilabschnitte des Feldes in sich sortiert. Daraus ergibt sich die Korrektheit des Programms.

Sortieren durch Quicksort ist für größere Felder eines der besten Verfahren. Zwar benötigt die Rechenvorschrift im ungünstigsten Fall (wenn in der Partition das Schnittelement a[min] stets zufällig das kleinste oder das größte Element im Bereich a[min], a[min+1], ... , a[max-1], a[max] ergibt) in der Ordnung von n^2 Schritte. Im Schnitt aber werden nur n∗log n Schritte benötigt.   □

Klassische Implementierungen für die Rechenstruktur Stapel sind

– einfach verkettete Listen der folgenden Form (rekursive Sortenvereinbarungen werden am Ende dieses Kapitels im Detail besprochen):

> **sort stack = empty** | append(**m** first, **stack** rest),

– Felder mit Pegeln.

Listen haben den Vorteil, daß der Speicherplatzbedarf dynamisch angepaßt wird, benötigen aber mehr Speicher für Verwaltungsinformation, da sie in der Regel über Zeiger realisiert werden.

Beispiel (Implementierung von Stapeln durch Felder). Felder sind verwandt zu sequenzartigen Rechenstrukturen. Insbesondere kann man sie verwenden, um Stapel zu realisieren. Beispielsweise lassen sich in der Länge durch die natürliche Zahl max beschränkte Stapel wie folgt durch Felder realisieren:

> **sort stack** = const([1:max] **array m** feld, **nat** pegel),
> **fct** empty = **stack**: const(init, 0),
> **fct** append = (**m** x, **stack** s) **stack**:
>   **if** pegel(s) < max **then**   const(update(feld(s), pegel(s)+1, x), pegel(s)+1)
>   **else**   error
>   **fi**,
> **fct** first = (**stack** s: ¬isempty(s)) **m**: get(feld(s), pegel(s)),
> **fct** rest = (**stack** s: ¬isempty(s)) **stack**: const(feld(s), pegel(s)−1),
> **fct** isempty = (**stack** s) **bool**: (pegel(s) $\overset{?}{=}$ 0).

Diese Form der Implementierung läßt sich graphisch wie folgt illustrieren: Der Stapel

> append(s5, append(s4, append(s3, append(s2, append(s1, empty)))))

durch das Feld mit Pegel dargestellt, das in Abb. 8.1 gegeben ist.

Pegel
↓

1	2	3	4	5	6	7	8	9
s1	s2	s3	s4	s5				

Abb. 8.1. Darstellung von Kellern durch Felder mit Pegeln

□

Schlangen über einer gegebenen Sorte **m** sind Elemente der Sorte **queue m**. Wieder wird mit der Sorte **queue m** als Trägermenge die Menge $(M\backslash\{\bot\})^* \cup \{\bot\}$ verbunden. Als charakteristische Funktionen dienen empty, first, rest und isempty und die

Funktion stock. Die Wirkungsweise wird durch das First-in-first-out-Prinzip (FIFO) charakterisiert. Die Rechenstruktur der Schlangen umfaßt folgende Funktionen:

fct empty = **queue m,**
fct stock = **(queue m, m) queue m,**
fct first = **(queue m** s: ¬ isempty(s)) **m,**
fct rest = **(queue m** s: ¬ isempty(s)) **queue m,**
fct isempty = **(queue m) bool.**

Die Funktion stock ist definiert durch:

stock(s, x) = s ∘ ‹x›.

Damit ergeben sich folgende Gesetze:

first(stock(empty, m)) = m,
rest(stock(empty, m)) = empty,
first(stock(stock(s, m1), m2) = first(stock(s, m1)),
rest(stock(stock(s, m1), m2) = stock(rest(stock(s, m1)), m2),
isempty(empty) = true,
isempty(stock(s, m)) = false.

Die Resultate der Aufrufe first(empty) und rest(empty) sind undefiniert, d.h. ergeben ⊥.

Ein wichtiges Anwendungsbeispiel für Warteschlangen sind Programme zur Steuerung parallel ablaufender Prozesse.

Beispiel (Aufbau von Warteschlangen und Stapeln). Eine Warteschlange kann ausgehend von der leeren Sequenz wie folgt aufgebaut werden (seien c, g, h vorgegebene Funktionen):

fct construct = **(m x) queue m:**
  ⌈ **var m** v, **var queue** q := x, empty ;
    while c(v) **do** q, v := stock(q, g(v)), h(v) **od;**
    q   ⌋

Auf diese Weise wird (wegen der Assoziativität der Konkatenation) die gleiche Sequenz erzeugt wie durch:

fct construct = **(m x) stack m:**
  if c(x)   **then** append(g(x), construct(h(x)))
             else empty
  fi.   □

Klassische Implementierungen für die Rechenstruktur Schlange sind

– (einfach verkettete) Listen (vgl. die rekursive Deklaration von Sorten am Ende dieses Kapitels):

  sort queue = empty | append(**m** first, **queue** rest).

Diese Sorten werden im Abschnitt 8.3 ausführlich besprochen.

– Felder mit Pegeln.

Allerdings muß bei Schlangen im Gegensatz zu Stapeln die Operation stock im Falle
der einfach verketteten Listen durch eine Rechenvorschrift hinzugefügt werden. Soll
diese Rechenvorschrift nur konstanten Aufwand kosten, so bieten sich Listenkopftechniken an.

Beispiel (Implementierung von Schlangen durch Felder mit Pegeln realisiert)

    sort queue = const([0: max-1] **array m** feld, **nat** fe, **nat** le)

Ein Element x der Sorte **queue m** repräsentiert eine Warteschlange der maximalen
Länge max nach folgenden Konventionen:

– fe(x) bezeichnet den Index des ersten Elements in der Warteschlange (falls das
  Feld nicht leer ist),
– le(x)–1 bezeichnet den Index des letzten Elements in der Schlange,
– Die Schlange hat die Länge (max-fe(x)+le(x)) **mod** max.

In graphischer Darstellung kann die Darstellung der Warteschlange

    stock(stock(stock(stock(stock(empty, s1), s2), s3), s4), s5)

durch die Tabelle aus Abb. 8.2 veranschaulicht werden.

Pegel fe:				Pegel le:				
↓				↓				
1	2	3	4	5	6	7	8	9
	s1	s2	s3	s4	s5			

Abb. 8.2. Darstellung von Warteschlangen durch Felder mit Pegeln

Die charakteristischen Funktionen von Warteschlangen seien dabei wie folgt vereinbart:

    fct empty = **queue**: const(init, 0, 0),
    fct isempty = (**queue** q) **bool**: fe(q) $\stackrel{?}{=}$ le(q),
    fct stock = (**queue** q, **m** x) **queue**:
        if (le(q)+1) **mod** max $\stackrel{?}{=}$ fe(q)
        then error
        else const(update(feld(q), le(q), x), fe(q), (le(q)+1) **mod** max),
        fi,
    fct first = (**queue** q: ¬isempty(q)) **m**: feld(q)[fe(q)],
    fct rest = (**queue** q: ¬isempty(q)) **queue**:
        const(feld(q), (fe(q)+1) **mod** max, le(q)) .

Zu dieser Realisierung sind folgende Bemerkungen zu machen: Die vorliegende Implementierung ist nur eingeschränkt korrekt, da die Länge des Feldes unter Umständen nicht ausreicht um die Warteschlange aufzunehmen. Wird die Fehlerabfrage in
stock weggelassen, so werden Fehlerfälle unter Umständen nicht berücksichtigt. In
unzulässiger Weise werden Elemente überschrieben. Die Implementierung wäre dann
nicht einmal eingeschränkt korrekt.   ☐

Neben Stapeln und Schlangen existiert eine Vielzahl von sequenzartigen Rechenstrukturen.

8.1.2 Ein/Ausgabe und externe Rechenstrukturen

Durch Deklarationen können in Programmen auf flexible Weise Datenstrukturen und Funktionen darauf eingeführt werden. Diese Rechenstrukturen sind dann während der Abarbeitung (zur „Laufzeit") der entsprechenden Programme verfügbar. Aus naheliegenden Gründen ist man jedoch daran interessiert, zumindest für gewisse Sorten in Programmen Datenelemente von außen in das Programm eingeben und nach außen ausgeben zu können.

Zusätzlich sollen häufig Daten über das Ende von Programmläufen hinaus in Rechnern gespeichert werden, so daß in späteren Programmläufen darauf wieder zugegriffen werden kann. Dazu dienen Dateien. Eine *Datei* ist eine Verwaltungseinheit zur langfristigen Speicherung von Daten nach gewissen Organisationsformen, die auch den Zugriff auf die gespeicherten Daten festlegen. Zur Speicherung von Daten können in Rechensystemen in der Regel Dateien unter Einführung von Namen angelegt werden. Auf die angelegten Dateien können Daten abgespeichert werden und auf diese Daten kann dann durch Programme zugegriffen werden. Spezielle Programme, die dem Benutzer ein interaktives Eintragen, Ändern und Löschen von Daten, insbesondere von Texten in Dateien ermöglichen heißen *Editoren*.

Programme, die während der Laufzeit Daten einlesen und ausgeben, sodaß diese bereits extern verfügbar sind, bevor der Programmlauf noch nicht beendet ist, heißen interaktiv. Zur Formulierung interaktiver Programme finden spezielle Prozeduren Verwendung, die den Datenaustausch zwischen dem Programm und seiner Umgebung regeln. Allerdings ist in den meisten Programmiersprachen der Datenaustausch nur für eine stark eingeschränkte Klasse von vorgegebenen Sorten wie Zeichen, Zahlen und gegebenenfalls Strings möglich. Im folgenden geben wir ein einfaches Beispiel für die Integration von Ein- und Ausgabe in eine Programmiersprache mittels spezieller Prozeduren.

Beispiel (Prozeduren für den Datenaustausch). Wir setzen voraus, daß in dem betrachteten Rechensystem eine Anzahl von Dateien gegeben ist, die über Namen identifiziert werden können. Ein Name für eine Datei sei durch ein Element der Sorte **string** gegeben. Wir nehmen an, daß die in Dateien gespeicherten Informationen als Paare von Sequenzen einer Sorte **m** organisiert sind. Die Inhalte von Dateien sind Elemente der Sorte **file**, wobei

    sort file = datei(**bool** available, **seq m** old, **seq m** new) .

Das Dateiensystem mit Namen files sei durch folgende Vereinbarung gegeben:

    var [string] array file files .

Man beachte, daß nicht für alle Strings Dateien verfügbar sein brauchen. Dies wird dadurch angezeigt, daß die durch available bezeichnete Komponente den Wert false hat. Gewisse Strings können auch für technische Geräte (wie Drucker etc.) stehen. So setzen wir einen speziellen Namen i_o voraus, der die Eingabe bzw. Ausgabe über die Tastatur bzw. den Bildschirm identifiziert. Wir setzen voraus, daß für jedes Benutzerprogramm zwei Programmvariable durch

> **var string** actual, **var bool** open_file := i_o, false;

global deklariert sind und die Variable actual mit bestimmten Eingabe- bzw. Ausgabemedien (Tastatur und Bildschirm) vorbesetzt ist (Voreinstellung). Dabei entspricht new(files[i_o]) der Sequenz von Eingaben über die Tastatur und old(files[i_o]) der Sequenz von Ausgaben auf dem Bildschirm.

Für die Bearbeitung der Dateien des Dateisystem lassen sich folgende Prozeduren verwenden:

```
proc open = (string datei_name, var bool success):
    if available(files[datei_name]) ∧ ¬open_file
       then  success := true;
             open_file := true;
             available(files[datei_name]) := false;
             actual := datei_name
       else  success := false
    fi;

proc read = (var m x,  var bool success):
    if ¬(new(files[actual]) =? empty)
       then  success := true;
             x := first(new(files[actual]));
             new(files[actual]) := rest(new(files[actual]))
       else  success := false
    fi;

proc write = (m x):
    old(files[actual]) := old(files[actual]) ∘ ‹x›;

proc reset = (var bool success):
    if open_file
       then  success := true;
             new(files[actual]) := old(files[actual]) ∘ new(files[actual]);
             old(files[actual]) := empty;
       else  success := false
    fi;

proc close = (string datei_name, var bool success):
    if open_file
       then  success := true;
             open_file := false;
             available(files[actual]) := true;
             actual := i_o
       else  success := false
    fi;
```

Die Prozedur open ändert die Voreinstellung für die Eingabe und Ausgabe, so daß die Ein/Ausgabe anschließend auf die angegebene Datei umgeleitet wird. Falls eine Datei unter diesem Namen nicht existiert oder noch eine offene Datei existiert, ändert sich die Voreinstellung nicht. Dies wird durch die Variable success angezeigt.

Die Prozeduren read und write erlauben die Eingabe von dem beziehungsweise die Ausgabe auf das voreingestellte Medium. Man beachte, daß die Prozedur read(x) die gelesenen Datensätze löscht. Sollen diese auf der Datei erhalten bleiben, so können sie durch ein anschließendes write(x) wieder auf das Medium geschrieben werden (auch das Echo der Eingaben auf den Bildschirm kann so erzeugt werden).

Die Prozedur reset setzt die Lese/Schreibmarke der Datei auf den Anfang. Für die durch i_o identifizierte Ein/Ausgabe über Tastatur/Bildschirm ist der Aufruf reset wirkungslos. Dies wird durch die Variable success angezeigt.

Die Prozedur close schließt eine offene Datei und stellt die Voreinstellung wieder her. Existiert keine offene Datei, dann ist der Aufruf von close wirkungslos. Dies wird durch die Variable success angezeigt.   □

Die Prozeduren zum Programmieren der Ein/Ausgabe dienen zur Verbindung zwischen der Programmiersprache und den auf einer Rechenanlage vorgegebenen technischen Strukturen und dem Dateisystem. Das angegebene System von Prozeduren stellt nur ein einfaches Beispiel unter vielen Möglichkeiten dar, die Ein/Ausgabe zu organisieren. Bei vielen Konzepten für interaktive Programme unterscheidet man beim Datenaustausch streng zwischen reinen Eingabe- und reinen Ausgabemedien. Konsequenterweise sind dann jeweils nur gewisse Prozeduraufrufe (wie read oder write zulässig). Gewisse Geräte für den Datenaustausch sind beispielsweise reine Eingabe- oder reine Ausgabemedien.

Aus technischen Gründen unterscheidet man häufig auch zwischen Ein/Ausgabemedien in der Form gewisser technischer Geräte, wie Tastatur oder Maus (für die Eingabe) und Bildschirm oder Drucker (für die Ausgabe), und der Ein/Ausgabe über Dateien, die Teil der Betriebssystemstruktur eines Rechensystems bilden. Für die Verwendung von interaktiven Prozeduren in Programmen ist allerdings weniger bedeutsam, ob die Eingabe oder Ausgabe über eine Datei oder über ein technisches Gerät erfolgen, als vielmehr welche Sorte von Daten ausgetauscht werden, und in welcher Form sie im Eingabe- oder Ausgabemedium organisiert sind.

Dateien dienen der Speicherung großer Mengen von Daten. Im einfachsten Fall repräsentieren Dateien Sequenzen gewisser Elemente. Oft sind sehr spezielle Zugriffsstrukturen für Dateien verfügbar.

Beispiel (die Rechenstruktur FILE in Pascal). Die hier beschriebene Dateistruktur ist eine sehr spezielle Version von Dateien, wie sie sich in Pascal finden.

Sei **m** gegebene Sorte mit Trägermenge M. Die Rechenstruktur FILE der Dateien enthält die Sorte **pascal_file m** und folgende Operationen:

    fct initfile = **pascal_file m**,
    fct actual = (**pascal_file m** f: not(endoffile(f))) **m**,
    fct back = (**pascal_file m**) pascal_file **m**,
    fct move = (**pascal_file m** f: not(endoffile(f))) **pascal_file m**,
    fct endoffile = (**pascal_file m**) **bool**,
    fct putlast = (**pascal_file m** f, m x: endoffile(f)) **pascal_file m** .

Die Trägermenge FL zur Sorte **pascal_file m** sei gegeben durch

$$FL = \{(s1, s2): s1 \in (M \setminus \{\bot\})^*, s2 \in (M \setminus \{\bot\})^* \cup \{\bot\}\}$$

Die Wirkungsweise der charakteristischen Funktionen ist definiert durch:

initfile = $(\varepsilon, \varepsilon)$,
actual$((s1, s2))$ = first$(s2)$,
back$((s1, s2))$ = $(\varepsilon, s1 \circ s2)$,

$$\text{move}((s1, s2)) = \begin{cases} (s1 \circ \langle x \rangle, s2') & \text{falls } s2 = \langle x \rangle \circ s2' \\ \bot & \text{sonst (falls } s2 = \varepsilon), \end{cases}$$

$$\text{endoffile}((s1, s2)) = \begin{cases} \mathbf{L} & \text{falls } s2 = \varepsilon \\ \mathbf{O} & \text{sonst}, \end{cases}$$

$$\text{putlast}((s1, s2), x) = \begin{cases} (s1 \circ \langle x \rangle, \varepsilon) & \text{falls } s2 = \varepsilon \\ \bot & \text{sonst}. \end{cases}$$

In Pascal steht beispielsweise die Vereinbarung

   f: **file of m**

für die Vereinbarung einer Variablen für ein Paar:

sort paar = pair(**pascal_file m** x, m y),
var paar f,

wobei in Pascal für Dateien statt $x(f)$ abkürzend f und statt $y(f)$ abkürzend f↑ geschrieben wird. In zuweisungsorientierten Sprachen (wie auch Pascal) geschieht auch die Dateibearbeitung zuweisungsorientiert. Es werden (für eine als global vorausgesetzte Programmvariable f der Sorte **paar**) in Pascal folgende Prozeduraufrufe geschrieben:

eof(f)	für	endoffile$(x(f))$,
get(f)	für	f := pair(move$(x(f))$, actual(move$(x(f))$))),
put(f)	für	f := pair(putlast$(x(f), y(f))$, y(f)),
reset(f)	für	f := pair(back$(x(f))$, actual(back$(x(f))$))),
rewrite(f)	für	f := pair(initfile, undefined).

In Pascal gelten folgende Einschränkungen:

– es gibt keine „file"-Konstante,
– Zuweisungen an „file"-Variable sind unzulässig,
– die Operation put ist nur bei eof(f) erlaubt.

In Pascal werden Dateien eingesetzt, um Datenmengen zu bearbeiten, die in externen Einheiten (Dateien) abgelegt sind, d.h. die durch das Programm bearbeitet werden und nach Ausführung des Programms weiterbestehen.

Beispiel (Dateibearbeitung in Pascal). Ein Pascal-Programm zum Mischen zweier aufsteigend geordneter Dateien liest sich in Pascal wie folgt:

```
procedure merge (f, g, h: file of integer);
    begin
    reset(f);
    reset(g);
    rewrite(h);
    while not eof(f) ∧ not eof(g) do
        begin
        if f↑ < g↑
        then begin
                h↑ := f↑; get(f)
                end
        else begin
                h↑ := g↑; get(g)
                end;
        put(h)
        end;
    while not eof(f) do
        begin
        h ↑ := f ↑;
        get(f);
        put(h)
        end;
    while not eof(g) do
        begin
        h ↑ := g↑;
        get(g);
        put(h)
        end
    end
```
□

Die Dateistruktur in Pascal ist aus Implementierungsüberlegungen bewußt sehr
maschinennah angelegt und daher ist die Programmierung mit Dateioperationen in
Pascal schwierig, unübersichtlich und auch fehleranfällig.

8.2 Baumartige Rechenstrukturen

Baumartige Strukturen entsprechen hierarchisch gegliederten Strukturen mit eindeutigen Zugriffspfaden (für jedes Element existiert genau ein Zugriffspfad). In der
Graphentheorie heißen solche Strukturen gerichtete, zusammenhängende, azyklische
Graphen, bei denen jeder Knoten höchstens eine Eingangskante hat. Im Gegensatz
zur Graphentheorie werden im folgenden Bäume stärker über ihre Zugriffsstruktur
definiert.

Strukturen, die allgemein in eine (möglicherweise leere) einfache Informations-
komponente und eine (möglicherweise leere) Menge von unabhängigen gleichartigen
Teilstrukturen zerlegt werden können, nennt man – angelehnt an die Verzweigungs-

vorstellung – *Bäume*. Sei M eine beliebige Menge. Die Menge TREE(M) der *endlichen, beblätterten Binärbäume* über M ist induktiv wie folgt definiert:

(1) der leere Baum ε ist Element von TREE(M),
(2) gilt t1, t2 $\in$ TREE(M), d.h. sind t1, t2 endliche Bäume, dann ist das Tripel (t1, x, t2) für jedes x $\in$ M ein endlicher Baum. x heißt dann *Wurzel* des Baumes (t1, x, t2), t1 heißt *linker Teilbaum*, t2 *rechter Teilbaum*.

Bäume spielen in nahezu allen Bereichen der Informatik eine beherrschende Rolle. Terme sowie Programme lassen sich strukturiert als Bäume repräsentieren.

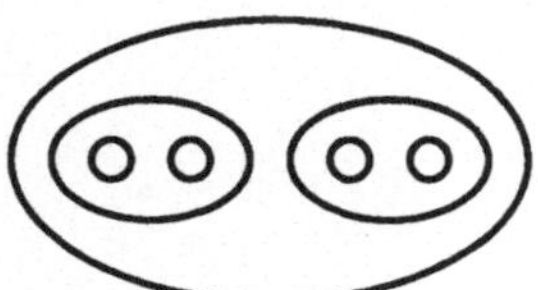

Abb. 8.3. Baumdarstellung durch ein Euler-Venn-Diagramm

Beispiel (Binärbäume). Die Menge der Binärbäume über den natürlichen Zahlen $\mathbb{N}$ ist wie folgt strukturiert

$$\text{TREE}(\mathbb{N}) = \{ \ \varepsilon,$$
$$(\varepsilon, 0, \varepsilon), (\varepsilon, 1, \varepsilon), \dots$$
$$((\varepsilon, 0, \varepsilon), 0, \varepsilon), ((\varepsilon, 0, \varepsilon), 1, \varepsilon), \dots$$
$$(\varepsilon, 0, (\varepsilon, 0, \varepsilon)), (\varepsilon, 1, (\varepsilon, 0, \varepsilon)), \dots \ \}$$

Es existieren folgende gebräuchliche Möglichkeiten der anschaulichen Darstellung von Bäumen:

– Graphen,
– Euler-Venn-Diagramme (vgl. Abb. 8.3),
– Klammerstrukturen (siehe oben). $\square$

Induktiv läßt sich die Menge TREE(M) der Binärbäume über M definieren durch

$$\text{TREE}(M) = \{t \in T_i : i \in \mathbb{N}\} \cup \{\bot\},$$

wobei $T_0 = \{\varepsilon\}$, $T_{i+1} = (T_i \times M \times T_i) \cup T_i$. Dabei bezeichnet T_i jeweils die Menge der Bäume bis zur maximalen Tiefe (Höhe) i.

Sei M eine beliebige Menge von Elementen der Sorte **m**. Die Sorte **tree m** bezeichne die Sorte der Elemente der Menge TREE(M⁻). Hier sei wieder

$$M^- = M\backslash\{\bot\}.$$

Die folgenden charakteristischen Funktionen werden auf Bäumen verwendet:

fct emptytree = **tree m**,
fct cons = (**tree m, m , tree m**) **tree m**,
fct left = (**tree m** t : $\neg$isempty(t)) **tree m**,
fct right = (**tree m** t : $\neg$isempty(t)) **tree m**,
fct root = (**tree m** t : $\neg$isempty(t)) **m**,
fct isempty = (**tree m**) **bool**.

Dabei sind emptytree und cons die Konstruktoren für Bäume (sei t1, t2 ∈ TREE(M⁻), m ∈ M⁻):

>   emptytree = ε,
>   cons(t1, m, t2) = (t1, m, t2).

Die übrigen Funktionen sind hinreichend genau durch die folgenden Gesetze beschrieben:

>   isempty(emptytree) = true,
>   isempty(cons(t1, m, t2)) = false,
>   left(cons(t1, m, t2)) = t1,
>   right(cons(t1, m, t2)) = t2,
>   root(cons(t1, m, t2)) = m,
>   left(emptytree) = ⊥,
>   right(emptytree) = ⊥,
>   root(emptytree) = ⊥.

Diese Gesetze können auch bei der Konstruktion von Programmen über Bäumen und deren Verifikation hilfreich sein.

Beispiele (Programmieren mit Bäumen)

(1) Umformen von Bäumen in Sequenzen
Beim Umformen von Bäumen in Sequenzen gibt es eine Vielzahl von Möglichkeiten, die im Baum auftretenden Elemente in Form einer Sequenz anzuordnen. Darunter sind drei Vorgehensweisen von besonderer Bedeutung. Sie sind durch folgende Rechenvorschriften gegeben.

(1a) *Vorordnung* (engl. *preorder*)
>   **fct** pre = (**tree** m t) **seq** m:
>   **if** isempty(t) **then** empty
>   **else** ‹root(t)› ∘ pre(left(t)) ∘ pre(right(t)) **fi.**

(1b) *Inordnung* (engl. *inorder*)
>   **fct** in = (**tree** m t) **seq** m:
>   **if** isempty(t) **then** empty
>   **else** in(left(t)) ∘ ‹root(t) › ∘ in(right(t)) **fi.**

(1c) *Nachordnung* (engl. *postorder*)
>   **fct** post = (**tree** m t) **seq** m:
>   **if** isempty(t) **then** empty
>   **else** post(left(t)) ∘ post(right(t)) ∘ ‹root(t)› **fi.**

(2) Testen, ob ein Baum ein Auswahlbaum ist
Ein markierter Baum heißt *Auswahlbaum*, wenn alle seine Teilbäume t (und er selbst) folgende Eigenschaft besitzen: Entweder ist t leer oder beide Teilbäume left(t) und right(t) sind leer, oder beide Teilbäume sind nicht leer und die Wurzel von t ist das Maximum der Knoten in den Teilbäumen left(t) und right(t). Folgende Rechenvorschrift überprüft, ob ein Baum ein Auswahlbaum ist.

```
fct ischoicetree = (tree nat t) bool:
    if    isempty(t)          then   true
    elif  isempty(left(t))    then   isempty(right(t))
    elif  isempty(right(t))   then   isempty(left(t))
                              else   root(t) =̇ max(root(left(t)), root(right(t))) ∧
                                     ischoicetree(left(t)) ∧ ischoicetree(right(t))
    fi
```

(3) Konstruieren von Auswahlbäumen

Durch den Aufruf der im folgenden deklarierten Rechenvorschrift mctree wird aus einer Sequenz ein Auswahlbaum erzeugt.

```
fct mctree = (seq nat s) tree nat:
    if    isempty(s)      then  emptytree
    elif  length(s) =̇ 1   then  cons(emptytree, first(s), emptytree)
                          else  nat h = length(s)÷2;
                                cctree(  mctree(part(s, 1, h)),
                                         mctree(part(s, h+1, length(s))))
    fi,
```

```
fct cctree = (tree nat l, tree nat r) tree nat:
    if    isempty(r)          then  l
    elif  isempty(l)          then  r
    elif  root(r) > root(l)   then  cons(l, root(r), r)
                              else  cons(l, root(l), r)
    fi.
```

Die Rechenvorschrift part ist im Kapitel 4 wie folgt deklariert.

```
fct part = (seq nat s, nat a, nat b: 0 < a ≤ b ≤ length(s)) seq nat:
    if    a > 1   then  part(rest(s), a–1, b–1)
    elif  a =̇ b   then  ⟨first(s)⟩
                  else  ⟨first(s)⟩ ∘ part(rest(s), a, b–1)
    fi.
```

Die Funktion deltree entfernt das maximale Element aus einem Auswahlbaum und liefert den verbleibenden Auswahlbaum als Resultat:

```
fct deltree = (tree nat t : ischoicetree(t)) tree nat:
    if    isempty(t)                then  emptytree
    elif  isempty(right(t))         then  deltree(left(t))
    elif  isempty(left(t))          then  deltree(right(t))
    elif  root(right(t)) =̇ root(t)  then  cctree(left(t), deltree(right(t)))
                                    else  cctree(deltree(left(t)), right(t))
    fi
```

(4) Sortieren durch Auswahlbäume (heapsort):

```
fct heapsort = (seq nat s) seq nat:
    treeinsort(empty, mctree(s)),
```

fct treeinsort = (**seq nat** s, **tree nat** t) **seq nat**:
   if isempty(t)   **then** s
                  else   treeinsort(s ∘ ‹root(t)›, deltree(t))
   fi.

Man beachte, daß diese Methode des Sortierens durch das Umformen einer Sequenz in eine Baumstruktur eine effizientere Variante des Sortierens durch Auswählen ist.

□

Bäume können auch dazu dienen, Mengen von Elementen nach gewissen Gesichtspunkten übersichtlich angeordnet darzustellen.

Beispiel (Bäume über den Binärzahlen). Der Baum t, der gegeben ist durch den Term

```
cons( cons(  cons(   empty,
                     100,
                     cons(   empty,
                             1001,
                             empty)),
             10,
             cons(   empty,
                     101,
                     empty)),
      1,
      cons( cons(   empty,
                    110,
                    empty),
             11,
             cons(   empty,
                     111,
                     cons(   empty,
                             1111,
                             empty))))
```

entspricht der graphischen Darstellung aus Abb. 8.4 .

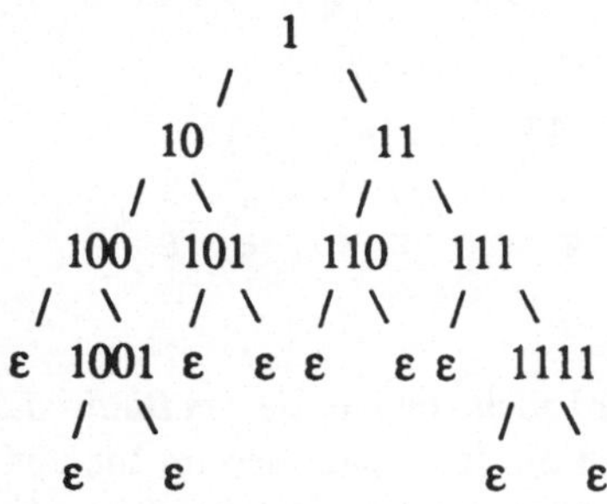

Abb. 8.4. Baumdarstellung durch Graphen

Bei Anwendung der eben definierten Funktionen zur Umwandlung von Bäumen in Sequenzen ergeben sich für den gegebenen Baum folgende Resultate:

$$\text{pre(t)} = \langle 1 \;\; 10 \;\; 100 \;\; 1001 \;\; 101 \;\; 11 \;\; 110 \;\; 111 \;\; 1111 \rangle,$$
$$\text{in(t)} = \langle 100 \;\; 1001 \;\; 10 \;\; 101 \;\; 1 \;\; 110 \;\; 11 \;\; 111 \;\; 1111 \rangle,$$
$$\text{post(t)} = \langle 1001 \;\; 100 \;\; 101 \;\; 10 \;\; 110 \;\; 1111 \;\; 111 \;\; 11 \;\; 1 \rangle. \qquad \square$$

Ist die Stelligkeit der Knoten im Baum bekannt oder wird der leere Baum unter Angabe eines besonderen Symbols in die erzeugte Sequenz aufgenommen, so läßt sich im Falle der Vor- bzw. Nachordnung der Baum eindeutig aus der erzeugten Sequenz rekonstruieren. Im Falle der Inordnung gilt das nicht! Die folgenden zwei Bäume

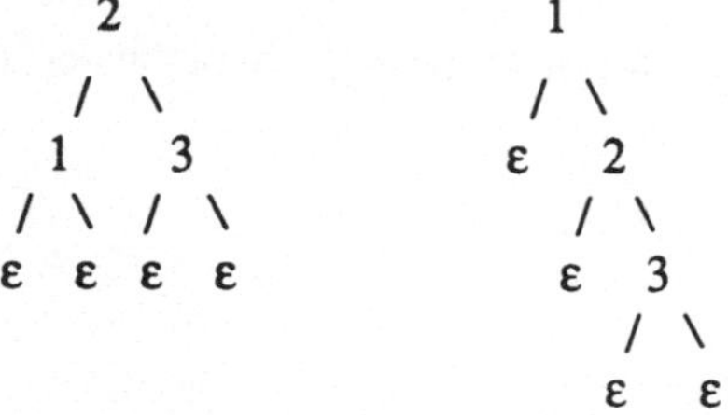

ergeben die jeweils gleiche Sequenz bei Anordnung in Inordnung:

$$\varepsilon\, 1 \;\; \varepsilon\, 2 \;\; \varepsilon\, 3 \;\; \varepsilon \qquad\qquad \varepsilon\, 1 \;\; \varepsilon\, 2 \;\; \varepsilon\, 3 \;\; \varepsilon$$

Der Baum, der alle echt positiven Zahlen mit Binärdarstellung bis zur Binärwortlänge n enthält, wird durch folgende Rechenvorschrift erzeugt:

fct gen = (**nat** n) **tree nat**: h(n, 1),
fct h = (**nat** n, **nat** i) **tree nat**:
    if n $\overset{?}{=}$ 0 **then** ε
           else cons(h(n−1, i*2), i, h(n−1, i*2+1)) **fi**

Der Aufruf gen(4) liefert den Baum

$\qquad\square$

Bei der bisher betrachteten Art von Bäumen wird auch von *markierten Binärbäumen* gesprochen. In markierten Binärbäumen stehen die Informationen im Inneren des Baumes, die Blätter sind stets leer (tragen keine Information). Statt der Bezeichnung „binärer Baum" wird auch die Bezeichnungen *Arboreszenz* oder *Kaskade* verwendet.

Beispiel (Bäume über natürlichen Zahlen). Der Baum

$$\text{cons(cons(cons}(\varepsilon, 4, \varepsilon), 2, \varepsilon), 1, \text{cons}(\varepsilon, 3, \text{cons}(\varepsilon, 5, \varepsilon)))$$

besitzt die in Abb. 8.5 angegebene graphische Darstellung.

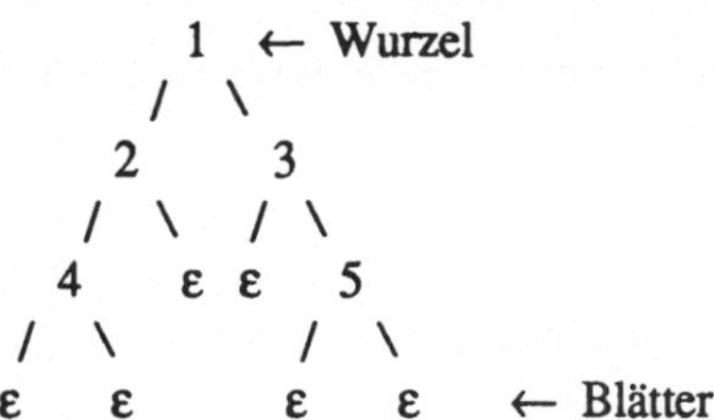

Abb. 8.5. Baumdarstellung durch Graphen

Wie Sequenzen können Sorten zur Darstellung von Bäumen durch rekursive Sortenvereinbarungen definiert werden. Terme entsprechen in ihrer Struktur ebenfalls Bäumen, wobei dann die Wurzeln die jeweiligen Funktionssymbole sind.

Beispiel (Auswertung arithmetischer Ausdrücke in Postfixnotation). Ein arithmetischer Ausdruck, der aus Zahlen und den zweistelligen Operationssymbolen +, -, *, / aufgebaut ist, läßt sich als Baum darstellen, bei dem die mit Zahlen markierten Bäume nur leere Teilbäume besitzen und die mit Operationssymbolen markierten Bäume nichtleere Teilbäume besitzen. Seien folgende Sorten vereinbart:

> **sort op** = {'+', '–', '*', '/'},
> **sort entry** = operand(**nat** n) | operator(**op** o).

Die folgende Rechenvorschrift prüft, ob ein Baum einen arithmetischen Ausdruck darstellt:

```
fct is_arith_exp = (tree entry t) bool:
    if   isempty(t)             then  false
    elif root(t) in operator then  is_arith_exp(left(t)) ∧ is_arith_exp(right(t))
                              else  isempty(left(t)) ∧ isempty(right(t))
    fi.
```

Die Auswertung eines Ausdrucks leistet folgende Rechenvorschrift:

```
fct eval = (tree entry t : is_arith_exp(t)) nat:
    if   root(t) in operand        then  n(root(t))
    elif root(t) =? operator('+')  then  eval(left(t)) + eval(right(t))
         ...
    fi
```

Man kann einen Ausdruck auch in klammerfreier Schreibweise als Sequenz von Zahlen und Operationszeichen schreiben, indem man zuerst die beiden Operandenausdrücke angibt und anschließend den Operator. Gegeben sei der folgende Ausdruck:

$$(6-5) + (3*8)$$

Dieser Ausdruck entspricht in Postfixnotation, bei der die Klammern weggelassen werden und jede Schreibweise der Form t1+ t2 umgeformt wird zu t1 t2 +, der Sequenz:

‹6 5 – 3 8 * +›.

Die Umformung eines Ausdrucks in Postfixschreibweise leistet folgende Rechenvorschrift:

> **fct** postfix = (**tree entry** t) **seq entry**:
> **if** isempty(t) **then** empty
>   **else**   postfix(left(t)) ∘ postfix(right(t)) ∘ ‹root(t)›
> **fi**

Wir geben nun eine Rechenvorschrift an, die Ausdrücke in Postfixnotation auswertet, wobei Stapel als Hilfsstrukturen auftreten.

Die folgende Rechenstruktur corexp prüft, ob eine gegebene Sequenz von Zahlen und Operationssymbolen in korrekter Weise einen arithmetischen Ausdruck in Postfixform darstellt (alle Operationssymbole sind als zweistellig angenommen).

> **fct** corexp = (**stack entry** e) **bool**: parse(e, 0),
>
> **fct** parse = (**stack entry** e, **nat** k) **bool**:
> **if**   isempty(e)   **then** $k \overset{?}{=} 1$
> **elif** first(e) **in** operand **then**   parse(rest(e), k+1)
> **elif** first(e) **in** operator **then**   **if** k < 2 **then** false
>   **else** parse(rest(e), k–1)
>   **fi**
>   **else**   false
> **fi**

Nun wird die Rechenvorschrift eval vereinbart, die für einen gegebenen Ausdruck e in Postfixnotation, d.h. für ein Element e der Sorte **stack entry**, den Wert des durch e dargestellten Ausdrucks als Resultat liefert, wobei der zweite Parameter des Aufrufs mit dem leeren Stapel vorbesetzt wird. Somit liefert

> eval(e, empty)

den Wert des Ausdrucks e in Postfixdarstellung.

> **fct** value = (**stack entry** e: corexp(e)) **nat**: eval(e, empty),
> **fct** eval = (**stack entry** e, **stack nat** k) **nat**:
> **if**   isempty(e)   **then** first(k)
> **elif** first(e) **in** operand   **then** eval(rest(e), append(first (e), k))
> **elif** first(e) $\overset{?}{=}$ operator('+') **then** eval(rest(e),
>   append(first(rest(k))+first(k), rest(rest(k)))
> **elif** first(e) $\overset{?}{=}$ operator('–') **then**   …
>   …
> **fi**.

eval setzt für die Eingabe eine korrekte Repräsentation eines arithmetischen Ausdrucks in Postfixform voraus. Die Folge der rekursiven Aufrufe für das obige Beispiel illustriert die Wirkungsweise der Rechenvorschrift eval:

eval(‹6 5 – 3 8 * +›, ε)   →
eval(‹5 – 3 8 * +›, ‹6›)   →
eval(‹– 3 8 * +›, ‹5 6›)   →
eval(‹3 8 * +›, ‹1›)   →
eval(‹8 * +›, ‹3 1›)   →
eval(‹* +›, ‹8 3 1›)   →
eval(‹+›, ‹24 1›)   →
eval(ε, ‹25›)   →
25   □

Manchmal ist es vorteilhaft, in den „inneren" Knoten von Bäumen keine Informationen zu speichern, sondern diese nur in den Endknoten unterzubringen. Bäume dieser Form werden auch nach der gleichnamigen Programmiersprache, die im wesentlichen mit dieser Baumstruktur als grundlegender Rechenstruktur arbeitet, als LISP-Bäume bezeichnet.

Beispiel (LISP-Bäume). LISP-Bäume können durch Diagramme (vgl. Abb. 8.6) dargestellt werden.

```
    /  \
  a
      /  \
    b
        /  \
      c     d
```

Abb. 8.6. Darstellung eines LISP-Baums durch einen Graph

In LISP-Bäumen tragen nur die „Endknoten" („Blätter") Informationen.   □

Ein LISP-Baum über einer Menge M ist wie folgt induktiv definiert:

(1) der leere Baum repräsentiert einen LISP-Baum,
(2) jedes Element $x \in M$ repräsentiert einen LISP-Baum,
(3) jedes Paar von LISP-Bäumen repräsentiert einen LISP-Baum.

Induktiv lassen sich LISP-Bäume über der Menge M in folgender Weise definieren:

$$\text{LISPTREE(M)} = \{t \in L_i : i \in \mathbb{N}\} \cup \{\bot\} ,$$

wobei $L_0 = \{\varepsilon\} \cup M \backslash \{\bot\}$, $L_{i+1} = (L_i \times L_i) \cup L_i$. Die Sorte **lisp m** bezeichnet die Sorte der Elemente der Menge LISPTREE(M). Die charakteristischen Funktionen für die Rechenstruktur Lispbäume sind mit ihren Funktionalitäten im folgenden angegeben:

> **fct** emptylisp = **lisp m,**
> **fct** lispcons = **(lisp m, lisp m) lisp m,**
> **fct** car = **(lisp m** t : ¬(isempty(t) ∨ isatom(t))) **lisp m,**
> **fct** cdr = **(lisp m** t : ¬(isempty(t) ∨ isatom(t))) **lisp m,**
> **fct** makeatom = **(m) lisp m,**
> **fct** isatom = **(lisp m) bool,**
> **fct** proj = **(lisp m** t : isatom(t)) **m,**
> **fct** isemptylisp = **(lisp m) bool** .

Hier sind emptylisp, makeatom und lispcons die Konstruktorfunktionen. Mit ihnen lassen sich alle LISP-Bäume erzeugen. Die Wirkungsweise der verbleibenden Funktionen ergibt sich aus den folgenden Gesetzen:

> isemptylisp(emptylisp) = true,
> isemptylisp(makeatom(x)) = false,
> isemptylisp(lispcons(t1, t2)) = false,
> isatom(emptylisp) = false,
> isatom(makeatom(x)) = true,
> isatom(lispcons(t1, t2)) = false,
> car(emptylisp) = ⊥,
> car(makeatom(x)) = ⊥,
> car(lispcons(t1, t2)) = t1,
> cdr(emptylisp) = ⊥,
> cdr(makeatom(x)) = ⊥,
> cdr(lispcons(t1, t2)) = t2,
> proj(emptylisp) = ⊥,
> proj(lispcons(t1, t2)) = ⊥,
> proj(makeatom(x)) = x .

In LISP-Bäumen befinden sich Informationen nur an den Blättern.

Beispiel (Suchen in LISP-Bäumen). Die Funktion contains stellt fest, ob in einem LISP-Baum t ein gegebenes Element x enthalten ist:

> **fct** contains = **(lisp m** t, **m** x) **bool:**
>   **if**   isempty(t) **then** false
>   **elif** isatom(t)   **then** x $\stackrel{?}{=}$ proj(t)
>   **else**   contains(car(t), x) ∨ contains(cdr(t), x) **fi.**

Die Funktion tipsum berechnet die Summe der Knoten in einem LISP-Baum.

> **fct** tipsum = **(lisp nat** t) **nat:**
>   **if**   isempty(t) **then** 0
>   **elif** isatom(t)   **then** proj(t)
>   **else**   tipsum(car(t))+tipsum(cdr(t))
>   **fi.**   □

LISP-Bäume heißen auch beblätterte Bäume. LISP-Bäume können durch binäre Bäume dargestellt werden und umgekehrt.

Beispiel (Umformen von Binärbäumen in LISP-Bäume). Jeder Binärbaum kann in einen LISP-Baum umgeformt werden.

> **fct** trans = (**tree m** t) **lisp m** :
>   **if** isempty(t) **then** emptylisp
>   **else** lispcons(trans(left(t)),
>   lispcons(makeatom(root(t)), trans(right(t))))
> **fi**.

Jeder LISP-Baum, der auf diese Weise erzeugt wurde, läßt sich wieder eindeutig in den Binärbaum umformen, aus dem er entstanden ist.

> **fct** retrans = (**lisp m** t) **tree m**:
>   **if** isemptylisp(t) **then** emptytree
>   **else** cons(retrans(car(t)),
>   proj(car(cdr(t))),
>   retrans(cdr(cdr(t))))
> **fi**.   □

Umgekehrt ist die Darstellung von LISP-Bäumen durch Binärbäume (etwa unter Hinzunahme einer Standardmarkierung für die inneren Knoten) ebenso einfach möglich.

Beispiel (Umformen eines LISP-Baums in einen Auswahlbaum (der gegebene LISP-Baum enthalte keine leeren Bäume))

> **fct** sorttree = (**lisp nat** t) **tree nat**:
>   **if**   isempty(t) **then** emptytree
>   **elif** isatom(t)   **then** cons(emptytree, proj(t), emptytree)
>   **else**   **tree int** x = sorttree(car(t));
>   **tree int** y = sorttree(cdr(t));
>   **if**   isempty(x) **then** y
>   **elif** isempty(y) **then** x
>   **else** cons(x, max(root(x), root(y)), y)
>   **fi**
> **fi**   □

LISP-Bäume sind die beherrschende Rechenstruktur der Programmiersprache LISP, in der sowohl Programme als auch Daten durch LISP-Bäume dargestellt werden.

Neben binären Bäumen mit oder ohne Elemente in inneren Knoten findet sich eine Vielzahl von baumartigen Strukturen. Dies schließt Bäume mit beliebiger Stelligkeit ein. Jedoch lassen sich all diese Spielarten auf die grundlegenden Baumklassen der binären Bäume und der LISP-Bäume abbilden. Allgemeine Bäume finden Verwendung, um Terme und Programme in strukturierter Form durch Rechenstrukturen darzustellen. Die Umformung einer Stringdarstellung eines Programmes in die entsprechende Baumdarstellung, die die innere Struktur des Programmes wiedergibt, nennt man *zerteilen* (oder *parsen*); der entsprechende Baum heißt *Zerteilungsbaum* (engl. *Parsetree*).

8.3   Rekursive Vereinbarungen von Sorten

Wie Funktionen und Prozeduren lassen sich auch Sorten rekursiv deklarieren. Dies ergibt ein sehr mächtiges Konzept für die Vereinbarung von Sorten, das es im Prinzip erlaubt, alle bislang eingeführten speziellen Sorten wie Bäume oder Sequenzen darzustellen.

Beispiel (Rekursive Sortendeklarationen). Die Sorte **exp** erlaubt die Repräsentation arithmetischer Ausdrücke. Sie ist deklariert durch

> **sort exp** =   nat(**nat** n) |
>
> pair(**mop** mop, **exp** ex) |
>
> triple(**exp** ex1, **dop** dop, **exp** ex2)
>
> **sort mop** = {neg, abs },
>
> **sort dop** = {plus, star }.

Beispielsweise repräsentiert nach der Deklaration

> **exp** x = triple(nat(1), plus, triple(nat(2), star, pair(neg, nat(3)))))

der Identifikator x den Ausdruck

> $1+(2*(-3))$.   □

Wie Sprachen in BNF-Notation lassen sich rekursive Sortenvereinbarungen als Gleichungen für Mengen deuten. Und wie bei rekursiven Funktionsvereinbarungen lassen sich rekursive Sortenvereinbarungen sowohl durch Fixpunkte als auch induktiv deuten. Sei

> **sort** s = S

eine Sortenvereinbarung, wobei im Sortenausdruck S neben s nur Sorten auftreten, für die Trägermengen gegeben sind. Für jede Trägermenge M, die wir mit der Sorte s verbinden, erhalten wir eine eindeutig bestimmte Menge

> $\Delta(M)$

als Trägermenge für den Ausdruck S. Die Abbildung

> $\Delta: \wp(D) \to \wp(D)$

ist ausschließlich durch S bestimmt. Hier bezeichnet D das Universum der Datenelemente unserer Sprachen und die Potenzmenge $\wp(D)$ über (Menge der Teilmengen von) D.

Beispiel (Mengenabbildung zur rekursiven Sortendeklaration). Betrachtet man die Deklaration

> **sort** s = empty(**empty**) | paar(**nat** ft, s rt) ,

so definiert die rechte Seite eine Abbildung Δ zwischen Mengen. Für jede gegebene Menge M ist $\Delta(M)$ gegeben durch

> $\Delta(M) = \{\varepsilon\} \cup \{(n, m): n \in N \wedge m \in M \setminus \{\bot\}\} \cup \{\bot\}$.

Die Abbildung Δ erhält man durch Interpretation der rechten Seite der Sortendeklaration entsprechend der Bedeutung der auftretenden sortenbildenden Konstruktionen.

$\square$

Im folgenden wird davon ausgegangen, daß die rechte Seite der rekursiven Sortendeklaration aus Produkt- und Variantensorten aufgebaut ist. Δ ist also eine Abbildung von der Menge der Trägermengen in die Menge der Trägermengen.

8.3.1 Induktive Deutung von rekursiven Sortendeklarationen

Seien die Mengen M_i für $i \in \mathbb{N}$ definiert durch

$$M_0 =_{def} \{\bot\}, \quad M_{i+1} =_{def} \Delta(M_i).$$

Es kann gezeigt werden:

$$M_i \subseteq M_{i+1}.$$

Dies ergibt sich aus der $\subseteq$-Monotonie von Δ.

Damit definiert man die Trägermenge M, die man mit der rekursiv definierten Sorte s verbindet, durch

$$M = \cup \, M_i \, .$$

Man beachte, daß durch diese Definition auch eine bestimmte Struktur auf M gegeben ist. Man verbindet die Trägermenge M mit der rekursiv vereinbarten Sorte s.

Beispiel (Induktive Deutung rekursiver Sortendeklarationen). Sei folgende Sortenvereinbarung von Binärbäumen gegeben:

sort m = empty(**empty**) | cons(**m** left, **nat** root, **m** right).

Schreibt man ε für das einzige Element der Sorte empty, so erhält man für beliebige Trägermengen M.

$$\Delta(M) = \{\varepsilon\} \cup \{(l, x, r): l \in M \setminus \{\bot\} \wedge x \in \mathbb{N} \wedge r \in M \setminus \{\bot\}\} \cup \{\bot\}.$$

Dies führt auf folgende Trägermengen:

$$M_0 = \{\bot\},$$
$$M_{i+1} = \{\varepsilon\} \cup \{(l, x, r): l \in M_i \setminus \{\bot\} \wedge x \in \mathbb{N} \wedge r \in M_i \setminus \{\bot\}\} \cup \{\bot\},$$

d.h.

$$M_1 = \{\bot, \varepsilon\},$$
$$M_2 = \{\bot, \varepsilon, (\varepsilon, 0, \varepsilon), (\varepsilon, 1, \varepsilon), ...\},$$
$$M_3 = \{\bot, \varepsilon, (\varepsilon, 0, \varepsilon), ... ((\varepsilon, 0, \varepsilon), 0, \varepsilon), ... \}.$$

Man erhält also eine zu TREE($\mathbb{N}$) äquivalente Menge.

$\square$

Man beachte, daß das Vorgehen bei der induktiven Deutung genau den im Zusammenhang mit der Definition von Sequenzen und Bäumen bereits verwendeten Techniken entspricht.

8.3.2 Fixpunktdeutung rekursiver Sortendeklarationen

Man kann mit der rekursiv definierten Sorte s auch die in der Inklusionsordnung kleinste Trägermenge M (die zumindest $\bot$ enthält, also insbesondere nicht leer ist) verbinden, für die gilt:

$$M = \Delta(M) \, .$$

Mit Hilfe dieser Definition verbindet man mit der Sorte s den in der Inklusionsordnung kleinsten Fixpunkt von Δ. Es läßt sich

$$M = \cup \, M_i$$

zeigen, da Δ sich aus den Konstrukten der Sprache zusammensetzt und stets bzgl. der Vereinigung stetig ist.

Beispiel (Fixpunktdeutung für Binärbäume in rekursiver Sortendeklaration). Seien die Definitionen wie im obigen Beispiel. Für die Menge M mit

$$M = \cup \, M_i$$

gilt:

$$M = \{\varepsilon\} \cup \{(l, x, r): l \in M \setminus \{\bot\} \wedge x \in \mathbb{N} \wedge r \in M \setminus \{\bot\}\} \cup \{\bot\}, \qquad (*)$$

d.h. M ist Lösung der Gleichung $M = \Delta(M)$. M ist auch kleinster Fixpunkt von Δ, denn für jede Menge M', die Lösung der Gleichung ist, und für jedes $i \in \mathbb{N}$ läßt sich (durch Induktion über i) zeigen:

$$M_i \subseteq M',$$

also gilt

$$M \subseteq M'. \qquad\qquad \Box$$

Wie bei rekursiv deklarierten Rechenvorschriften fallen bei rekursiven Sortendeklarationen induktive Deutung und Fixpunktdeutung zusammen. Wieder lassen sich beide Deutungen für Beweisprinzipien verwenden. Besonders die induktive Deutung ist für Induktionsbeweise geeignet. Wir sprechen auch von struktureller Induktion, da im Beweis die Struktur der Bäume das Induktionsprinzip liefert.

8.3.3 Verwendung rekursiver Sortendeklarationen

Durch rekursiv deklarierte Sorten gewinnt man ein sehr mächtiges Instrument für die Einführung von Sorten oder genauer gesagt von Rechenstrukturen. Wie bereits erwähnt, lassen sich alle behandelten grundlegenden Rechenstrukturen durch rekursiv deklarierte Sorten repräsentieren. Auch verschränkte Rekursion ist ein hilfreiches Mittel für die Deklaration von Sorten.

Beispiel (Verallgemeinerte Bäume über M). Bäume mit einer beliebigen (unbeschränkten), aber endlichen Anzahl von Verzweigungen (Kindern) lassen sich durch folgende rekursive Vereinbarung definieren:

sort gtree = gcons(**m** root, **forest** children) | empty(**empty**),
sort forest = fcons(**gtree** first, **forest** rest) | empty(**empty**).

Das Suchen im Baum nach einem Teilbaum mit Wurzel x hat dann die folgende Form (existiert solch ein Teilbaum nicht, so sei das Resultat der leere Baum):

fct gsearch = (**gtree** t, **m** x) **gtree**:
    if t **in** empty **then** empty
    elif x $\stackrel{?}{=}$ root(t) **then** t
                     else fsearch(children(t), x)
    fi,

fct fsearch = (**forest** f, **m** x) **gtree**:
    if f **in** empty **then** empty
                else **gtree** t = gsearch(first(f), x);
                      if t **in** empty **then** fsearch(rest(f), x)
                                    else t
                      fi
    fi

Hierbei ist zu beachten, daß die Sortendeklaration verschränkt rekursiv ist und deshalb auch die klassischen Algorithmen dafür verschränkt rekursiv sind.   □

In vielen Programmiersprachen dürfen rekursive Sortendeklarationen nur in Verbindung mit Referenzen verwendet werden. Dies führt auf Geflechte.

8.4 Geflechte

Durch das Voranstellen des Schlüsselworts **ref** vor die Identifikatoren in rekursiven Strukturen kann eine einfache Abbildung auf lineare Speicher („array-artige" Strukturen) erreicht werden. In vielen Programmiersprachen ist die Definition von rekursiven Sortenvereinbarungen nur in Verbindung mit Referenzen vorgesehen. Man spricht bei Elementen rekursiv deklarierter Sorten unter Einschluß von Referenzen von *Geflechten*.

8.4.1 Einfache Geflechte

In ihrer einfachsten Form helfen Geflechte die Duplizierung gewisser Informationen in Speichern zu vermeiden. Statt Information, die mehrfach auftritt, auch mehrfach abzuspeichern, wird die Information nur einmal gespeichert und an den verschiedenen Stellen werden nur Verweise auf die Information abgespeichert. Dies ist insbesondere vorteilhaft, wenn die Information öfter konsistent aktualisiert werden soll.

Beispiel (Wagenverwaltung eines Autoverleihs durch Geflechtstrukturen). In stark vereinfachter Form kann man sich eine Datenstruktur zur Verwaltung einer Autoverleihfirma wie folgt vorstellen. Es werden zwei Sorten eingeführt. Die Sorte **wagen** kennzeichnet die Datenelemente, die die wichtigsten Kenndaten eines Wagens enthalten, wie seine Nummer und den Verweis auf einen Standort, an dem er sich momentan befindet (weitere spezifische Daten können natürlich hinzugefügt werden). Die Sorte **ort** enthält die Kenndaten der Standorte von Wagen. Dies umfaßt die Adresse und die aktuelle Zahl von Wagen, die an einem Standort verfügbar sind.

> **sort wagen** = status(**int** nummer, **ref var ort** sto),
> **sort ort** = sta(**string** stadt, **string** strasse, **int** nummer, **int** wagenzahl).

Die Überführung eines Wagens x vom gegebenen zu einem neuen Standort y entspricht der Prozedur:

> **proc** moveto = (**var wagen** x, **ref var ort** z):
> ⌈   wagenzahl(deref(sto(x))) := wagenzahl(deref(sto(x)))–1;
>   wagenzahl(deref(z)) := wagenzahl(deref(z))+1;
>   sto(x) := z   ⌋

Man beachte, daß es durch die Verwendung eines Verweises auf Standorte als Komponenten bei Elementen der Sorte **wagen** möglich ist, nur einmal die Zahl der Wagen der betroffenen Standorte zu aktualisieren und trotzdem sicher zu sein, daß alle Wagen über die aktualisierte Komponente verfügen.   □

Insbesondere in Verbindung mit Programmvariablen gestatten Geflechte eine effiziente Behandlung von sich häufig ändernden Zuordnungen.

Beispiel („Inverse Baumstruktur" als Geflecht).
Ein wichtiges Beispiel sind „inverse" Baumstrukturen, d.h. Bäume, in denen nicht die Kinder über die Endknoten erreichbar sind (Top-Down-Aufbau), sondern ausgehend von einem Kind die Eltern erreicht werden können. Ein Beispiel für eine solche Struktur ist eine Bibliothek, bei der jedem Buch ein Regal zugeordnet ist, jedem Regal ein Saal (Standort) usw.

> **sort buch**   =   cbuch(**string** titel, **ref var regal** platz),
> **sort regal** =   cregal(**nat** nummer, **ref var saal** ort),
> **sort saal**   =   csaal(**nat** nummer, **ref var stockwerk** x).

Auch hier lassen sich Änderungen einfach vermerken. Wird ein Regal in einen anderen Saal gebracht, so ist nur der entsprechende Verweis im Element der Sorte **regal** zu ändern. Die Einträge der Bücher bleiben unverändert.   □

In den bisherigen Beispielen traten keine zyklischen Verweisketten auf, d.h. durch Anwendung von Dereferenzieren und Selektion kann man nicht wieder auf die Ausgangsreferenz kommen. Zyklische Verweisketten entstehen im Zusammenhang mit rekursiv deklarierten Sorten mit Referenzen.

8.4.2   Rekursiv vereinbarte Geflechtssorten

Betrachtet man Strukturen, wie sie in der Realität auftreten, so findet man sehr schnell Beispiele für Sorten zusammengesetzter Elemente, bei denen in den Elementen Bezüge auf Elemente gleicher Sorte auftreten.

Beispiel (Rekursive Geflechtssorten zur Darstellung von Personaldaten). Die Verwaltung von Personendaten kann durch die Sorte **person** erfolgen, die durch folgende Sortenvereinbarung vereinbart wird:

    sort person = persdaten(**string** name, **ref var person** vater) .

Damit sind beispielsweise folgende Variablendeklarationen möglich:

    var person x := persdaten(„huber emil", **nil**),
    var person y := persdaten(„huber hans", adref(x)).

Hierbei handelt es sich wiederum um rekursive Sortenvereinbarungen, die im Prinzip wie die schon behandelten rekursiven Vereinbarungen von Sorten ohne Referenzen behandelt werden können.   □

Betrachtet man dieses Beispiel, so wird deutlich, daß zyklische Bezüge sinnvoll wohl kaum auftreten können: niemand ist sein eigener Vater oder Großvater. Zieht man jedoch statt des Verweises auf den Vater andere Beziehungen in Betracht, so lassen sich schnell Beispiele für zyklische Bezüge finden: Jemand kann beispielsweise sehr wohl sein eigener Chef sein.

8.4.3 Implementierung von Sequenzen durch verkettete Listen

Die Darstellung von sequenzartigen Strukturen durch lineare Speicher (**array**-artige Strukturen) bringt Probleme. Das Einfügen von Elementen kann das Verschieben von Teilen der Sequenz im Feld nötig machen. Eine Sequenz kann unbeschränkt wachsen, so daß das gewählte Feld nicht ausreicht. Man zieht es deshalb häufig vor, durch Referenztechniken die Darstellung von Sequenzen durch Felder in Programmiersprachen zu umgehen.

Eine spezielle Darstellung von Sequenzen liefern *einfach verkettete Listen*. Einfach verkettete Listen sind Elemente der rekursiv deklarierten Sorte **evl**:

    sort evl = append(**m** first, **evl** rest) I empty(**empty**),

bzw. der Geflechtssorte **revl**:

    sort revl = **ref** pevl ,
    sort pevl = pair(**m** first, **revl** rest) .

In der Deklaration der Sorte **revl** kann die Variante **empty** aus der Deklaration von **stack** weggelassen werden. Sie wird durch **nil** ersetzt. Graphisch dargestellt haben einfach verkettete Listen die in Abb. 8.7 angegebene Form.

Abb. 8.7. Einfach verkettete Liste

Wieder kann man sowohl eine induktive Deutung als auch eine Fixpunktdeutung für die obige Deklaration verwenden.

Beispiel (Einfach verkettete Listen in Pascal). Eine Sorte für einfach verkettete Listen wird in Pascal durch folgende zwei Sortenvereinbarungen eingeführt.

```
type   ref_elist  =  ↑ elist;
       elist      =  record  first: integer;
                              rest: ref_elist
                     end.
```

Man beachte, daß in Pascal eine eigene Bezeichnung für die Sorte der Referenzen eingeführt werden muß.

Als Beispiel für eine Prozedur über einfach verketteten Listen in Pascal wird die Rechenvorschrift push angegeben, die der Abbildung append auf der zuweisungsorientierten Ebene entspricht.

```
proc push (n: integer, var v: ref_elist);
    var h: ref_elist;
    begin new(h);
          h↑.first := n;
          h↑.rest := v;
          v := h
    end
```

Der Aufruf push(n, v) entspricht im Sinne der Rechenstruktur Stapel der Zuweisung

$$v := \text{append}(n, v).$$

Man beachte, daß der alte Wert von v hierbei überschrieben wird.   □

Einfach verkettete Listen können als Implementierung von Sequenzen oder Stapeln verwendet werden.

8.4.4   Zweifach verkettete Listen

Manchmal ist es günstiger, statt einer einfach verketteten Liste zweifach verkettete Listen zur Darstellung von Sequenzen zu verwenden. Dazu bietet sich die folgende Sortendeklaration an:

sort zvl = tripel(zvl body, m elem, zvl rest) I empty(empty),

bzw. unter Einbezug von Referenzen:

sort rzvl = ref tzvl ,
sort tzvl = tripel(rzvl body, m elem, rzvl rest).

Graphisch kann man zweifach verkettete Listen der Sorte **tzvl** wie in Abb. 8.8 beschrieben darstellen:

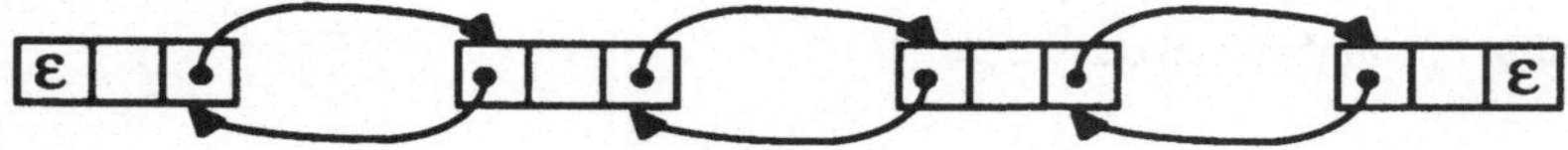

Abb. 8.8. Zweifach verkettete Liste

Der Aufbau von mehrfach verketteten Strukturen ist komplizierter, allerdings läßt sich dafür der Zugriff auf Elemente häufig effizienter gestalten. So kann ein Element der Rechenstruktur „Deck" (engl. „double-ended queue") effizient durch eine zweifach verkettete Liste dargestellt werden, wobei es günstig ist, einen „Listenkopf" einzuführen, der jeweils Verweise auf das erste und auf das letzte Element der Liste enthält.

Beispiel (Zweifach verkettete Listen mit Listenkopf in Pascal). Zur Darstellung von zweifach verketteten Listen in Pascal verwendet man die folgende Sortenvereinbarung.

```
type  rhead  = ↑ head;
      rzvl   = ↑ zvl;
      head   = record  first: rzvl;
                       last: rzvl
               end;
      zvl    = record  vor: rzvl;
                       elem: integer;
                       nach: rzvl
               end;
```

Der Aufbau einer Sequenz von Zahlen 0, ..., n in zweifach verketteter Darstellung mit Listenkopftechniken ist in Pascal durch folgende Prozedur gegeben:

```
procedure build (n : integer, var r : rhead);
    var h, a: rzvl; k: integer;
        begin
        new(a);
        new(r);
        k := 1;
        r↑.first := a;
        a↑.elem := 0;
        while k ≤ n do
                begin
                new(h);
                h↑.vor := a;
                a↑.nach := h;
                h↑.elem := k;
                a := h;
                k := k+1
                end;
        r↑.last := a
    end
```

□

Es ist bemerkenswert, um wieviel aufwendiger die Programmierung von verketteten Darstellungen im Vergleich zu der einfachen Handhabung der Sequenz mit ihren charakteristischen Grundoperationen ist.

8.4.5 Zyklische Geflechte

Geflechtsstrukturen bestehen aus Tupeln von Elementen und Verweisen zwischen ihnen. Dies schließt zyklische Verweisketten nicht aus.

Eine Geflechtstruktur heißt *zyklisch*, wenn sie eine Referenz x enthält, von der ausgehend durch Anwenden von Dereferenzieren und die Anwendung von Selektoren die Referenz x wieder erreicht werden kann. Beispielsweise enthalten zweifach verkettete Ringlisten Zyklen. Enthält eine zweifach verkette Liste x genau zwei Elemente, so gilt

$$rest(x) = rest(deref(body(deref(rest(x))))).$$

Bei der Verwendung von zyklischen Geflechten ist besondere Vorsicht geboten, da beispielweise naives Durchsuchen von Geflechten mit Zyklen auf nichtterminierende Programme führen kann.

Beispiel (Ringlisten). Im Zusammenhang mit Sequenzen wurden bereits verkettete Listen erwähnt. Aus den Bausteinen für verkettete Listen lassen sich auch zyklische Elemente aufbauen.

sort rlist = rl(**int** x, **ref var rlist** y)

Eine einfache Ringliste der in Abb. 8.9 angegebenen Form

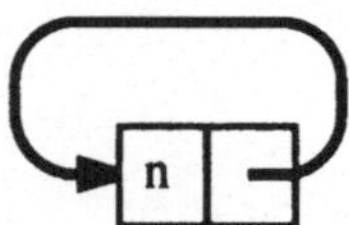

Abb. 8.9. Einelementige Ringliste

wird durch die Prozedur form erzeugt.

```
proc form = (ref var rlist v, nat n):
  ⌈ x(deref(v)) := n;
    y(deref(v)) := v    ⌋.
```

Weitere Elemente lassen sich in eine zyklische Ringliste durch die Prozedur include einfügen.

```
proc include = (ref var rlist v, nat n):
  ⌈ var rlist h := deref(v);
    x(deref(v)) := n;
    y(deref(v)) := adref(h)   ⌋.
```

Graphisch dargestellt haben Ringlisten die in Abb. 8.10 angegebene Form.

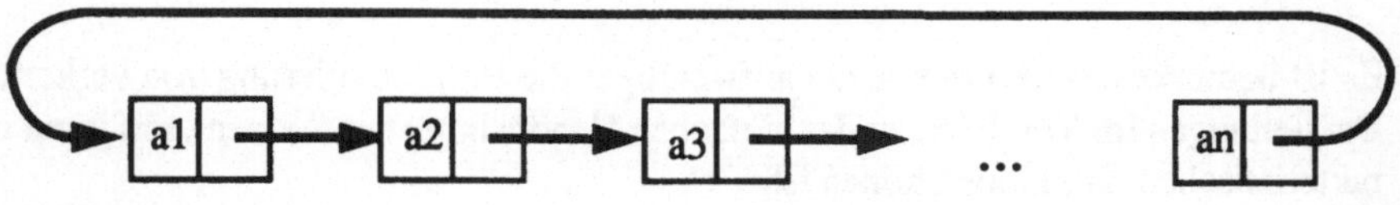

Abb. 8.10. Ringliste

Man beachte, daß man mit Hilfe der Sorte **rlist** auch andere Strukturen bilden kann, wie einfach verkettete Listen, aber auch allgemeine Strukturen. Grundsätzlich enthalten zusammenhängende Elementstrukturen aus Elementen der Sorte **rlist** höchstens einen Ring. An den Ringelementen können invertierte Bäume hängen.   □

Zyklische Geflechtsstrukturen haben die Eigenschaft, daß unbeschränkt viele Anwendungen von Selektorfunktionen (kombiniert durch Anwendungen der **deref**-Operation) möglich sein können, ohne daß man ein einfaches (nicht zusammengesetztes) Element erhält. Das Suchen in Geflechten ist deshalb im allgemeinen aufwendig, das Sicherstellen der Terminierung schwierig.

Beispiel (Kaskadenartige Geflechte). Betrachtet man folgende Sorte **refcasc**, die Bausteine für Binärbäume, aber auch eine Vielzahl von anderen zyklischen und nichtzyklischen Strukturen umfaßt, so wird deutlich, daß das Suchen nach einem Element in solch einer Struktur sehr aufwendig zu organisieren ist.

> **sort refcasc = ref casc,**
> **sort casc** = rc(**refcasc** left, **nat** root, **refcasc** right).

Im Gegensatz zu endlichen Binärbäumen, bei denen man weiß, daß jeder Zugriffspfad endlich ist, können hier zyklische Pfade und somit unbeschränkte Verweisketten auftreten.   □

In gewissen Programmiersprachen wie Pascal dürfen rekursiv deklarierte Sorten nur in der Form über Referenzen auf der rechten Seite der rekursiven Deklaration auftreten. Dies hat mit Implementierungsfragen zu tun.

Abschließend wird nun ein Beispiel für verallgemeinerte Bäume in Pascal-Notation behandelt. Ein verallgemeinerter Baum ist eine Baumstruktur, bei der jeder Knoten im Baum eine beliebige Anzahl von Teilbäumen enthalten kann. Eine Darstellung für solch eine Struktur erhält man durch eine verschränkt rekursive Sortenvereinbarung. Ein Knoten im Baum besteht dann aus einem Wert und einer Sequenz von Nachfolgebäumen.

Beispiel (Verallgemeinerte Bäume in Pascal-Notation). In Pascal kann man etwa folgende Sortenvereinbarungen verwenden:

```
type   rgtree   =   ↑ gtree;
       rforest  =   ↑ forest;
       gtree    =   record  root : integer;
                            children : rforest
                    end;
       forest   =   record  first : rgtree;
                            rest : rforest
                    end;
```

Es wird nun eine Prozedur angegeben, die in einem Element der Art **gtree** einen Teilbaum sucht, der eine bestimmte Wurzel x besitzt und diesen Teilbaum dem Resultatparameter r zuweist. Hier wird vorausgesetzt, daß der Parameter einen entsprechenden Teilbaum, aber keine Zyklen im Geflecht enthält. Dann gibt es keine Terminierungsprobleme. Man beachte, daß in der Programmiersprache Pascal verschränkte Rekursion die Technik der „Forward"-Deklaration erfordert. Dadurch wird verhindert, daß ein Rekursionsaufruf auftritt bevor der entsprechende Identifikator vereinbart worden ist.

```
procedure fsearch (f: rforest; x: integer; var r: rgtree); forward;

procedure gsearch (t: rgtree; x: integer; var r: rgtree);
     begin
          if t = nil        then r := nil
     else  if t↑.root = x  then r := t
                            else fsearch(t↑.children, x, r)
     end;

procedure fsearch;
     begin
     if f = nil   then   r := nil
                  else   begin
                         gsearch(f↑.first, x, r);
                         if r = nil then fsearch(f↑.rest, x, r)
                         end
     end.
```

Nun wird eine Prozedur build für den Aufbau eines Baums der Sorte gtree der Form (bei Eingabe n) von der in Abb. 8.11 angegebenen Gestalt deklariert.

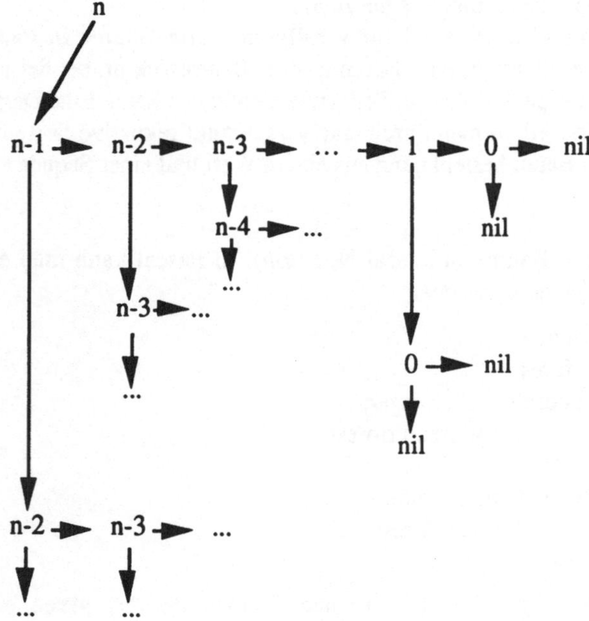

Abb. 8.11. Geflechtsstruktur

Die Prozedur build verwendet die Prozedur fbuild als Hilfsrechenvorschrift. Die
beiden Rechenvorschriften werden analog zur Rekursion der Sortendeklaration für
rgtree und rforest verschränkt rekursiv deklariert.

```
procedure build(n : integer, var r : rgtree);
    var h: rforest;
    begin   new(r);
            fbuild(n, h);
            r↑.root := n;
            r↑.children := h
    end

procedure fbuild(n: integer, var r: rforest);
    var h1: rgtree, h2: rforest
        begin   if n = 0    then    r := nil
                            else    begin   build(n–1, h1);
                                            fbuild(n–1, h2);
                                            new(r);
                                            r↑.first := h1;
                                            r↑.rest := h2
                                    end
    end
```

Hier treten zum Beispiel keine Verweise mehrfach auf und insbesondere keine zyklischen Verweise. Allerdings treten bei dem erzeugten Baum immer wieder die gleichen
Muster bei den Teilbäumen auf. Diese Tatsache kann man ausnutzen, um Teilbäume
mit gleichen Knoteninformationen nur einmal abzuspeichern.   □

Besonders effiziente Speicherstrukturen arbeiten mit Geflechten unter Einbeziehung
gemeinsamer Teilstrukturen.

8.4.6   Gemeinsame Teilstrukturen

Geflechte bestehen aus Systemen von Verweisen auf Programmvariable. Kann man
in einer Geflechtstruktur über unterschiedliche Zugriffspfade (Selektorketten) auf die
gleiche Programmvariable zugreifen, so spricht man von *gemeinsamen Teilstrukturen*
(engl. *Sharing*).

Beispiel (Gemeinsame Teilstrukturen). Ersetzt man im Beispiel des vorangegangenen
Abschnitts in der Prozedur fbuild den else-Zweig durch

```
begin
build(n–1, h1);
new(r);
r↑.first := h1;
r↑.rest := h1 ↑.children
end
```

so erhält man Strukturen der Form, wie sie in Abb. 8.12 angegeben sind.

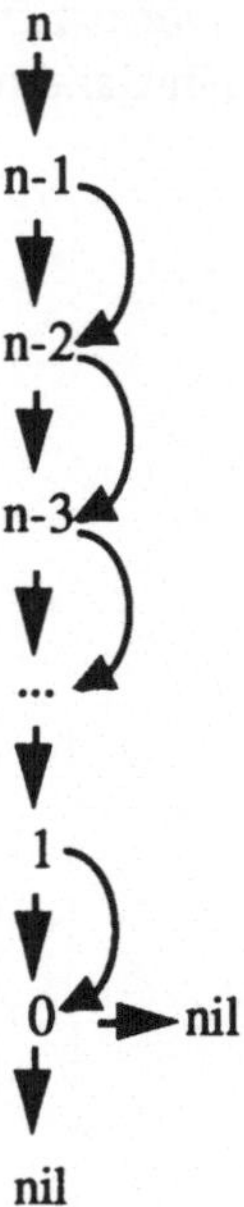

Abb. 8.12. Geflechtsstruktur mit gemeinsamen Teilstrukturen

Solange man die Identität der im Geflecht auftretenden Programmvariablen bzw. Referenzen nicht abprüft, kann beim lesenden Zugriff auf Geflechtstrukturen kein Unterschied zwischen Strukturen mit gemeinsamen Unterstrukturen und solchen ohne gemeinsame Unterstrukturen gefunden werden. Sobald man jedoch in Geflechten schreibende Zugriffe vornimmt (oder die Identität von Programmvariablen bzw. Referenzen abfrägt), treten die Unterschiede klar hervor.   □

Das Ändern des Wertes einer Programmvariablen in einer gemeinsamen Teilstruktur kann einen wohl erwünschten Effekt haben (alle Zugriffspfade erreichen stets den „aktuellen" Wert) oder aber in bestimmten Anwendungen auch einen unbeabsichtigten Effekt: Die über einen bestimmten Zugriffspfad erreichbare Programmvariable ändert ihren Wert ohne, daß der Zugriffspfad explizit verwendet wurde.

Beispiel (Baumartige Strukturen mit gemeinsamen Unterstrukturen (in Pascal)). Betrachtet man die folgende Sortendeklarationen in Pascal und das darauf folgende Programm, so findet man ein Beispiel für Änderungen in Geflechten mit gemeinsamen Teilstrukturen.

```
type   rtree = ↑ tree;
       tree =   record
                        left : rtree;
                        root : integer;
                        right : rtree
                end;
```

```pascal
var t, h: rtree;
    begin
    new(t); new(h);
    h↑.left := nil;
    h↑.root := 0;
    h↑.right := nil;
    t↑.left := h;
    t↑.root := 1;
    t↑.right := h;
(*) t↑.left↑.root := 2
    end. ...
```

Die Anweisung (∗) ändert auch den rechten Teilbaum von t. □

Besonders komplexe, aber auch effizient zu verwaltende Strukturen entstehen, wenn man gemeinsame Teilstrukturen und zyklische Verweise kombiniert. Ein wichtiges Beispiel sind „gefädelte" Bäume. Sie enthalten zusätzliche Verweise in den Knoten auf Eltern bzw. Geschwisterknoten.

Beispiel (Gefädelte Bäume in Pascal-Notation). Binärbäume werden durch Elemente der folgenden Sorte repräsentiert:

```pascal
type  rtree = ↑ tree;
      tree =  record
                  left: rtree;
                  root: integer;
                  right: rtree
              end
```

Man kann nun eine weitere Komponente zum Baum hinzufügen, den Verweis auf den Vater:

```pascal
type  rttree = ↑ ttree;
      ttree =  record
                   left: rttree;
                   root: integer;
                   right: rttree;
                   father: rttree
               end
```

Die Prozedur gen erzeugt zu einem einfachen Binärbaum t den entsprechenden gefädelten Baum auf der Programmvariablen r:

```
procedure gen(t: rtree; f:rttree; var r: rttree);
   var h: rttree;
   begin  if t = nil    then    r := nil
                        else    begin  new(r);
                                       gen(t↑.left, r, h);
                                       r↑.left := h;
                                       r↑.root := t↑.root;
                                       gen(t↑.right, r, h);
                                       r↑.right := h;
                                       r↑.father := f
                               end
   end
```

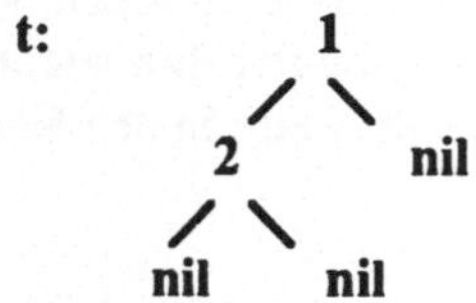

Abb. 8.13. Baumstruktur

Bei Eingabe des Baums t der in Abb. 8.13 angegebenen Form erhalten wir durch gen(t, **nil**, r) für r die in in Abb. 8.14 angegebenen zyklische Geflechtsstruktur. □

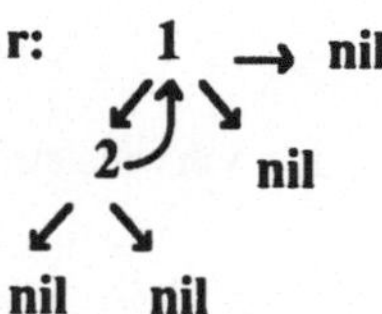

Abb. 8.14. Geflechtsstruktur des gefädelten Baums

Ermöglicht ein Element x in einer Geflechtsstruktur mit einer (nichttrivialen) Selektorkette den Zugriff auf sich selbst, so nennt man x *zyklisch* (vgl. Beispiel Ringlisten). Zyklische Geflechtsstrukturen lassen sich in zwei Weisen deuten:

(1) als gerichtete zyklische Graphen (siehe Beispiel oben), oder aber
(2) als Darstellung unendlicher Bäume, die durch die Technik der gemeinsamen Teilstrukturen endlich repräsentiert werden können. Dementsprechend kann der gefädelte Baum aus Abb. 8.14 wie folgt durch Auffalten zu dem in Abb. 8.15 angegebenen, unendlicher Baum transformiert werden.

```
                    1
                  /  |  \
               2    nil  nil
             /  |  \
         nil   1    nil
             /  |  \
           2   nil  nil
         /  |  \
     nil   1    nil
         /  |  \
       2    nil  nil
     /  |  \
     ...
```

Abb. 8.15. Durch Auffalten entstandener unendlicher Baum

Probleme können insbesondere beim „Kopieren" von Geflechten entstehen, die Zyklen enthalten. Der Versuch, einen Zyklus zu kopieren, führt bei naiver Vorgehensweise auf eine nichtterminierende Rechenvorschrift.

Beispiel (Kopieren von Geflechtsstrukturen). Sei folgende Sortenvereinbarung in Pascal gegeben; sie kann insbesondere zur Repräsentation von Bäumen verwendet werden:

```
type rtree =  ↑ tree;
     tree =   record
                  left: rtree;
                  root: integer;
                  right: rtree
              end
```

Bäume (das heißt „ nichtzyklische Geflechte"), die durch die Sorte rtree gegeben sind können durch folgende Rechenvorschrift kopiert werden, d.h. es wird ein Geflecht aufgebaut, das den gleichen Baum repräsentiert:

```
procedure copy (t: rtree; var r: rtree);
    var h: rtree;
    begin
    if t = nil    then    r := nil
                  else    begin
                          new(r);
                          copy(t↑.left, h);
                          r↑.left := h;
                          r↑.root := t↑.root;
                          copy(t ↑.right, h);
                          r↑.right := h
                          end
    end.
```

Betrachtet man das Programm

```
var t, r : rtree;
    begin
    new(t);
    t ↑.left := t;
    t ↑.root := 1;
    t ↑.right := t;
    copy(t, r)
    end,
```

so kann man unschwer feststellen, daß der Aufruf von copy nicht terminiert: copy versucht tatsächlich, den in Abb. 8.16 angegebenen unendlichen Baum zu generieren, den man mit dem Geflecht verbindet.   □

Programme, die zyklische Geflechte kopieren, ohne in nichtterminierende Rekursionen zu geraten, oder Geflechte mit gemeinsamen Teilstrukturen kopieren, unter Erhalt der Eigenschaft gemeinsame Teilstrukturen zu besitzen, sind ungleich schwieriger zu schreiben.

Abb. 8.16. Durch Kopieren entstehender unendlicher Baum

Grundsätzlich sei noch einmal betont, daß Programme, die mit zyklischen Geflechtsstrukturen und gemeinsamen Unterstrukturen arbeiten, sehr schwer durchschaubar sein können. Bei ihrer Erstellung ist besondere Sorgfalt geboten.

Literaturangaben

BACKHOUSE, R.L.: The Syntax of Programming Languages: Theory and Practice. London: Prentice-Hall International 1979

BACKUS, J.: Can Programming be Liberated from the von Neumann Style? A Functional Style and its Algebra of Programs. Commun. ACM **21** (1978) 613–641

BAUER, F.L., GOOS, G.: Informatik. Eine einführende Übersicht, Teile 1, 2. Berlin Heidelberg New York: Springer, 4. Aufl. 1991, 1992

BAUER, F.L., WÖSSNER, H.: Algorithmische Sprache und Programmentwicklung. Berlin Heidelberg New York: Springer 1981 (2. Aufl. 1984)

BAUER, F.L., WIRSING, M.: Elementare Aussagenlogik. Mathematik für Informatiker. Berlin Heidelberg New York: Springer 1991

BUCHBERGER, B.: Mathematik für Informatiker – Die Methode der Mathematik. Berlin Heidelberg New York: Springer 1981

CUTLAND, N.J.: Computability: An Introduction to Recursive Function Theory. Cambridge: Cambridge University Press 1980

DAHL, O.-J., DIJKSTRA, E.W., HOARE, C.A.R.: Structured Programming. London New York: Academic Press 1972

DEUSSEN, P.: Halbgruppen und Automaten. Berlin Heidelberg New York: Springer 1971

DIJKSTRA, E.W.: A Discipline of Programming. Englewood Cliffs, NJ: Prentice-Hall 1976

DIJKSTRA, E.W.: Guarded Commands, Non-Determinacy, and Formal Derivation of Programs. Commun. ACM **18** (1975) 453–457

DÖRFLER, W., PESCHEK, W.: Einführung in die Mathematik für Informatiker. München Wien: Hanser 1988

FLOYD, R.W.: Assigning Meanings to Programs. Proc. of Symposia in Applied Mathematics, Vol. XIX. Providence, RI: Am. Math. Soc. 1967, p.19–32

GINSBURG, S.: The Mathematical Theory of Context-Free Languages. New York: McGraw-Hill 1966

GOLDSCHLAGER, L., LISTER, A.: Informatik – Eine moderne Einführung. München Wien: Hanser 1984 (3. Aufl. 1989)

GRIES, D.: Compiler Construction for Digital Computers. New York: Wiley 1971

GRIES, D.: The Science of Programming. New York Berlin Heidelberg: Springer 1981

HABERMANN, A.N.: Introduction to Operating System Design. Chigaco: Science Research Associates 1976

HAREL, D.: Algorithmics – The Spirit of Computing. Reading, MA: Addison-Wesley 1987 (2nd ed. 1992)

HERMES, H.: Aufzählbarkeit, Entscheidbarkeit, Berechenbarkeit. Berlin Heidelberg New York: Springer 1969 (3. Aufl. 1978)

HOARE, C.A.R.: Proof of Correctness of Data Representations. Acta Informatica **1** (1972) 271–281

HOARE, C.A.R., WIRTH, N.: Axiomatic Definition of the Programming Language Pascal. Acta Informatica **2** (1973) 335–355

HOTZ, G., CLAUS, V.: Automatentheorie und Formale Sprachen. III. Formale Sprachen. Mannheim Wien Zürich: Bibliographisches Institut 1972

JACKSON, E.: Principles of Program Design. London: Academic Press 1975

JESSEN, E.: Architektur digitaler Rechenanlagen. Berlin Heidelberg New York: Springer 1975

KANDZIA, P., LANGMAACK, H.: Informatik: Programmierung. Stuttgart: Teubner 1973

KASTENS, U.: Übersetzerbau. München Wien: Oldenbourg 1990

KLAEREN, H.: Vom Problem zum Programm – Eine Einführung in die Informatik. Stuttgart: Teubner 1990

KNUTH, D.E.: The Art of Computer Programming. Vols. I, II, III. Reading, MA: Addison-Wesley 1973, 1969, 1973

LISTER, A.M.: Fundamentals of Operating Systems. London: Macmillan 1979

LOECKX, J.: Algorithmentheorie. Berlin Heidelberg New York: Springer 1976

LOECKX, J., SIEBER, K.: The Foundations of Program Verification. Wiley-Teubner Series in Computing Science. Stuttgart New York: Teubner/Wiley 1984

LOECKX, J., MEHLHORN, K., WILHELM, R.: Grundlagen der Programmiersprachen. Stuttgart: Teubner 1986

MANNA, Z.: Mathematical Theory of Computation. New York: McGraw-Hill 1974

MCCARTHY, J.: Towards a Mathematical Science of Computation. Proc. IFIP Congress 62, München. Amsterdam: North-Holland 1962, p. 21–28

MEHLHORN, K.: Data Structures and Algorithms. Vols. 1–3. Berlin Heidelberg New York: Springer 1984

NAGL, M.: Softwaretechnik: Methodisches Programmieren im Großen. Springer Compass. Berlin Heidelberg New York: Springer 1990

NOLTEMEIER, H.: Informatik I – Einführung in Algorithmen und Berechenbarkeit. München Wien: Hanser 1981

NOLTEMEIER, H.: Informatik III - Einführung in Datenstrukturen. München Wien: Hanser 1982

NOLTEMEIER, H., LAUE, R.: Informatik II – Einführung in Rechnerstrukturen und Programmierung. München Wien: Hanser 1984

REMBOLD, U.: Einführung in die Informatik für Naturwissenschaftler und Ingenieure. München Wien: Hanser 1987

SAMELSON, K., BAUER, F.L.: Sequentielle Formelübersetzung: Elektron. Rechenanlagen 1 (1959) 176–182. Englische Fassung: Commun. ACM 3 (1960) 76–83

SCOTT, D.: Outline of a Mathematical Theory of Computation. Proc. 4th Annual Princeton Conference on Information Sciences and Systems 1970, p. 169–176. Auch: Oxford University Computing Laboratory, Programming Research Group, Technical Monograph PRG-2, 1970

SEEGMÜLLER, G.: Einführung in die Systemprogrammierung. Reihe Informatik, Bd. 11. Mannheim Wien Zürich: Bibliographisches Institut 1974

STOY, J.E.: Denotational Semantics: The Scott-Strachey Approach to Programming Language Theory. Cambridge, MA: MIT Press 1977

WALDSCHMIDT, E.H., WALTER, H.: Grundzüge der Informatik, 2bändig. Mannheim Wien Zürich: B.I.-Wissenschaftsverlag 1984

WEIZENBAUM, J.: Die Macht der Computer und die Ohnmacht der Vernunft. Frankfurt/M.: Suhrkamp 1977

WIRTH, N.: The Programming Language Pascal. Acta Informatica 1 (1971) 35–63

WIRTH, N.: Systematisches Programmieren. Stuttgart: Teubner 1972

WIRTH, N.: Algorithmen und Datenstrukturen. Stuttgart: Teubner 1975

WULF, W., SHAW, W.M., HILFINGER, P., FLON, L.: Fundamentals of Computer Science. Reading, MA: Addison-Wesley 1981

YOURDON, E.: Techniques of Program Structure and Design. Englewood Cliffs, NJ: Prentice-Hall 1975

Stichwortverzeichnis

Springer-Verlag und Umwelt